マリの村でリゾースを食す

5
1
2
3
6
4
7
8

12

9

13

14

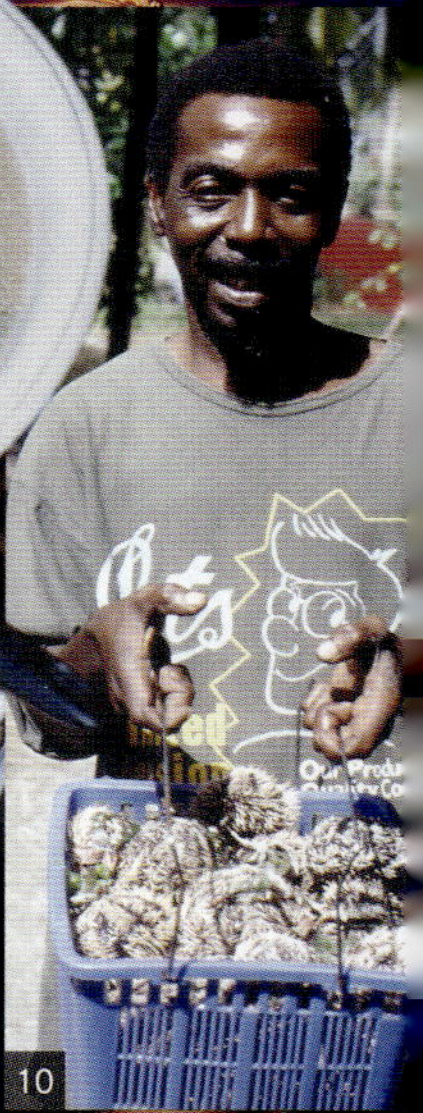
10

15

16

11

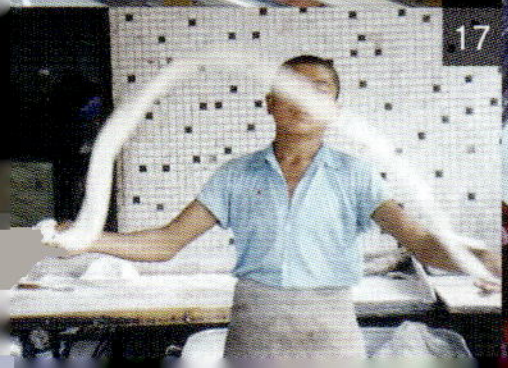
17

アラスカでボロボロ崩れる解凍パンを食す

①サプライズ菓子パン（メキシコ）
②サンチアゴの魚市場（チリ）
③パタゴニアのマス（アルゼンチン）
④ブダペスト中央市場のパン屋さん（ハンガリー）
⑤アサード（アルゼンチン）
⑥リソースの具（セネガル）
⑦洗面器でヤギごはん（ギニア）
⑧タラの干物作成中（ノルウェー）
⑨クリスマスパーティー（ベルギー）
⑩ザンジバル島のウニ（タンザニア）
⑪ドラペニ鍋（南アフリカ）
⑫ラグマンとナン（ウズベキスタン）
⑬ツオメン（中国）
⑭珍魚鍋（中国）
⑮イモムシの唐揚げ（タイ）
⑯サンドイッチの具（イラン）
⑰ウイグル料理店のラグメン（中国）

洗面器でヤギごはん

世界9万5000km自転車ひとり旅Ⅲ

石 田 ゆ う す け

幻冬舎文庫

はじめに

旅に出る前に、親不知《おやしらず》を三本抜いた。べつに悪くなってはいないが用心だ。残る一本は歯茎から出ていないので、そのままにした。歯科医も「これはまだ大丈夫ですよ」と言っているし、あと三年ぐらいなら、まあ問題ないだろう。

三年。自転車ですべての大陸を縦断、あるいは横断すると、どう少なく見積もってもそれぐらいはかかる。ぜんぶまわるまで日本に帰るつもりはない。旅の途中で虫歯に悩まされるのだけはごめんだ。食えなければ、前に進めない。

自転車旅行をすると、食うことが特別な行為になる。食べものが熱となりエネルギーとなって、動力に変わる、そのメカニズムが、ふだんよりはっきり感じられるようになる。そして、何よりわかりやすい変化。底が抜けたバケツのように、大食いになる。

そもそも自転車で遠出をするきっかけになったのは渓流魚のアマゴだ。

ぼくの郷里、和歌山だとかなり山奥に行かなければ生息していない魚である。中学時代、これを求めて釣竿を積み、友人たちと夜中から自転車をこいでいくうち、一日一〇〇キロ近く走っていることがわかった。ためしに和歌山県一周をやってみると五日でできた。景色が変わっていく日々も、人との出会いも痛快そのものだった。

大学時代に日本を一周したあとはごく自然に世界一周を目指すようになり、サラリーマンを三年三ヵ月やって約五百万円の資金を貯めると、退職届けを出した。この旅をやれば自分の人生に満足できる。そんな確信があった。世界の大きさを体じゅうで感じるのだ。これ以上の贅沢《ぜいたく》はちょっとないだろう。

海外へ行くのはこれが二回目になる。一回目は世界一周の前哨戦《ぜんしょうせん》として、四年前に走ったニュージーランドだ。

その旅のなかでもとくに強く記憶に残っているのは、クレヨン画のような湖でも、氷河に刻まれた三角の山でも、パステルカラーのおもちゃのような町並みでもない。ニュージーランドに着いて最初に食べたハンバーガーの味である。日本の二倍は軽くありそうな巨大バンズにかぶりつくと、千切りキャベツが口内にあふれ、おや？　と思った。カツサンドならわかるが、ハンバーガーにはさむ食材としては妙な感じがした。ハンバーグも日本のものとは何かが違った。ほんのわずかだが、羊肉のようなにおいがするのだ。

このとき、外界に対して体がじかに反応したように思えた。ニュージーランドの空港に着いたときも、流れていく町を眺めているときも、ぼんやりして夢を見ているみたいだったが、その巨大なハンバーガーを食べた瞬間、急に目の前の町並みが鮮やかに色づき、自分が異国にいるということをまざまざと実感したのである。

視覚は、自分が考えている以上に頼りないものかもしれない。味覚や嗅覚、そして触覚をフルに動員させることで、やっとその土地が見えてくるんじゃないだろうか。

文字どおり、大地を這《は》っていく旅である。全身で呼吸し、汗をかき、現地に自分を溶けこませていくつもりだ。現地の人たちと同じところで同じものを食い、同じにおいをかぐ。同じような暮らしをする。そうして体に刻みつけていくのだ。世界にはどんな人がいて、どんな食べ物があり、どんなにおいがするのか。肌、鼻、舌、胃から吸収し、自分のなかの世界を広げていこうと思う。

なにしろ、未知の世界を前にしたいまのぼくは、やせ細っていて、飢餓を覚えるくらい空腹なのだから。

洗面器でヤギごはん

目次

はじめに 003

第1章 ［北米編］ 極寒のオレンジ

01 極彩色ケーキ——アラスカ 016
02 ジビエハンバーグ——アラスカ 023
03 ジャネットのえんどう豆スープ——アメリカ 027
04 氷のないコーラ——アメリカ 032
05 マイナス二十度のオレンジ——アメリカ 036
06 タコスとピーナッツ——メキシコ 041
07 アイスキャンディの魔術——メキシコ 047

08 オルチャータとトルタ――メキシコ 052
09 サプライズパン――メキシコ 056
10 食中毒――メキシコ 058
11 異郷の中華レストラン――ベリーズ 062
12 山村のフライドポテト――グアテマラ 066

第2章 [南米編] 最果てのごちそう

13 バナナの森のなかで――エクアドル 072
14 夜行バスの弁当――ペルー 075
15 ペンション西海の日本食――ペルー 079
16 野菜スープとアンデスの食堂――ペルー 082

17 スープパスタ——ペルー 085
18 カモミール茶——ボリビア 088
19 ウニと醤油——チリ 092
20 パン・デ・マノ——チリ 095
21 誕生日ディナー——アルゼンチン 099
22 トムのラビオリ——チリ 103
23 最果てのランチ——チリ 107
24 フエゴ島のマス——アルゼンチン 111
25 金太郎マグロ——チリ 116
26 手づくりワイン——アルゼンチン 118
27 蜂蜜の教え——アルゼンチン 122
28 マテ茶と味噌汁——アルゼンチン 125
29 アサードとワイン——アルゼンチン 128

第3章 ［ヨーロッパ編］グルメ国の真実

30 祝いのメニュー——デンマーク 134
31 サバナンパ——ノルウェー 139
32 森のブルーベリー——フィンランド 143
33 スイーツメシ——ポーランド 146
34 テレザのグヤーシュ——ハンガリー 148
35 意外な主食——チェコ 151
36 ショートケーキの甘さ——ドイツ 154
37 クリスマスディナーとチョコレート——ベルギー 156
38 ロンドンの弁当屋さん——イギリス 161
39 グルメ国の夕食——フランス 165

40 チーズとワイン――フランス 169
41 バルのタパス――スペイン 173

第4章［アフリカ編］ヤギの香り

42 サハラに住む人々の食べもの――西サハラ 178
43 サハラ砂漠のピザ――モーリタニア 184
44 乳と茶――モーリタニア 188
45 リソース――セネガル 191
46 ヤギと水――ギニア 196
47 国境のドーナツ――ギニア 200
48 バス発着所の食堂で――マリ 203

49 フーフーと揚げチーズ——ガーナ 206
50 ザンジバル島のウニ丼——タンザニア 208
51 シマウマの味——ケニア 212
52 ケニアの食堂で——ケニア 214
53 シマ——マラウイ 218
54 村の茶屋にて——マラウイ 221
55 アフリカのファストフード——ジンバブエ 225
56 プリンの卵——ジンバブエ 228
57 少女とパン——ナミビア 233
58 ダチョウの卵——ナミビア 236
59 手づくりのスコーン——南アフリカ 240
60 マグロ船の船乗りたち——南アフリカ 245

第5章 ［アジア編］郷愁の味

61 家庭のフルコース――イタリア 250
62 ナポリのピッツァ――イタリア 253
63 ヨーグルトの国――ブルガリア 256
64 ドルマ――トルコ 258
65 ヤギ乳ヨーグルト――シリア 263
66 大福アイス――シリア 267
67 ラマダンのイフタール――エジプト 270
68 ファラフェル――イスラエル 273
69 ピザのルーツ――トルコ 277
70 チェロケバブ――イラン 281

71 サンドイッチ屋——イラン 284

72 味覚の郷愁——トルクメニスタン 287

73 マーラー豆腐——中国 291

74 砂糖トマト——中国 294

75 じいさんのオムライス——パキスタン 298

76 バナナとチャパティ——インド 301

77 ジョディのカレー——インド 305

78 コンビニのアンパン——タイ 309

79 虫の味——タイ 312

80 鶏ともち米——ラオス 317

81 犬を食う——ベトナム 320

82 ブンチャー——ベトナム 323

83 珍魚鍋——中国 326

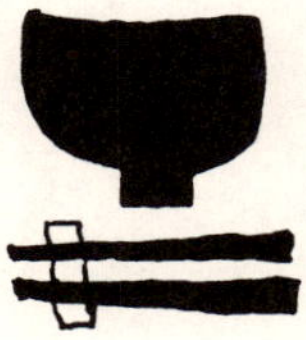

84 石斑魚——香港 329
85 ちぎり麵——中国 332
86 暴風地帯の晩飯——中国 336
87 砂漠のメロン——中国 338
88 大陸最後の晩さん——中国 342
89 ホカ弁の付け合わせ——韓国 346
90 タイ焼きとタコ焼き——韓国 348
91 日本の味——日本 350

あとがき 359
文庫版のためのあとがき 362
解説 藤田香織 364

第1章

［北米編］

極寒のオレンジ

01 極彩色ケーキ――アラスカ

　ちびた鉛筆のようなニンジンばかりだった。皮にはツヤもなく、黒い土にまみれている。ぼくは浮かない思いで、そのなかの一本に手をのばした。指が触れた瞬間、ビクッとした。

「なんじゃこりゃ……」

　ぐにゃぐにゃとキノコのようにやわらかいのである。おそるおそる鼻を近づけてみたが、どうやら腐っているわけではなさそうだ。しかし、これが売り物だなんて……。

　隣にはピンポン玉ほどのタマネギがまばらに転がっていた。売り場に並んでいる野菜はこのふたつだけだ。ここに住む人たちは、ふだん何をつくって食べているんだろう？

　タマネギのひとつを手に取った。ふにゃ、と熟れた柿のような感触が伝わってくる。

「…………」

　足元から寒々しい空気が立ち上がってきた。とんでもないところに来てしまったな、と思った。

　アラスカの玄関口、アンカレジを出発して三日目だった。

人の気配は完全に消え、暗い森が道を呑みこんでいた。どれだけペダルをこいでも景色が変わることはなく、道の両側には延々と針葉樹が続いているのだ。

森の奥からガサッと物音がするたびに、あたりをキョロキョロと見まわし、ベルを鳴らした。どこからでも熊が出てきそうな雰囲気なのである。

半日かかってようやく集落にたどり着いた。一軒のガソリンスタンドと、そのまわりに数軒の家がポツポツと並んでいるだけの、いわばドライバーのための給油基地だ。このあたりの集落はだいたいこのパターンである。

ガソリンスタンドには商店も設けられているが、ろくなものはない。野菜はしなびたニンジンとタマネギだけだ。食パンは冷凍保存のものが解凍されて売られており、袋にはびっしりと水滴がついている。製造日を見ると二ヵ月近く前のものだ。

店内を歩いていると、ある売り場の前で足がとまった。赤、黄、緑、紫とけばけばしい色のついたドッグフードのようなものが透明の袋にどっさり入っている。色も形もかんしゃく玉そっくりだ。どうやら〝朝食用シリアル〟らしい。

「……美的感覚が違いすぎるな」

ぼくはしかし、にわかに活気づき、内心ニヤニヤしながらひと袋をカゴに入れた。

外に出ると早速、店の前のベンチに座ってシリアルを鍋にあけ、牛乳をかけて食べてみた。

シュワ、と空気の抜けるような湿気《しけ》た歯ごたえが来たかと思うと、ニッキ水に似たどぎつい香りが鼻に抜け、歯にくっつくような甘さが襲いかかってきた。冗談半分で買ったのはいいが、果たして自分はこれをひと袋食べきれるのだろうか、と少し不安になってきた。

　そこを出て走り始めると、あっというまに暗い森に包まれた。

「ふぅ」

　全身の筋肉痛が再びよみがえってきた。サラリーマン時代、何もしていなかった罰だ。

　サイクリングメーターに目をやった。アンカレジからようやく二〇〇キロちょっと。だが次の大きな町までは、まだ三分の一も来ていない。

　なおもメーターを凝視する。一〇〇メートル、二〇〇、三〇〇……やっと一キロ。

「はあああ……」

　これから本当に俺は何万キロも走るというのだろうか？　こんなことを本当にあと何年もやるというのだろうか？　……バカだ。本当にバカだ。まったく、なんでこんなことを始めたんだろう？

　しばらく下を向いてこいでいると、ふいに前のほうが明るくなった。顔を上げると橋が見える。せせらぎの音が遠くのほうからだんだん近づいてきた。

　唐突に視界が開け、広々とした芝生に覆《おお》われたキャンプ場が現れた。キャンピングカーが何台もとまっている。家族連れの姿が見え、陽気な騒ぎ声が聞こえてきた。その世界の変わりように戸惑いながら、一方で、蒸気のような温かいものが体の奥からわいてくるのを感じた。町よりも自然が好きで、日本では人や人工物のない山河を求めて旅をしていた自分が、このアラスカでは人の姿を認めただけで、崩れそうなぐらいホッとしているのだ。

橋の上で自転車をとめ、欄干《らんかん》から顔を出して川をのぞいてみた。ガラスのように透き通った水のなかに、丸太のように大きな赤黒いものがたくさん転がっている。なんだろう、と思った次の瞬間、ゆらり、とその丸太が動いた。

「な、な、な⁉」

なんと魚だ。一メートルはゆうに超えていそうな赤い背をした魚が、ザッと見たところ二十四から三十四、尾びれをゆらゆらと動かしながら泳いでいるのである。

キャンプ場のオフィスに行って、受付のオヤジに聞くと、「キングサーモンだよ」と彼はどこか誇らしげに言った。その部屋の一角には貸し釣竿が並んでいた。

午後三時。走り終えるにはちょっと早すぎる。夏のアラスカなのだ。まだ真っ昼間のように日は高い。

ぼくには時間へのあせりがあった。アンカレジを出たのが七月十九日。アラスカのスタートとしては早いとはいえない。急いで南下しないとどこかで雪につかまる可能性だってある。

走り出してまだ三日目なのだ。こんなところで道草を食っている場合じゃない……。

オフィスの窓から川を見つめた。水面が午後の光に白くきらめいている。せせらぎが耳の奥で響き出し、キングサーモンの群れが頭のなかをゆらゆらと泳ぎはじめた。

「……今日だけ、今日だけや」

ぼくは急いでテントを張り、釣竿を借りて川に走っていった。


日がずいぶんと傾いてきた。

餌《えさ》のイクラを水中に放りこんだまま、川原に寝転がり、突き抜けるような高い空を見ている。川のにおいをはらんだ風が頬をなでていった。

遡上《そじょう》中の鮭《さけ》は餌をとらないという。アタリすらないのだから本当なのかもしれない。しかし、数千キロも泳ぐあのエネルギーは、いったいどこから生まれるのだろう……。

森の影が川原を覆うと、急に肌寒くなってきた。夕方のように明るいから安心していたが、時計を見るともう夜の十時だ。

釣竿をしまい、オフィスの横のカフェに行ってみるとすでに閉まっていた。自炊する気にもなれず、テラスのテーブルで食パンをかじる。二ヵ月前に製造された解凍食パンはピーナッツバターを塗るとボロボロと崩れた。

向かいの席に四人連れがやってきた。家族のようだ。目が合うと、父親らしき男が聞きとりやすい英語でゆっくり話しかけてきた。

「どこまで行くんだい？」

テントの前のぼくの自転車を見たのだろう。

世界一周です、とバカ正直に答えると、四人の顔が輝いた。慌《あわ》てて、

「あ、でも出発したのは一昨日だけど」

とつけくわえると、彼らは一気に相好を崩した。

聞けば夏休みを利用してキャンピングカーで旅をしているらしい。ふたりの子どもはまだ小学生ぐらいだ。どちらも聡明そうな顔に好奇心をのぞかせ、輝く目でこっちを見ている。

お母さんが車の冷蔵庫から何かを出してきた。それが目に入った瞬間、ギョッとせずにはいられなかった。美的感覚の違いもここまで来たか、となりたくなるようなケーキである。赤、青、黄、緑、紫、といった極彩色の砂糖粒が、白いケーキ全体に大量にふりまかれ、まるで子どもが描いた花火の絵か、色覚検査表のような外観なのだ。昼に買ったシリアルの毒々しい姿が目の前に浮かび上がってきた。

お母さんはぼくにもケーキを切って出してくれた。顔が引きつるのを覚えながらこわごわ食べてみると、見た目のイメージを一寸も裏切ることなく、顔を思いっきりしかめたくなる

ような暴力的な甘さなのである。しかし、大きな塊《かたまり》を次々に口に入れ、満足げな顔をしている彼らを前に残すわけにもいかなかった。

ヤケ気味にケーキを口に押しこんでいると、子どもたちと目が合った。ニッと笑い返すと、それを待っていたかのように、兄らしい子のほうが口を開いた。

「水のボトル持ってる？　キャンピングカーの冷蔵庫で冷やしておいてあげるよ」

小さいのになんて気がきくんだろう。ありがとう、いま取ってくるよ、とぼくは立ち上がり、自分のテントのほうを振り返った。と同時に、体をビクンとうしろに反《そ》らせた。広大な川原の、はるか先にある森の上空が、絵の具を溶かしたように真っ赤に燃えていたのだ。そしてその空には、刷毛《はけ》をサッと走らせたような、無数の筋が入った奇妙な雲が浮かんでおり、それが黄金色《こがねいろ》の繊維のようになって煌々《こうこう》と輝いているのである。日本にはない光だ、と思った。極北の輝きだ。

ぼくは振り返り、彼らに向かって興奮した口調で「グレイト」と言った。彼らは、そうだろう、どうだい私たちの自然は、とでも言いたげな顔で満足そうにうなずいている。その表情に頼もしいものを感じながら、ぼくは再び西の方角を見た。空の輝きと、その下の針葉樹の森のギザギザのシルエットがさっきよりもやわらかい印象に変わっていた。肌を包むような微風が川のほうからゆるやかに吹き続けていた。

02

ジビエハンバーグ――アラスカ

「タマネギは炒めたほうがよくないですか？」

と言うと、恭江《やすえ》さんは振り返ってぼくを見た。意味ありげな目をして笑っている。

「いいわね」

彼女は流しの下からフライパンを取り出し、ぼくに渡してきた。使いこまれた黒く光る鉄製のフライパンだ。料理が好きなの、という彼女の言葉が思い出された。

そのフライパンにタマネギのみじん切りを入れて飴色《あめいろ》になるまで炒め、皿に移して冷ます。それをミンチに入れ、手でこねていく。ミンチには強い弾力があった。アラスカの原野で育った野生の肉なのだ。

「石田くんは料理が好きなのね」

隣でハンバーグのタネをこねながら恭江さんが言う。

「私はね、料理が好きな人は信用するの」

「え？」

不意をつかれたような思いで顔を上げた。変わった考えだな、と思った。だがそのあとから、彼女の言わんとすることがなんとなくわかるような気がしてきた。

窓から木漏《こも》れ日が射しこみ、まだら模様の光が台所で揺れていた。葉のすれる音がサワサワと鳴っている。犬たちの鳴き声とバギーのエンジン音が聞こえてきた。舟津《ふなつ》さんが帰ってきたらしい。


出発から十日たち、筋肉痛にも悩まされなくなってきたころ、ようやく町らしい町フェアバンクスに着いた。この町の郊外の森に、犬ぞりレーサーの舟津さんと奥さんの恭江さんが住んでいる。「彼らを訪ねるといいよ」と日本を出る前に、知人から紹介されたのだ。

面識のないぼくなんかが押しかけて大丈夫だろうか？　と緊張しながら待ち合わせ場所に行くと、舟津さんも恭江さんも旧友に会ったような笑顔でぼくを迎えてくれた。ふたりとも四十歳手前だというが、大学を卒業したばかりの青年のような溌剌《はつらつ》とした表情をしている。

彼らの家はアスペンと呼ばれる白樺《しらかば》のような木々に囲まれて建っていた。来た当初は原生林だったこの土地を、自分たちで木を切り、大地をならして住めるようにしたのだという。

「この家はどうしたんですか？」

と聞くと、恭江さんは待っていましたとばかりに言った。

「おもしろいわよ。廃屋をそのまま家ごと持ち上げてトラックにのせて運んできたの」

「ムースがときどきやってくるよ。庭のあのへんを通り過ぎていくんだ」

舟津さんはそう言ってアスペンがまばらに生えている一角を指した。ぼくは思わず息をついた。ムースは世界最大の鹿で、手のひらを開いたような形の巨大な角が特徴だ。体重は七百キロにも達するという。そんな野生の大鹿が家の庭を歩いていくなんて……。

「今度は冬にいらっしゃい」と恭江さんが言う。「オーロラがすごいわよ。ふたりで毛布にくるまってね、ココアを飲みながら外で何時間も見るの」

なんだか、おとぎ話でも聞かされているような気分だった。

ぼくはこれまで、原野の途方もない広さや荒々しさに圧倒され、森の暗がりや草木の音におびえながら、それらから逃げるように走ってきた。そのアラスカが、彼らの口から語られるとまったく別の顔になっているのだ。

彼らの好意に甘えて翌日ももう一泊させてもらい、犬のトレーニングを手伝ったり、家のまわりを整地したりした。

ハンバーグをつくったのはその夕方のことである。

外でバーベキューをしようということになり、舟津さんが冷蔵庫から大きな赤い塊を取り出してきて言った。

「ムースの肉だよ。地元の猟師がよくくれるんだ」

首筋がざわっとした。そんなものが当たり前のように冷蔵庫から出てくるなんて……アラスカだ、アラスカにいるんだ。急に歓喜のような熱が体の奥から押し寄せてきた。

ムースの肉は専用の器具でミンチにした。わざわざハンバーグにするのは、ステーキだと硬いかららしい。

炒めたタマネギを加え、恭江さんとおしゃべりしながらタネをこねていく。調子にのってハート型や星型もつくった。それらを庭に持っていき、バーベキューコンロに並べていった。

「わっ、ハート型だ」

甘いマスクの舟津さんが子どものように笑った。

焼き上がったハンバーグはむっちり膨らんでいて、噛《か》むとブロックベーコンのような弾力があった。味はやはり牛や馬に近い。野生動物特有の荒っぽさやクセはかすかにあるが、ほとんど気にならない程度だ。むしろ脂肪分が少ないせいか、後味が非常にすっきりしている。

アスペンの葉が青空の下で揺れ、何万という葉のこすれる音にぼくたちは囲まれていた。まるで自然の大合唱のようだな、とふと思った。

「アメリカではQuaking（揺れる）Aspenと呼ばれているんだよ」

とにかく、ここにいるあいだずっとこのサワサワというやさしい音を聞いていたような気がするのだ。

午後八時をまわっていたが、まだまだ日は高かった。

「明日はどこまで走るの？」

と聞かれ、行けるところまでです、と答えたとき、原始の森がつややかに脳裏に広がった。明日という日が楽しみでしかたがなくなっていた。ぼくは再びムースのハンバーグを口いっぱいに頬張った。野生の肉の弾力がグッと歯を押し返してくる。そのエネルギーが自分の血となり肉となるイメージを、体じゅうに抱いていた。

03 ジャネットのえんどう豆スープ——アメリカ

ムースの肉を食らったことで、アラスカの大自然が身近になった、といえばできすぎだが、実際、旅は変わったのだ。

森の澄んだ香りをかぎ、突然現れるクレヨン画のような湖に我を忘れ、テントの前で夕焼けを仰ぎながら一日の充足感に身を浸した。それからカナダに入り、やはり一日じゅう森を眺め、かき氷のような山やターコイズブルーに輝く湖に思考力を失い、走って走って再びアメリカに入るころ、季節は秋になっていた。

ぼくはブルースの家にいた。

シアトル郊外の木立ちのそばに建つ、広い一軒家だった。

奥さんのジャネットが緑色のスープをテーブルにのせながら言う。

「ボナペティ」

ぼくが解せない顔をしていたせいか、彼女はほがらかな顔で笑った。

「ボナペティはフランス語。食事の前に言うのよ。エンジョイ・ユア・ミール（召し上がれ）と同じ。フランス語だけど、アメリカ人もふつうに使うわ」

なるほど、ボナペティのほうが簡単だし、音もきれいな感じがする。英語圏でも広まるはずだ。ジャネットは続けた。

「えんどう豆のスープよ」

スプーンを入れると、えらくドロッとしている。すくって口元に持っていくと、陽を浴びた堆肥《たいひ》のようなニオイがした。おそるおそるひと口する。

「!!」

テーブル上のスープをじっと見つめた。それからスプーンを垂直に立てて皿に入れ、スープの深さを測った。かなりたっぷりある。ドロドロの液体をかき混ぜながら、どうやったらこれをぜんぶ飲み干せるだろうかと考えた。

隣にいるブルースを横目でちらと盗み見た。思慮深い白髪の紳士は、無表情でスープを静かにすすっている。

ブルースとはアラスカのデナリ国立公園で会った。インフォメーションセンターで雨宿りをしているぼくに、彼が車からおりて駆け寄ってきたのである。荷物満載のぼくの自転車を見てえらく興奮したらしい。

「シアトルに来たら絶対寄ってくれ」

ブルースはそう言って、自分の住所を書いたメモをぼくに渡し、がっちり握手をすると走り去っていった。

それから三ヵ月後、ようやくブルースの家に着くと、彼は玄関先で両手を大きく広げてぼくを迎え、最初に会ったときと同じように力強い握手をした。

彼に導かれて応接間に入ると、いっせいに拍手が起こった。ブルースの友だちのようだ。十人ほどの老若男女がにこやかに笑って手を叩いている。暖炉の上の壁には〈Welcome Yusuke〉と書かれた大きな紙が貼られてあった。ブルースは、どうだい？　と子どものように得意そうな目をしている。

今年六十六歳のブルースは、仕事を定年退職したあと、世界各地を自転車やキャンピングカーで旅をしている。生気にあふれたその目は、還暦をとうに過ぎた男のものじゃない。

元エンジニアで、工作好きの彼は地下に自分の工房を持っていた。そこで自転車を組み立て、車のエンジンを直し、タンスをつくる。

「ユースケ、ゆっくりしていくだろ？　私は君の自転車をメンテナンスしなければならないからね」

ブルースはそう言って片目をつぶる。ジャネットも恰幅のいい体を揺らしながらやってきて、洗いたてのパジャマとタオルをぼくの胸にドンと押しつけ、

「はい、今日からこれがあなたのパジャマね」

と言って、ニカッと笑うのである。

翌日、ブルースは工房にぼくの自転車を運び入れ、分解していった。黒くなったグリスをふきとって新しいグリスを駆動部に入れ、チェーンを外してガソリンで洗う。面倒な作業だが、それが終わってもブルースの手はとまらなかった。うしろの荷台を指して「こんな細いキャリアじゃ荷物が揺れるだろう」と言って、相当な手間と時間をかけ、四角い木の板を荷台に取り付けるのだ。その板の四つの角は紙やすりで丸く削られていた。怪我をしないための配慮だろう。そのカーブをなでると、かすかな温もりが指に伝わってきた。

さらにブルースは彼らの家でのぼくの暮らしぶりをビデオに撮り、日本の両親に送ってくれたりした。それらの厚意にぼくはどんな反応をすればいいのかわからず、ただ茫然《ぼうぜん》と立ち

尽くし、彼の笑顔を見つめていた。そうして自分が言うべき言葉をいろいろと考えるのだが、結局はただ絞り出すように、サンキューという語を、彼の親切のたびに繰り返すのだった。

細かなところによく気を配るブルースとは対照的に、ジャネットはいかにも豪快な女性で、それは料理にもよく表れていた。

アメリカ人をすべてひとからげにはできないが、概して〝食〟にこだわりのない人は多いように思う。ジャネットもそのひとりで、料理に手間をかけたり、食事を楽しんだり、といったことに興味はないようだ。パパッと用意して、ササッと食べ、皿をガシャガシャッと食器洗い機にぶちこんで、さあ終わったテレビを見よう——そんな生活リズムなのである。

毎食のメニューはいつもだいたい同じで、ハムやソーセージを炒めたものか冷凍食品、それにサラダ、パンだった。

くだんのえんどう豆スープが出てきたのは三日目の夜だった。

ドロッとした重い舌触りと堆肥のようなニオイは、彼らへのあふれる感謝をもってしても正直、つらいものがあった。でも味が悪いというわけではない。うまいかまずいかは個人の主観だ。自分の口に合わないからといって、その料理が不味《ふみ》だと考えるのは間違っている。

ただ純粋に、驚きだった。味覚というのは、人種間でこうも違うのかと。

半分ほど飲んだところで完全に手がとまってしまった。困り果てて、もう一度横を見ると、ブルースの様子が一変していた。いやに複雑な表情を浮かべ、ぼくと同じように所在なくスープをかき混ぜていたのである。

04 氷のないコーラ——アメリカ

灰色の地平線の先にうっすらと集落の影が見えたとき、やっとコーラにありつけそうだ、とホッと息をついた。ネバダ州の砂漠の真っただなかである。

シアトルのブルースの家から、さらに南下してカリフォルニアに着くと、今度は内陸部へとハンドルを切った。そのころには晩秋の気配が色濃くなっており、枯野がカサカサと乾いた音をたてていた。

気候も身震いするくらい寒くなってきていたが、ぼくの〝コーラ中毒〟は治まりそうもなかった。以前は甘い炭酸飲料が大の苦手だったのだから、嗜好もずいぶん変わったものである。アメリカの商業戦略にまんまとのせられたのだ。

砂漠や荒野のなかを走っていると、グラス全体に汗をかいたコーラの看板が次々に現れる。頭のなかがどんどんコーラに支配され、やがてどうしようもなく喉が渇き、耐え難くなってくる。そうして村に着くと一目散に商店に駆けこみ、コーラに手をのばす。砂漠のなかで喉を鳴らしながら飲むコーラほど悪魔的な愉悦もない。

だがコーラばかりだと当然飽きがくる。そんなとき、ファンタの巨大な看板が目に入る。頭のなかでファンタがシュワワワッと泡を立て始める。村に着いて店に入ると、夢のファンタに向かって矢のように駆けていく。

それから再び走り出すと、荒野にスプライトの看板が立っている。スプライトが頭のなかでぐるぐるとまわり出し、泡が弾け出す。まったく、砂漠に飲料の看板を立てるなんて、どこの人でなしがやっていやがるんだ？


ようやく集落が近づいてきた。いかにも西部劇に出てきそうなほこりっぽい村だ。一軒の商店の前に自転車をとめる。

カウンターのなかに、カウボーイハットをかぶった小太りのオヤジがいた。おそらく店主だろう。彼の前には地元の人と思《おぼ》しきおじさんがいて、ふたりとも笑顔でしゃべっている。

カウボーイハットのオヤジがこっちに一瞥《いちべつ》をくれた。次の瞬間、彼の顔から笑いがスッと消えたように見えた。おや？　と思ったが、ぼくは別段それに注意を払わず、店の奥の〝ドリンクコーナー〟に行った。

アメリカでは、ほとんどの店にセルフサービスでドリンクを注ぐ機械がある。炭酸が薄い気はするものの、ペットボトルや缶より安いので、ぼくは好んでこっちを買っていた。

Lサイズのカップにコーラを注ぎ、それを持ってカウンターに行く。カウボーイハットのオヤジの前にカップを置き、財布を用意していると、オヤジはおかしなことを聞いてきた。

「なぜ氷を入れていないんだ？」

意味がわからなかった。備えつけの冷凍庫から氷を入れる客はたしかに多いが、べつに決まりじゃないはずだ。げんに氷を入れない客もふつうに見かける。

オヤジの真意をはかりかね、ぼくは曖昧《あいまい》に笑った。だが、オヤジは相変わらず険のある目でこっちをにらみつけている。いったいなんなんだ？

釈然としないまま、

「氷を入れると味が薄くなるから――」

と言いかけたところで、オヤジはぼくのカップを逆さにして、中身をジャッと流しに捨てたのだ。

一瞬、何が起こったのかわからず、顔を上げた。オヤジがすさまじい形相でこっちをにらんでいる。一気に頭に血がのぼり、気がつけばぼくは大声を上げていた。

「何しやがんだ、この野郎！」

「出ていけ！」

「どういうことじゃ！」

オヤジは気が触《ふ》れたような早口で何かまくしたて始めた。わざとこっちが聞き取れないようにののしっているのだ。店に入ったときのオヤジの反応が思い出された。ぼくを見てスッと冷たくなったあの目……。アメリカを旅しながら、これまでに何度も感じてきた目だ。

オヤジを見据えながらぼくは低い声で言った。

「俺が白人じゃないからか……」

オヤジの白い顔がみるみる赤くなっていった。

「出ていけ！」

「俺が白人じゃないからか！　言ってみろ！」

オヤジは手にこん棒のようなものを持った。上等じゃねえか！　ぼくはオヤジの前に一歩踏み出し、顔をくっつけるようにして言った。

「誰がこんな店で買うか、ボケ！」

ぼくはさらに知っている限りの英語の罵詈《ばり》雑言を吐き出したあと、きびすを返して店を出た。オヤジはうしろで何かわめいていたが、店の外まで出てくることはなかった。

走り出してからもとうてい気分は収まりそうになかった。ぼくの憤《いきどお》りは、オヤジ個人にたいするものを越えて、もっと巨大な、底知れない暗いものに向かっていった。

しかし、いったいなんだったんだろう？　オヤジの態度は単なる有色人種にたいする蔑視というだけでは説明がつかないほどの激しさがあった。何か特別なわけがなければあんなに嫌悪感を表に出したり、あんな行動に出たりはしないんじゃないだろうか……？

そのとき、ふいに〝戦争〟の二文字が頭をよぎり、煮えたぎっていた血がすうっと冷えていくのを感じた。もし、彼の家系に戦争の遺族がいたとしたら……。

「……………」

ぐったりと重い気分になってきた。本当のところはわからない。ただ相手の理由はなんであれ、オヤジを激しくののしっている自分を振り返って、ひどく醜いものを感じた。俺もバカだ、と思った。あそこで冷静になってわけを聞くことが必要なのだ。そうしなければ、いつまでも憎悪を抱き合ったままではないか……。

もやもやした気分を抱えながら、ぼくは力なく自転車をこいだ。目の前には乾ききった灰色の砂漠がどこまでも続いていた。

05　マイナス二十度のオレンジ——アメリカ

雪のちらつく峠の頂上に、ぽつんと一軒のカフェが現れた。寒風を避けるようになかに飛びこむと、コーヒーのにおいと暖気に頬が急速に温められていった。

店内には手づくりのパンやクッキーと並んで、なぜかカップヌードルがあった。日本製と同じようなデザインだが、カップが紙のパッケージに包まれている。横には給湯器があった。カップヌードルをひとつとって、カウンターに持っていく。白髪の店主はぼくを見て、

「なかで食べていきな」

と表情を変えずに言った。もしかしたら冬場ここを通るサイクリストのほとんどがこの店に立ち寄り、凍えた手でカップヌードルを食べているんじゃないだろうか。

湯気を顔に浴びながらスープをすする。日本のカップヌードルとはまったく別物だ。スープにはコクも旨味《うまみ》もほとんどなく、麺はポソポソちぎれ、具は悲しいぐらい少量だった。だがこのさい味はどうでもよかった。冷えきった体がじわじわと温まっていくのを感じているだけで、細胞のひとつひとつが喜びに満たされていくようだった。

食べ終えたあと、しばらく暖炉に当たらせてもらった。店主はさほど興味もなさそうに、どこから来たんだと話しかけてきた。アラスカからだ、と言ってもまるで驚かない。

「このあたりはいつもこんなに寒いの？」

「今年は異常だよ」

店主はあきれ顔で言った。

外に出るのが億劫《おっくう》になる前に、自らの背中を押すように、ドアを開ける。風が頬に突き刺さってきた。いかにもアメリカ西部といった、赤茶けた大地が茫洋《ぼうよう》と広がっている。ゴアテックス製レインウェアのジッパーをあごまで引き上げ、フードを深くかぶった。自転車のバッグにつけている温度計を見ると、日中だというのにマイナス十三度だ。冬の大海原に向かっていく船のりのような気分で自転車にまたがり、坂をくだり始めた。

予定が大幅にずれこみ、ここユタ州の高地で冬につかまってしまった。さらには〝記録的な大寒波〟というものまで押し寄せてきた。高気圧が張り出しているおかげで雪はさほど降らなかったが、いつ天候が崩れ、雪に閉じこめられるかと思うと気が気ではなかった。

坂をくだり始めると、カップヌードルと暖炉で温まった体があっというまに冷えていき、手と足の先が紙やすりでこすられているように痛くなってきた。靴はふつうの軽登山シューズで、手袋も二十ドルの安物だ。氷点下でのサイクリングなど想定していなかったのだ。

走り始めて五分ほどで痛みに耐えられなくなった。自転車をとめて手袋を脱ぎ、指先をこすって温める。それから靴を脱ぎ、つま先を手で強く握って血を通わせる。少しマシになったところで再び走り出す。だが今度は二分ほどで耐えられなくなる。自転車をとめる。手袋を脱いで指をこする。靴を脱ぎ、つま先を手でギュッと握る。

「ええい、じれったいわ！」

ヤケクソな気分でバッグからレジ袋を取り出し、靴と手袋の上からかぶせ、それぞれの持ち手を手首と足首のところで結んだ。なんとも情けない格好だ。が、こぎ出すとこれが想像以上に効果的で、十分ぐらいは連続で走れるようになった。

日が暮れたところで荒野にテントを張った。

ぼくは意地になってキャンプを続けていた。自分はどれぐらい耐えられるのだろう、とこの期《ご》に及んでも心のどこかで楽しんでいるのだ。

しかしこの夜は勝手が違った。

夜半過ぎ、寒さで目が覚めた。唇が冷たくなっている。時計の針を見ると午前二時。温度計はマイナス十五度を指している。テントのなかは外気よりも五度ぐらい温かいから、外はマイナス二十度前後か。

ぼくの寝袋は三シーズン、春夏秋用だ。持っている服を全部着こんで寝袋に入り、足のほうはバックパックのなかに突っこんでいたが、なんの気休めにもならなかった。凍りついた鉄の分厚い板が体の上にのしかかっているようである。それがどんどん重みを増してくる。息苦しさと痛みで意識が遠のきそうになるのを覚えつつ、再び時計に目をやった。四時はまわっただろうと見当をつけていたが、まだ三時にもなっていない。頭がくらくらしてきた。

なんという長い夜だ。しだいに体がガタガタ震え始め、歯の根が合わなくなってきた。

気温が最も下がるのは明け方である。空がかすかに白んできたころ、寒さに意識が途切れがちになった。眠ってしまうとまずい、と思い、「もうすぐや、もうすぐや」と声に出して意識を保つ。しばらくして朝日がテントに当たり始めたときは心底、助かった——と胸をなでおろし、寒さがゆっくりとやわらいでいく大気の変化を、寝袋から唯一外部に出している鼻先と唇で感じていた。

震えのとまらない体を起こし、食材をかき出すと、すべてが壊滅的に凍りついていた。キャベツやタマネギなどはナイフを入れると、ロウ細工のようにガシャガシャと崩れ、チーズは劣化した消しゴムのようにポロリポロリと砕けた。

フライパンにマーガリンを入れて野菜を炒め、そこに砕けたチーズをまく。さらにその上にプラスチックのように凍って硬くなった食パンをのせてふたをする。パンに熱が伝わってやわらかくなったら、それをふたつに折って野菜とチーズをサンドし、かぶりつく。熱がヒリヒリと頬の内側に伝わり、もしゃもしゃ嚙みしめる音が賑やかに鳴った。温かい食物が甘みを押し広げながら喉の奥へと運ばれていく、その一連の動きが目に浮かぶようだった。

熱い紅茶を飲み、ようやく人心地がついた。

太陽が昇り始めた。大地を覆っていた霜が、水晶の粒のようにキラキラと輝き出した。

デザートにオレンジを取り出した。野球の硬球のように硬くなっている。ナイフで房を切り取りながら口に入れる。まるでシャーベットだ。シャリシャリという音が顔のまわりで鳴っていた。凍った果肉が口のなかでじわじわと溶けて、甘みが浮かび上がってくる。あらゆる刺激が、火花が散って光るように鮮明だった。

一心にオレンジを食べながら、ぼくは自分が小さな虫にでもなったように感じていた。この広い大地の上に、点のようについている、ちっぽけなこの命が不思議だった。指や口が絶えず動き、光を浴びて熱を感知していることがなんだかとてつもなく奇妙なことに思え、世界のすべてが輝いているようなこの朝の時間を、体じゅうの細胞ひとつひとつに染みこませるように味わっていたのだった。

06　タコスとピーナッツ——メキシコ

夕暮れどき、通りを歩いていると肉の焼けるやたらと香ばしいにおいがした。見ると屋台が出ている。その前で大勢の男たちが何かにかぶりついていた。

「たぶんタコスですよ」

とＩくんが言う。国境の町エルパソで会った卒業旅行の学生だ。

屋台の前に行くと、オヤジが汗の粒を顔じゅうに浮かべ、鉄板の上の肉をコテでかきまわしている。さいの目にカットされた肉は油を飛ばしながら転げまわり、ジュウジュウと賑やかな音を立てていた。

腹が鳴ってしかたがなかったが、注文するとなるとためらいが出た。慣れ親しんだアメリカのファストフード店とは対照的に、ひどく不衛生に映ったからだ。それにメキシコにたいする漠然とした不安がどうしても消えなかった。この国に来てからというもの、目にするものすべてがちょっと刺激的すぎたのだ。

Iくんといっしょにアメリカからメキシコの国境の町、シウダ・ファレスに入ったのは、ほんの二時間ほど前のことだった。

国境のゲートをくぐった瞬間から、

「こりゃたまらん」

と逃げ出したくなった。

通りはアメリカに向かう人であふれ、いたるところで怒鳴り声があがり、渋滞で動かない車からはクラクションがヒステリックに鳴っていた。ビルや道路には大量のひびが入っており、一部は崩壊し、最近まで戦争でもしていたのかと疑いたくなるような光景だった。

歩道には腕や足のない物乞いがずらりと並んでいた。あばらの浮き出た犬が舌と涎《よだれ》を垂らし、うろうろしている。

それらの迫力にすっかり怖気《おじけ》づいてしまったのだが、まさか本当にUターンをしてアメリカに帰るわけにもいかなかった。暗澹《あんたん》たる思いで人をかきわけ前進し、あらかじめガイドブックで目をつけていた安宿に飛びこんだ。

フロントで部屋の鍵をもらい、ドアを開けた瞬間、体が凍りついた。まるで野戦病院だ。壁は黒く汚れ、ベッドの毛布は雑巾《ぞうきん》のように破れている。部屋に足を踏み入れると公衆便所のようなにおいが鼻をついた。シングルで一泊約七百円とはいえ、これはひどすぎる。

しかし荷物満載の自転車でこれ以上町を歩きまわる気にはなれなかった。迷ったすえにぼくはチェックインし、部屋に荷物と自転車を入れるとベッドに腰をかけ、うなだれた。日帰りのIくんは眉尻《まゆじり》を下げ、なんだか申し訳なさそうな顔でぼくを見ている。

洗面所の蛇口をひねると、アメリカと同じように無色透明の水が出た。ほとばしる水を不思議な思いで見つめた。メキシコでは現地の人も生水を飲まないという。アメリカではガブ飲みしていた水が、そこから十分ばかり歩いて国境を越えれば、見た目はまったく同じ水でももう飲めなくなるのである。そのことがどうもうまく理解できなかった。

部屋でひと息ついたあと、Iくんと外に出た。

自転車と荷物から解かれ、身ひとつになって歩いてみると、まわりを眺める余裕が少しずつ出てきた。中世ふうの建物や、スペイン語の看板、目に強い光のある情熱的な顔の人々、それらを興味深く見ているうちに、タコスの屋台が現れたのだった。

屋台はいたるところ油が黒くしみつき、触るとねばつきそうだった。こういうところで食べて大丈夫だろうか、といった不安はやはり消えなかったが、その香ばしいにおいにはもはや抗《あらが》い難くなっていた。ぼくたちは顔を見合わせた。

いずれにせよ、これから数ヵ月メキシコを旅するのだ。いつまでも地元の料理を避けて通るわけにはいかない。

ぼくたちは屋台のオヤジに向かって指を一本立て、

「ウノ（ひとつ）、ウノ」

と言った。オヤジは両手の五本の指を開いてぼくたちに見せた。十ペソということだろう。約百三十円だ。十ペソコインを渡すと、オヤジは油でギトギト光る手でコインを受け取って缶のなかに入れ、その手でトルティージャ（トウモロコシ粉や小麦粉でできた素焼きの薄いパン）をわしづかみにし、肉をはさんだ。それを四つつくって皿にのせ、ぼくの前に突き出した。十ペソというのは四個ひと皿の料金だったようだ。

それを受け取ると、鉄板の前に並んだ生野菜を見つめた。セルフサービスでタコスにのせるものらしいが、レタスには無数に水滴がつき、トマトは水のような液体にどっぷり浸かっている。ホテルで見ていた水道水が脳裏をよぎった。メキシコ人も飲まない水なのだ……。

「ええい、ままよ！」

ぼくは野菜をたっぷり入れ、ライムをしぼってかぶりついた。瞬間、目の前が白く光った。

「…………」

豊饒《ほうじょう》な大地を思わせるトルティージャの芳香、それがふわっと鼻に抜け、素焼きパンの薄皮がさっくり破れたかと思うと、肉汁がジュワッとあふれ出し、アツアツの肉の熱が頬に伝わってくる。同時にレタスのシャキシャキした歯触りや、トマトの爽やかな酸味、コリアンダーの鮮烈、それらすべてが口のなかで炸裂《さくれつ》するのである。

「うぐぐぐ……」

アメリカで食べていたファストフードはなんだったんだ、と思った。味の〝質〟がまったく違う。味がギラギラしている。味が生きているのだ。息を弾ませ、汗を四方に散らしながら、やたらめったら駆けまわっているのだ。

隣を見るとＩくんもこっちを向いた。頬がゆるみ、熱に浮かされたように目が光っている。興奮冷めやらぬまま食べ終わると、ぼくたちは再び歩き始めた。足どりがやけに軽くなっている。ビルや露店がゆるやかに流れていく。夕暮れが迫り、町が深い色を帯びてきた。

路地の奥に小汚いバーがあった。タコスで得た勢いのまま思いきってそのドアを開ける。キツいタバコのにおいが鼻をついた。なかは洞窟のような暗さだ。それに目が慣れてくると、ド派手なおばさんや強面オヤジたちのうごめく魑魅魍魎《ちみもうりょう》の世界が広がった。みんなこっちをじろじろ見ている。大男のIくんがいなければ間違いなく逃げ出していただろう。

床にはなぜかオガクズが大量に積もっていた。客たちはなんの躊躇《ちゅうちょ》もなく、その床に向かってナッツの殻を捨て、唾《つば》を吐いている。どうやらゴミをまとめて掃除するためのオガクズらしい。合理的なのはいいが、見た目がすごい。文字どおり〝はきだめ〟だ。

カウンターに座り、ビールを頼むとピーナッツがついてきた。赤いチリパウダーが添えられている。メキシコだな、と思った。それをつけて食べると、これまで味わったことのない不思議な辛さが口に広がった。それは強烈に〝異国の味〟がした。世界はたしかに、変わったのだ。

ビールを飲みながら、次々にナッツを口に放りこんだ。しばらくしてカウンターの上にたまった殻を床にザッと捨てると、ふっと身軽になったような気がした。考えてみると、気兼ねなく床に食べかすを捨てるなんて、もしかしたら赤ん坊のとき以来じゃないだろうか。

あたりを見まわすと、さっきまでこっちを見ていた人たちのほとんどが何ごともなかったようにそれぞれの世界に戻っている。仲間としゃべり、ピーナッツの殻を投げ、唾を吐く。その濃密な空気のなかで、ぼくも彼らと同じように殻を床に投げていった。そうするうちに、しだいに、喜びが体の外へと広がっていくような快感に包まれ始めた。自分のこれまでの人生にまったくなかったエッセンスに触れ、それに体を浸し、そうして自分が変化していくのだ。これだ。これこそ旅ではないか——。

ここまで流れ流れてきて、このメキシコで初めてそのことを感じたのである。

07 アイスキャンディの魔術——メキシコ

夕暮れどき、大衆食堂に入って席に着き、「コミーダ・コリーダ」を頼む。メキシコの日替わり定食のようなものらしい。値段は二十ペソ、日本円で二百六十円ほどだ。

料理を待っているあいだ、食堂のなかで談笑している村人たちを眺めた。彼らもこっちをちらちらとうかがっている。小さな村である。初めて日本人を見るという人もいるんじゃないだろうか。

料理が運ばれてきた。ごはんとトルティージャとスープだ。スープはコンソメのように澄んでおり、なかにはニンジン、ジャガイモ、骨つき肉の塊などが入っていた。

まずはそのスープをすする。ため息が出そうになるほどやさしい味だ。骨と肉のあいだにスプーンを入れると、なんの力もかけずに肉がポコリと取れた。嚙むとスープを吸った肉のエキスがあふれ、熱が染み出し、体が安堵感のようなものに覆われていく。その温もりに包まれながら、ぼくは今朝までいたシウダ・ファレスのことを思い返していた。

バーでナッツの殻を床に捨てていたときは、これから始まるメキシコの旅に期待が膨らんでいたのだが、Iくんと別れてひとりになると急に心細くなった。町の暗がりが再び恐ろしくなり、五体満足でこの町を抜けるなどほとんど不可能なことのように思われてきた。

翌日は出発を見合わせ、町を出るのに最も安全なルートを探すために市内を一日歩いた。得体の知れない男たちがあちこちでたむろしていた。その前に差しかかると、彼らはぎらつく刃物のような視線をいっせいにこっちに向けた。因縁つけてくるなよ、と祈りながら彼らの前を歩いていく。やりすごしたところで、ホッと息をつく。その連続だった。

実際、メキシコの治安についてはろくな噂がない。自転車旅行者が強盗に襲われたあげく、身ぐるみはがされたという話も複数の旅行者から聞いていた。

翌朝、目が覚めたときもまったく気のりしなかったが、どのみち永久に臆病風に吹かれているわけにはいかないのだ。

「ええい、もうどうにでもなれ！」

と心のなかで叫んでベッドから起き上がり、自転車に荷物をつけて出発した。

昨日調べておいたルートをたどって、なんとか町を抜けると、だだっ広い褐色の荒野が広がった。前から来たトラックの運転手がこっちに向かって陽気に手を振ってくる。そこでようやくふっと力が抜け、ぼくも頬をゆるめて手を振り返した。

この日は一三〇キロ走って現れた小さな村の安宿に泊まった。きれいな部屋ではなかったが、自転車をなかに入れてもなお広々としている。しかも一泊約四百五十円という安さだ。

水シャワーを浴びてすっきりしたあと、村を散歩した。

日没後の空は幻灯機で映したように一面のピンク色になっていた。ソカロ（中央広場）では村人たちがベンチに座り、夕涼みをしている。みんなこっちを見て笑みを浮かべ、

「オラ（こんにちは）」

と挨拶《あいさつ》してきた。ぼくも、

「オラ」

と返す。

妙な気分だった。まるで別の国に来たみたいなのだ。国境の町シウダ・ファレスから一〇〇キロあまりしか離れていないのに、人々の表情がまったく違うのである。みんな本当に穏

やかな目をしている。国境沿いの都市と、田舎町。環境の違いはここまで人の顔つきを変えてしまうのか、とほとんどあっけにとられる思いで彼らの顔を見ていた。

そうして目についた食堂に入り、村人たちにまじってコミーダ・コリーダのスープを飲んだとき、体じゅうの力が抜けていくほどの安堵感に包まれたのである。

お代わり自由のトルティージャを何枚も食べ、スープを飲み干すと、ぼくはゆっくりと立ち上がった。会計を済ませ、こっちを見ている村人たちに、

「アディオス（さよなら）」

と言うと、彼らもにこやかに笑い、

「アディオス」

と返してきた。

外はすっかり暗くなっていた。街灯が闇に一列になって浮かんでいる。それに沿って歩いているうちに、このまま宿に帰ってしまうのがもったいないような気がしてきた。

しばらくすると、街灯よりもひときわ明るい白い光が闇に浮かんでいるのが見えた。そっちに近づいていくと、どうやらアイスキャンディ屋のようだ。

入り口をくぐると、店員の兄ちゃんがぼくを見てニッと笑い、何か話しかけてきた。返事をしようにもメキシコに入ってまだ三日目だ。スペイン語はてんでわからない。

ぼくは曖昧に微笑みながら、ショーケースの前に立った。十種類ほどのアイスキャンディが色とりどりに並んでいる。パイナップル味らしきものを指し、愛想笑いを浮かべると、兄ちゃんはそれを取り出してぼくに手渡した。割り箸みたいなスティックが斜めに突き刺さっているあたりがいかにも手づくりだ。

ひと口かじると、パインの香りがサッと花開き、大粒の果肉がボロボロとあふれ出した。こりゃすごい。どこをかじっても、パイナップルの果肉が口のなかに転げ落ちてくる。これが一ペソ（約十三円）だなんて。

あっというまに食べ終えると、間髪を容れずに次はスイカ味を注文し、かぶりつく。ザクザクした歯触りにブルッと震えがくる。スイカをぎゅっと圧縮して凍らせたようだ。

兄ちゃんは相変わらず愛想のいい笑みを浮かべながら、夢中でアイスにかぶりつくぼくを見ている。目が合うと、彼はぼくを指し、次に指を一本ずつ折っていった。年齢を聞いているのだろう。ぼくは持っていた真新しい辞書をめくった。

「マニャーナ（明日）、ヨ（私）ヴェインテ・イ・シエテ（二十七）」

そう、明日はぼくの二十七歳の誕生日なのだ。

すると兄ちゃんはまるで自分のことのようにうれしそうな顔をして、ショーケースからオレンジ味のアイスを一本取り出した。プレゼントということらしい。いいなあ、この軽やかなノリ。ぼくは遠慮なくそれを受け取り、かぶりつく。果汁がジュワッとあふれ出す。

「リコ（おいしい）！　リコ！」

親指を立て、何度も首を縦に振った。兄ちゃんはますます人懐《なつ》こい顔になって笑う。

アイスからこぼれ落ちてくるオレンジの果肉を嚙み砕きながら、ふと自分の豹変《ひょうへん》ぶりを思い、笑ってやりたくなった。人におびえ、吊り上がった目で左右をキョロキョロ見まわしながら走り出したのは、ほんの十二時間前のことなのだ。

08　オルチャータとトルタ――メキシコ

通りを歩いていると、数人の若者とすれ違った。みんな妙なものを口にくわえている。ストローの突き出た透明のビニール袋だ。シンナーでもやっているのだろうか、とドキッとしたが、袋に入っているのはカルピスのような白い液体だった。

彼らがやってきた道をたどると、ソカロがあった。広場の一角にジュース屋が建っている。店先からなかをのぞくと、ステンレス製の四角い容器が十個ほど並び、さまざまな色のジュースが入っていた。四十度を越える暑さである。喉が渇いてしょうがなかったが、飲むのはためらいがあった。どのジュースにも巨大な氷塊が浮かんでいたからだ。「氷も生水同様に危険」というガイドブックの決まり文句が頭のなかに貼りついていた。だが店内でふつうに飲んでいる客たちを見ていると、我慢しているのがバカバカしくなってきた。

ぼくは店に入り、さっきの若者たちが飲んでいた白いジュースを指した。店員が、

「オルチャータ？」

と聞く。なんのことかわからなかったが、

「シー（はい）、シー」

と返事をした。

店員は大きなおたまで白い液体をすくってプラスチックのカップに入れ、指を一本立てた。一ペソ――約十三円らしい。ぼくはそれを払ってカップを受け取った。ビニール袋で飲むスタイルはテイクアウト用なのだろう。

店内のイスに座ってその「オルチャータ」を飲む。少しとろっとしているが、キンキンに冷えていて、ミルクのようなコクがほのかにあり、爽快な甘さがあった。かすかにシナモンの香りがする。

あとでわかったことだが、原料には米が使われているそうだ。甘くてとろみがあるわりに、サラリとしているのはそのせいだろう。

それからは毎日、訪れた先々でこのジュース屋を利用するようになった。コーラを買うよ

りもずっと安いし、味も悪くない。何より氷を浮かべたジュースをおたまでガラガラガラッとかき混ぜ、すくって入れるというスタイルに惹《ひ》かれた。いやに心に触れるこの感じはなんだろうと考えたとき、少年時代の夏の記憶が脳裏に浮かび上がってきた。

夏休みになると毎年、母の実家のある海沿いの村を訪ねていた。

お盆には夏祭りのやぐらが海岸に組まれ、盆踊りの輪ができる。その輪のそばではジュースが無料でふるまわれていた。巨大な青いポリバケツのなかにオレンジジュースが大量に入っており、大きな氷塊が浮かんでいる。その前にできている列に並ぶと、はっぴを着たおじさんがひしゃくでガラガラガラッとかきまぜ、コップに入れて渡してくれるのである。

果汁などおそらく皆無だったろうが、ジュースをタダでもらえることにガキのぼくは小躍りしていたし、盆踊りの空気のなかで飲むキンキンに冷えたそれは、子どもにとってはどんなに高価なフレッシュジュースよりも輝いていた。

メキシコのジュース屋のガラガラガラッという音が、妙に胸に響いてくるのはそんな記憶のせいかもしれない。

そしてそのような郷愁はジュース屋だけでなく、ソカロ全体にもたちこめていたのである。

町に着くと、ぼくはまずソカロに向かう。サイクリングで火照《ほて》った体をジュースで冷まし、広場に面して建つ大聖堂と、その前を行き交う人々を眺めるのが日課になっていた。

夕暮れになると、人々が広場に集まってくる。最初はまばらだった屋台もどんどん数が増えていき、白い煙に広場は包まれる。一見縁日のようだが、ここでは日常の光景なのだ。

屋台を冷やかして歩いていると、ぼくの足は必ずトルタ屋の前でとまった。

トルタはタコスと並んで人気の高い屋台料理だ。丸いコッペパンを半分に切って、鉄板で焼いた具――肉やハム、ソーセージ、チーズ入り卵焼きなどをはさんだもので、早い話がホットサンドイッチだが、この国ならではの特徴があった。メキシコ原産のアボカドを一個丸ごと、サンドするパンの両面に塗るのだ。

初めて食べたときは「おお、そういうことか！」と思わずうなった。アボカドは、いってしまえばマーガリンの代わりなのだ。旨味たっぷりのコクが具を包み、パンの味を豊かに膨らませるのである。

現地のオジサンたちにはさまれて屋台の長椅子に座り、トルタにかぶりつく。パンもソーセージもひと昔前の給食のような味がする。それを噛みしめながら、夕空の下でぞろぞろ歩きする人々を眺めていると、再び自分の子ども時代に帰っていくのだ。

……夏の日が暮れると、ぼくの田舎では、人々が橋の上に夕涼みに出ていた。ピンク色の空の下、静止した時間のなかで、みんなのどかな微笑を浮かべていたのだ。

そんな過去の記憶に浸っていると、遠くからだんだんと肉を焼く音が近づいてきて、やがて目の前で鳴り出した。隣にいるメキシコ人のおじさんたちが笑いながらトルタにかぶりついている。胸のなかがじわっと熱くなってくる。過去も、そして現在も、自分を取り囲む世界のすべてがいとおしく思えてくる。そんなやさしい空気を求めて、人々の集うソカロへとぼくの足は向かうのである。

09 サプライズパン——メキシコ

ソカロに人だかりができていた。みんなカップを持って何か食べている。近づいてみると、そのカップの上では大量の蜂《はち》がもぞもぞと動きまわっていた。

ま、まさか蜂の躍り食い？　とギョッとしたのは、さすがに一瞬だけで、よく見るとその下にはかき氷があった。かき氷の蜜を求めて蜂がカップに黒く群がっているのだ。

それでもゾッとする光景には変わりないのだが、彼らメキシコ人たちにはたいした問題じゃないらしい。手元に蜂が群がり、ブンブンと羽音が鳴っている状況で、それを完全に無視しながら、男も女も笑顔でかき氷を食べ続けているのである。な、なんというシュールな図や、とぼくはヒクヒクした。もしかしたら彼らには蜂が見えていないんじゃ……。

それから数日後、荒野を抜けてトレオンという町に着いた。キョロキョロ見まわしながら走っているとパン屋が目にとまり、思わずほくそえんだ。

メキシコの主食といえばトルティージャが有名だが、ふつうのパンもよく食べられており、焼きたてのパンを売る店がどんなに小さな村にもたいてい一軒はあった。これが日本のベーカリーとよく似ていて、クリームパンやチョコレートパン、コロネ、ドーナツといった、いわゆる〝菓子パン〟が棚に何種類も並び、トングで好きなものを取ってトレイにのせ、レジに持っていって購入するというシステムなのである。

日本の菓子パンと比べると、見た目が雑で、味も素朴なのだが、なんといっても安い。一個一ペソ――約十三円からという値段である。気になるパンを片っ端から買い、それを続けざまに口に入れていると、菓子パンを好きなだけ食べられる毎日というのは、幸福のひとつの形だな、などとパン好きのぼくは深々と感じ入り、顔がゆるんでしまうのである。

荒野を抜けてトレオンに着いたこの日も、菓子パンを大量に買ってソカロに行った。ベンチに座り、まずはチュロスに似たドーナツ型のパンにかぶりつく。サクッとした歯ごたえのあと、上品な甘みが口に広がった。おお、これはレベルが高い、と感心しながらパンの断面を見ると、そこには親指の爪の長さぐらいの巨大な蟻《あり》がいた。パンの生地に身を埋め、黒いこうべを垂らし、こときれている。わ、まずい、と慌てて口のなかのものを吐き出そうとしたが、タッチの差で遅れ、口内のパンは喉の奥にするりと落ちていった。ゴックン。

「…………」

パンの断面に埋もれている蟻を凝視した。どう見ても、完成したパンにあとから侵入したものではなく、製造過程で生地に入りこみ、いっしょに油で揚げられた蟻である。

おそるおそるパンをちぎってみると、また一匹、別の動かない蟻が現れた。ぼくは錯乱状態に陥り、不合格通知を千々に破るがごとくパンをちぎっていった。すると次々に蟻が出てきた。ちょうどレーズンパンのような雰囲気だ。ハハ、こいつはさながらアリパンやね——などと軽やかに受け入れられるわけもなく、ぼくは暗い気持ちで蟻だらけのパンを見つめ、それから数日前に見た蜂の群がるかき氷を脳裏に浮かべた。

「…………」

メキシコ人たちはこのアリパンを見ても談笑しながら、平然と蟻をよけながら食べるのだろうか？　それとも……蟻ごと？

10　食中毒——メキシコ

晩飯を食べ終えて宿に帰っているときのことだ。屋台の明かりが漁火《いさりび》のように暗がりに並んでいた。食欲はないのだが、ついそっちに足が向いてしまう。

最も賑わっている屋台に座った。鉄鍋のなかでは得体の知れない黒ずんだものがグツグツと音を立てている。一人前を頼むと、店主は鍋のなかのものをトングでつまんでトルティージャではさみ、渡してきた。ひと口食べた瞬間、ウッと声がもれそうになった。臓物だ。モツ料理は好物だが、これはきつい。やたらと油っぽいうえに、アンモニア臭がする。だが、もしかしたら気持ち悪く感じるのはぼくの体調が原因かもしれない。

このところ調子にのって毎日ぶっとばしていたのだ。おかげで疲れがたまっていたのだろう。ここサカテカスに着き、投宿してシャワーを浴びると、座りこみたくなるほど体が重くなっていた。それでも無理やり外に出て、晩飯にコミーダ・コリーダを食べたのだが、舌がしびれてほとんど味がわからなかった。これはさっさと帰って寝たほうがよさそうだな。そう思って店を出たあと、この臓物タコスの屋台が現れたのである。

食べて精をつけようと、口に押しこんでいったが、臓物の臭気にだんだん吐き気を催してきて、結局ほとんど残したまま席を立った。それから歩いていると、しだいにふらふらしてきた。早く帰らなければ、と気がせいた。体じゅうの毛穴からぷつぷつと無数の汗の玉が噴き出してくる像が頭に浮かんだ。

天と地がぐにゃぐにゃゆがみ始めた。標高のせいだろうか？　サカテカスは海抜二五〇〇メートルだ。とはいえ、高山病にかかるほどの高さじゃない。

なんとか宿に帰りつき、震える手でドアを開け、ベッドに倒れこんだ。しだいに腹の内側から重い痛みがせり上がってくる。体じゅうから冷や汗がにじみ出し、部屋がぐるぐるとまわり始めた。大しけのなかを小船にのってもまれているようである。

体をくの字に折り曲げ、うめき声をもらしながら、どれであたったんだろうと考えた。さっきの臓物タコスだろうか？　いや、あれは全部火が通っていた。その前に飲んだオレンジ水だろうか。あれには氷が入っていたのだ。しかし氷の入ったジュースなんて毎日飲んでいるではないか。

そのうち耐えきれなくなってトイレに駆けこみ、したたか吐いた。全部出し終わってからふらふらとベッドに戻る。強烈な痛みが波のように断続的にやってくる。波は押し寄せるたびに大きくなり、とうとう耐え切れずにワッと声を上げた。その声が独房のような部屋のやけに高い天井に空しく響いた。顔から脂汗が噴き出し、涙とも汗ともつかぬものが目尻を伝う。天井の黒いシミを見つめた。日本にいる親や友人や昔の恋人の顔が頭のなかを巡った。

このとき、ぼくはかつて経験したことがないほどの恐慌に陥った。どこにも逃げ場がないような、絶望的な孤独感に見舞われたのである。自分の胸の奥に暗い淵のようなものが広がっていた。それを見つめながら、こんなにも深くて暗かったのか、と愕然《がくぜん》となった。自分は孤独には強いと思っていたが、そうではなかった。麻痺《まひ》していただけだったのだ。その暗闇とまともに顔をつき合わせたら、とても耐えられるものではない。そう感じて、叫びたくなるような恐怖を覚えた。

再びトイレに走って吐く。酸っぱい液しか出ない。指先がしびれ始めた。震える手でバッグを逆さに振り、なかのものを床にぶちまけた。そのなかから薬箱を拾い上げ、抗生物質を飲む。だがそれも数分後には胃液とともに吐いてしまう。

結局明けがた近くまでベッドの上でのたうちまわってさんざん吐き、最後は痛みのあまり失神したのか、あるいは疲弊から眠りに落ちたのか。気がつくと朝になっていて、窓から白い光が射していた。

嵐のあとの凪《なぎ》のように痛みは引いていたが、体の衰弱ぶりはひどかった。とにかく何か食べなければ、と昼過ぎに外に出たが、五〇メートルほど歩いては座りこんで休むというありさまだった。

菓子パンを買い、ゆっくり嚙んで食べてみると、体はなんとかそれを受け入れてくれた。次の日には体調も戻った。

中南米では同じような目に遭う旅行者が少なくない。聞いた話を総合すると、どうやら〝疲れ〟と〝高所〟という条件が重なったときに食中毒にかかることが多いようだ。ぼくの場合もみごとそれにあてはまった。

そのあと多くの旅人から「サカテカスはきれいな町だ」という話を聞いた。しかしぼくにはそのよさがまったくわからなかった。なにしろあの町で印象に残っているのは、ベッドの上の異様に高い天井と、そこについている黒いシミだけなのだから。

11 異郷の中華レストラン――ベリーズ

メキシコから中米の一国ベリーズに入国する。

最初の小さな町に、中華レストランが現れたとき、おや？ と思った。メキシコでは中華レストランは都市部でたまに見かけるだけで、地方にはまずなかったからだ。

店内に入ると、農夫らしきおじさんたちで賑わっていた。庶民的な店である。これも妙だった。外国の料理の店はたいてい割高になるはずなのに……（欧米の中華などは別だけど）。

メニューを見ると焼き飯で五ベリーズ・ドル――約二百五十円だ。物価と考え合わせてもそう高くはない。その焼き飯を頼み、窓から外を眺めた。メキシコではほとんど見かけなかった黒人の姿が目につく。移民の国らしい。中国人らしき人もたくさん歩いていた。中華料理がこの国の大衆食になるわけだ。

日本なら軽く二人前はありそうな量の焼き飯が出てきた。ひと口食べてみると、炒められた米はパラパラとキレがよく、卵で包まれふっくらしている。これはいい。アメリカで食べた中華は甘ったるくて、なんとなくいびつな味に思えたが、この焼き飯はここの土地になじんでいる気がする。食べていてしっくりくる。

己の単純さにあきれるが、夢中でスプーンを口に運んでいるうちにすっかりベリーズが好きになっていた。なんだかんだいっても、食べ物はその国の印象を大きく左右するのだ。

それから町を出てしばらく走ると、道はうっそうとしたジャングルに包まれた。夏草と腐葉土のにおいでむせかえるようだ。メキシコよりも数段ワイルドな雰囲気である。

ときどきジャングルが途切れ、小さな村が現れる。高床式の家が目立つ。南洋の島のようなのんびりしたムードが漂っている。

ぼくはサドルの上でキョロキョロしながら、しきりに感心していた。ベリーズは四国と同じぐらいのサイズのごくごく小さな国で、人口もわずか二十万足らず。そんな小国でも、ここにしかない、固有の空気がはっきりとたちこめているのである。

熱帯植物の大きな葉の茂みを抜けると、小さな村が現れた。道路沿いに木造の学校が建っている。窓が全開だ。十人ほどの子どもが黒板を凝視していた。その真剣な表情と光る瞳がぼくの胸をとらえた。国際社会から置き去りにされたような、といえば失礼かもしれないが、でもついそう考えてしまいがちになるほどちっぽけな国の、こんな小さな村で、子どもたちは未来に向かって一日一日学び、成長しているのだ。

自然とペダルをこぐのをやめていた。自転車は慣性で進み、子どもたちがスローモーションのように流れていった。窓ぎわの男の子が口を結び、じっと前を見ている。がんばれよ。ぼくが内心そうつぶやくのと同時に、その子がこっちを向き、目が合った。かと思うと彼はふにゃあと顔を崩し、白い歯をむき出しにして手を振ってきたのだ。続いてほかの子どもたちもいっせいに授業を放り投げ、満面の笑顔でぼくに手を振り始めたのである。その豹変ぶりにぼくはブッと吹き出し、肩を揺らして笑いながら、ああ、やっぱりこの国好きだな、と思った。それから子どもたちに手を振り返し、ゆっくりと遠ざかっていった。


中華レストランは国のいたるところにあった。アジアの味に飢えていたぼくは毎食のように中華に舌鼓を打っていった。

だがなにせ四国ぐらいのサイズである。四日目には早くもこの国をほぼ走り終え、グアテマラとの国境に近づいてきた。その手前の町にも中華レストランがあったので、食べ納めに寄っていった。

客はひとりもいなかった。店の経営者らしき中国人の若い男女がテーブルにぽつんと座っているだけだ。ふたりとも生気のない顔でぼくを一瞥し、けだるそうに立ち上がった。男のほうはひどい寝癖である。

注文をとりにきた女性に焼き飯を頼んだ。彼女は夫と思しき男にオーダーを通したあと、ぼくの向かいの席に座った。キツそうな顔だが、よく見ると整った目鼻立ちである。彼女は英語で話しかけてきた。

「あなた、なぜこんなところにいるの？」

何かが、引っかかった。

こんなところ……？

聞けば広東省《カントン》出身の彼らは二年前に結婚すると、すぐこっちに移住してきたらしい。話していると彼女はどんどん饒舌《じょうぜつ》になった。年に一度中国に帰るの、そのときは買い物を楽しむのよ。そう話す彼女の頰には、さっきまで見られなかった紅が浮かんでいた。

ぼくはつまらない質問をした。

「中国とベリーズ、どっちが好き？」

彼女は間髪を容れずに答えた。

「そりゃ中国よ！」

その声の大きさに、ぼくはいささか面食らった。

「私の故郷はこんなに蒸し暑くないし、それに中国ではなんでも欲しいものが手に入るもの。ここには、何もないわ」

ここには何もない？　……村の学校の子どもたちの笑顔がふと脳裏をよぎった。

彼女はあれがない、これがない、とベリーズへの不満を言い続けた。

自転車で気楽に走るだけの、ぼくの目に見えるベリーズと、商売をしながらここで日々を過ごす彼女たちの目に映るこの国はまったく違う顔をしているのだろう。しかし、いくら仕事で来ているとはいえ、自分の住んでいる国をそこまで嫌うなんて……。

ぼくは聞かずにいられなかった。

「中国に帰りたい？」

彼女は再びけだるい表情に戻って答えた。

「無理よ。店があるもの」

夫に呼ばれ、彼女は料理を取りにいった。出された焼き飯は古い油を使っているのか、かすかに酸化したようなにおいがして、なんとなくベタベタしていた。

ベリーズからグアテマラに入国する。

食堂で鶏のもも焼きとごはんを頼むと、薄い円形のパンがついてきた。どうやらこの国でもトルティージャが食べられているらしい。

だがメキシコのそれとは見た目が違う。メキシコのはクレープのように薄いが、グアテマラのはパンケーキのような分厚さだ。あちこちにこげ跡もついて、なんだか野暮ったい。食べてみると、穀物庫のようなにおいと、ボソボソした食感が伝わってきた。素朴というよりは粗野といったほうが近い味だった。

数日後、サンタ・カタリーナパロポという村に着いた。そこでぼくは女性たちの衣装に目を見張った。

このあたり、グアテマラ中央高原一帯には先住民がたくさん住んでいる。そのため多くの女性が民族衣装を着ているのだが、これが我を忘れて見入るほどに美しいのだ。花や虫や幾何学模様が細密画を思わせるようにびっしりと織りこまれている。それを着た女性たちが市場などでごった返している様は幻想的なほどで、胴体に緻密な紋様のある大蛇が大地を這っているのを見るような、凄《すご》みのある艶《あで》やかさと迫力があった。

しかも村ごとに衣装の模様や色が違っていて、それがまたこの民族衣装のおもしろさなのだが、ここサンタ・カタリーナパロポの衣装はとりわけ目を引くものだった。南洋の海のような鮮やかな青色に鱗粉《りんぷん》のような光沢をまとっているのだ。

それらに見とれながら歩いていると、その青く光る衣装に包まれた五歳ぐらいの女の子がやってきて、大きな黒い瞳でぼくを見ながら「オラ（こんにちは）」と言った。こっちも「オラ」と声をかける。彼女は慣れた様子で、「ウン・ケツァル（一ケツァル）」と言った。

グアテマラの通貨で一ケツァルは約十三円だ。お金ちょうだい、か。愛くるしい笑顔とのギャップにちょっと戸惑ってしまう。

しかし少女の顔にはいやらしさも悲愴《ひそう》さもない。ニコニコ笑いながら、まるで歌でもうたうように、「ウン・ケツァル、ウン・ケツァル」と節をつけて口ずさむのだ。そこに一匹のひよこが現れ、ぼくたちの前をテケテケテケと横切っていった。「ウン・ケツァル、ウン・ケツァル」とうたっていた彼女はそのとき「ウン・ポヨ（一匹のひよこ）」と歌詞を入れ替えてうたった。ぼくはプッと吹き出してしまった。少女もくりっとした笑窪《えくぼ》を浮かべ、カラカラ笑っている。

ふいに景色がスーッとうしろに下がっていくように広がり、ひなびた村と山々がいちどきに目に入ってきた。そして、その牧歌的なパノラマをバックに、少女がくっきりと、点景のように浮かび上がっているのである。

つかのまその光景に心を奪われたあと、この輝きはなんだろう、と思った。

住民のほとんどがインディヘナ（先住民）で、いまも大半の女性が手織りの民族衣装を着続けているというこの地域の特殊な環境が、あるいは消えていくろうそくの最後の灯のように、煌々《こうこう》とした光を放っているのだろうか……？

しばらく女の子とおしゃべりしたあと、じゃあね、と手を振って別れた。「ウン・ケツァル」の歌もいつしかやんでおり、彼女も笑って「アディオス（さよなら）」と手を振った。

それから市場に行くと、フライドポテトの屋台が出ていた。兄弟と思しき男の子がふたりで店を切り盛りしているようだった。

グアテマラで最もよく見かける屋台スナックだが、ぼくはもともとフライドポテトをあまり好んでは食べなかった。ファストフードのイメージのせいか、油っぽい味しかしないという印象がどうしてもあるからだ。でもこのときはなぜか気になって、兄弟にひと袋注文した。

代金と引き換えに手渡されたものは、揚げてからかなり時間がたっているのか、冷めてしなっとしていた。ポテトを入れている紙袋は油を吸ってぬるぬるしている。ぼくはやれやれ、と少しく脱力感を覚えながら、粗くカットされたひと切れを口に放りこんだ。

「…………？」

不思議な味がした。ジャガイモってこんなに甘かったのか……？

続けて食べていると、そのうちとまらなくなった。それはぼくのイメージするフライドポテトとはまったく別物だった。油でべとついて、洗練された感じは微塵《みじん》もない。だが、噛むごとにジャガイモの皮のにおいが鼻腔を抜け、ねっとりとした甘みが口内に広がった。大地の養分を吸ったジャガイモの味がした。

「リコ（おいしい）、リコ！」

と兄弟に向かって言うと、小さいほうの少年がどこか恥ずかしそうに笑った。兄らしき少年は露店のうしろのほうでしゃがみ、何か作業している。首をのばしてそっちをのぞくと、彼は背中を丸め、バケツに張った水で、泥だらけのジャガイモを洗っていたのである。

第2章［南米編］

最果てのごちそう

13 バナナの森のなかで――エクアドル

走っても走ってもバナナの木々は途切れる気配がなかった。幅の広い濃緑の葉はどこまでもうっそうと茂っていて、まるでジャングルにでも迷いこんだような気分だ。

エクアドルはバナナの輸出量が世界一である。この巨大なプランテーションの規模を見ればそれもうなずけるが、何か釈然としない。ここはアメリカ資本の農場なのだ。エクアドルとアメリカ、双方に入るお金にはどれぐらいの差があるのだろう？

中米のコスタリカから、ここ南米エクアドルまでは飛行機で飛んだ。北米大陸と南米大陸をつなぐあの細い部分――パナマ地峡――には道が通っていないからだ。

標高二八〇〇メートルの首都、キトにおりたつと、身の引き締まるような冷たい風が吹いていた。そこから七〇キロの下り坂を一気に駆けおりて海岸地帯に達すると、急に蒸し暑くなり、熱帯特有の植生が目につき始め、そして道はバナナの森に呑みこまれたのだった。

それにしてもこの規模はどうだ。濃緑のバナナの葉以外、見えるのは空と道路だけ。その状態が五〇キロ近く続いているのである。高台にのぼれば、緑の海が地平線を覆い尽くしているのが見えるに違いない。この大農場のおかげで雇用が増え、現地の人々の生活は多少は潤《うるお》ったかもしれないが、この規模の生産に大地はいつまで耐えられるのだろうか……？

夕暮れどき、細いわき道が現れた。バナナの森の奥に向かってのびている。テントを張る場所を求め、その細い道に入っていった。

五分ほど走ると、バナナの森にぽっかりと空間が開き、出荷場らしきものが現れた。錆《さび》付いたベルトコンベヤーがあり、まわりには汚れたダンボール箱が転がっている。いまは使われていないようだ。ちょうどいい。ぼくは自転車をとめ、荷物をおろし、テントを広げた。

ジャングルの夜は早い。日没と同時に暗闇があたりを包む。それを待っていたかのように、バナナの森に緑色の小さな光が灯り始め、その数がみるみる増えていった。

蛍《ほたる》だ。まさしく星の数ほどの蛍がバナナの木にとまり、光を点滅させているのである。

木々は電飾をまとったクリスマスツリーのように闇に浮かんでいた。それらは農場の規則にしたがって整列しているおかげで、はるか奥のほうまで続いているのが見通せた。そのために光の群れにも途方もなく深い奥行きができている。深海の底に座り、発光するプランクトンの大乱舞を眺めているようだった。

「すげぇ……」

晩飯を食べ終えたあともぼくはなかなかテントに潜《もぐ》ることができず、その日は夜更かしをし、現実感のかけらもない世界に浸りきっていた。

翌朝、車のエンジン音で目が覚めた。飛び起きてテントを開けると、目の前に一台のトラックが現れた。

「わわわ、しまった!」

出荷場はまだ現役だったらしい。

トラックの荷台には人が大勢のっていた。全員がいぶかしそうにこっちを見ている。腋《わき》の下から汗がにじみ出てきた。不法侵入でしょっぴかれたらどうしよう?

ぼくはテントから這い出し、苦し紛れに笑った。するとみんなも相好を崩したので、内心ホッと息をついた。

彼らは荷台から降りてきて、ぼくを取り囲んだ。好奇の目を向け、どこから来た? どこへ行く? と次々に質問を投げかけてくる。

やがてひとりのおっさんが場を仕切りだした。みんなが口々に質問するのをおっさんが手で制し、ひとりを指名する。指された者が何か言うと、おっさんは通訳でもするようにそれを言い直してぼくに聞いてくる。だがなんのことはない。おっさんも同じようにスペイン語しかしゃべれないのだ。集団に囲まれるとときどきこういう調子のいい輩《やから》が現れるのである。

それにしてもこのおっさんは傑作だった。外見からして口髭《くちひげ》をたっぷりはやし、まるで喜劇役者のようなのだ。そのおっさんがみんなに向かって派手な身ぶりを交え、ぼくの回答をわざわざオーバーに脚色して伝えるのである。そのたびに観衆はドッと笑う。

ますます調子の上がってきたおっさんは、テントの前に置いていた真鍮《しんちゅう》製の蚊取り線香ホルダーを取り上げた。何をする気だろうと見ていると、みんなの前にそのホルダーをかざしてこう叫んだのだ。

「みんなこれを見ろ！　このハポネス（日本人）はこれでなんでも料理するんだぞお！」

たまらずぼくは吹き出した。携帯コンロだと思っているらしい。しかしおっさんは本気だ。

「これでなんでも作るんだぞお！　アロスコンポヨ〜（鶏肉ごはん）、ロモサルタード〜（肉野菜炒め）」

と最後は妙なメロディをつけて料理の名を言い、得意げにワッハッハと笑った。みんなもおっさんの名調子に大笑いしている。ぼくも腹を抱え、涙をためながら、ふと思ったのだ。

誰ひとりとして、ぼくが無断でキャンプしていたことをとがめないんだよなあ。

14　夜行バスの弁当――ペルー

トイレ休憩を終えてバスに戻ると、レジ袋の包みを渡された。なかをのぞくと、四角いプラスチック容器とフォークが見える。どうやら一等のバスは弁当つきらしい。

ぼくがのりこむと同時にドアが閉まり、二階建ての立派なバスはゆっくりと動き出した。弁当を膝にのせると、かすかな温もりが伝わってきた。そのままぼんやりと窓の外を眺めた。家の明かりがだんだんまばらになり、やがて真っ暗な世界へと入っていった。

闇に青白く浮かんだ砂漠が猛スピードで流れていた。それを見ていると、バスで運ばれているいまの自分の状況があらためて奇異に感じられた。本当ならここも自転車で走るはずだったのだ。そう思うと、なかば麻痺していた悔しさがだんだんと表に現れてきた。


三日前のことである。

エクアドルからペルーに入り、ピウラという町に着いたところで、旅に出てちょうど一年になる日を迎えた。ぼくは大衆食堂でひとり祝杯をあげ、「二年目も安全な旅ができますように」と祈った。

その翌日に強盗に襲われたのである。まるでコントのようだが、しかし、人気《ひとけ》のない砂漠で起こったその事件は、実際のところまったく笑えなかった。

おそらく彼らは、ぼくを町で見かけ、車で先まわりしていたのだろう。夕方になり、そろそろ適当なところでキャンプしようと考え始めたころ、三人の男が草の茂みから現れた。

こちらに銃口が向いているのを見ると、さすがに抵抗する気にはなれなかった。首根っこをつかまれ、みぞおちに冷たい銃口が押しあてられた瞬間、視界が一瞬真っ白になった。彼らはぼくを砂漠の奥に連れていき、何発か腹に蹴《け》りをいれたあと両手両足をロープで縛り、そのまま砂漠に置き去りにしていった。

自力でなんとかロープをほどき、道路のほうに歩いていくと、砂漠の上に赤い自転車だけがぽつんと捨てられていた。自転車に付けていた六つのバッグは跡形もなく消えている。お金も、パスポートも、テントも、寝袋も、防寒服も、コンロも、カメラも、日記帳も、スケッチブックも、いっさいがっさい持ち去られたのだ。

ペルーに入る前に撮影済みのフィルムを日本に送っていたのだけは幸いだった。しかし失ったものが大きすぎて、そのことを喜ぶ気分にはとてもなれなかった。

トラックをヒッチハイクして一〇〇キロ先の町、チクラヨまで行き、警察で盗難証明書をつくってもらった。そのとき親身になってくれたひとりの警官が、日系人のA氏を紹介してくれた。A氏は四十代ぐらいの男性で、八〇〇キロ先の首都リマにバスで向かうという。彼の厚意でリマまで連れていってもらうことになった。まずは日本大使館に行ってパスポートを再発行してもらわなければならない。

バスは二階建てで、新車のように光っていた。A氏から渡されたチケットを見ると、

「primero（一等車）」と書かれている。

バスの荷物ルームに自転車を入れ、二階席にのりこんだ。ぼくの前の席にはA氏が恋人と並んで座った。バスターミナルを出るとすぐに砂漠が広がった。砂の海は月明かりに照らされ、暗闇に青白く浮かんでいた。

一時間ほど走ると、前方に光が浮かび、バスはそのなかに入っていった。小さな町だった。トイレ休憩のようだ。

小用を終えてバスにのるとき、レジ袋に入った弁当を渡された。

シートに座り、弁当の温もりを膝に感じながら、窓の外をぼんやりと眺めた。前の席からA氏と恋人の笑い声が聞こえてくる。バスの外では青白い砂丘が猛スピードで流れていた。

食欲はいっこうにわかなかったが、弁当箱を開けた。真んなかに仕切りがあり、ごはんとクリームシチューのようなものが入っている。シチューをごはんにかけてひと口食べてみると、いつもの屋台メシとは違った上品な味がした。だが、それがうまいのかどうかよくわからなかった。ぼくは思考を失ったまま、ただスプーンを動かし、ごはんを口に運んだ。弁当がほんの少し温かいことだけはどうにか感じられた。

そうやって機械的に食べているうちに、どんどん空しさが募ってきた。なぜ自分がバスに揺られながら、こんなものを食べているのかまったく理解できなかった。本当に何もかも失ってしまったのだ、と思った。

15 ペンション西海の日本食――ペルー

麻雀牌《マージャンパイ》をかきまわす音が響いている。部屋は白く煙り、タバコのにおいがたちこめている。とろんとした生気のない目の若者に、長髪の髭オヤジ、ヒッピー風のポンチョ野郎。ひと癖もふた癖もあるような男たちが、ぼんやりした顔つきで卓を囲んでいる。

ペンション西海。南米にいる日本人の貧乏旅行者で、この宿を知らない者はまずいない。一泊二食付きで十ドル。その安さとアナーキーな雰囲気にはまり、長逗留《とうりゅう》している旅行者ばかりだ。一日じゅう麻雀をしながら滞在が半年にのびている者までいる。

A氏にリマまで連れてきてもらったあと、ぼくはこの宿に転がりこんだ。翌日から日本大使館やカード会社、市場を駆けまわり、再出発に向けて準備を始めたのだが、ひととおりやるべきことを終えると、それまで眠っていた恐怖心がわき上がってきた。夜、布団に入って寝ようとするたびに、強盗たちの血走った目や、腹に押し当てられた銃口の感触がよみがえってくる。心臓が早鐘のように鳴り、鼓動がうるさくて眠れなくなるのである。

そんなぼくに、ペンション西海ほどおあつらえ向きの宿はなかった。

この宿に来た初日、「晩飯だよー!」という声が聞こえ、階下におりると目を疑った。さっきまで麻雀卓になっていたテーブルにスキヤキがのっているのだ。オーナーが毎晩日本食をつくってくれるとは聞いていたが、こんな豪勢なものが出てくるなんて考えもしなかった。ひと口食べると、醤油《しょうゆ》の甘辛い味が胸にじんわりしみてきて、どこか夢心地になった。

翌日はそうめんが出た。七月といえばこちらでは真冬だ。季節感がめちゃくちゃだが、日本での生活をほとんど経験していない日系人オーナーならではの献立なのかもしれない。

白く光るその麺を見つめながら、ぼくはメキシコの日々を思い返していた。意識がもうろうとするほどの酷暑のなかを走りながら、四六時中そうめんの幻想を抱くぐらい、この冷やかな麺を欲していたのだ。

すすってみると、なんの変哲もない、ただのそうめんである。メキシコで頭に描いていた感動からはほど遠かった。リマが涼しいせいもあるだろうが、でもおそらくそれだけじゃない。昨日のスキヤキのときも同じだったのだ。懐かしいと感じながら、しかしそのうまさにはしゃぎたくなるような元気がわいてこないのである。強盗に襲われてからというもの、ぼくはあらゆる面で不感症のようになっていた。

だがその一方で、それらが〝ホッとする味〟であることには変わりなかった。毎晩、日本食が出てくるという環境には、何ものにも代えがたい安堵感があった。日に日にここでの生活になじんでいく自分がいた。仲間ができ、かけがえのない友もできた。日がな一日麻雀をし、酒を飲んで語り、日本食を食べる。そんな怠惰《たいだ》で安穏《あんのん》とした日々が、このときのぼくには大きな救いだったのだ。

出発準備は遅々とだが進んでいった。パスポートやカード類は十日もすれば再発行してもらうことができた。装備品をすべて買いそろえるのは骨だったが、ひとつひとつ吟味しながら市場をまわった。キャンプ用品だけはどこを探してもろくなものがなかったので、親や友人にお願いして日本から送ってもらった。そうこうしているうちに、西海に来てあっというまに一ヵ月が過ぎた。

春の陽気に包まれたある日、仲間たちに見送られ、ぼくは再出発することになった。ひと月ぶりに荷物満載の自転車にのると少しふらついた。みんなの笑い声がうしろから聞こえ、顔が熱くなった。ぼくは照れ笑いしながら彼らに手を振り、ぎこちなくペダルを踏み出した。行ってらっしゃい。気をつけて。がんばって。それらの声が遠ざかり、聞こえなくなったところで、ぼくはようやく前を向いた。日本からはるか遠く離れた、南米ペルーの混《こん》沌《とん》とした褐色の町が眼前に広がっていた。

16 野菜スープとアンデスの食堂——ペルー

ソパ・デ・ベルドゥーラ。「ソパ」はスペイン語でスープ、「ベルドゥーラ」は野菜。野菜スープのことだ。ペルーの食堂にはたいていある。

澄んだスープにさいの目にカットされた野菜がたくさん入っており、さまざまな食感を楽しめるのだが、なかにひとつ、光るものがある。ジャガイモだ。ねっとりした歯触りがあり、濃厚なコクと甘みが広がっていく。このうまさは、もしかしたら原産地でとれたものだからではないだろうか。メキシコでアボカドを食べたときも同じことを考えたのだ。

地味《ちみ》や気候など、いろんな条件が重なって植物の原種が誕生する。だから当然その作物を〝おいしくするパワー〟みたいなものが原産地にはあるんじゃないだろうか。

南米のアンデス山脈エリアでは、ほかにもトマト、トウモロコシ、カボチャなどが生まれている。野菜たちの母なる地、といったイメージをぼくは持っていた。

そのアンデスに挑《いど》んだのは、リマを出て六日目のことだ。ナスカから六七〇キロ先のクスコまで、そのあいだに四〇〇〇メートル以上の峠がいくつもある。

次の村まで三日はかかると聞いたので、水十五リットルと食料を大量に積んで、えっちらおっちらとのぼり始めた。坂はいくつものカーブを描き、空に向かって際限なくのびている。どこまで行っても荒涼としたハゲ山だった。灰色の山肌に緑はほとんど見当たらず、土地はやせて乾ききっている。思い描いていた世界とはまったく違うのである。数多くの野菜が誕生した地にはとても見えなかった。もっとも、長さ一万キロという〝世界最長〟の山脈である。なかには地味の肥えたところもあるのかもしれない。あるいは、こういうやせた土地で生まれ、生き残った種だからこそ、世界に広がる強さがあったということだろうか？

坂の途中で日が暮れ始めた。高度計を見ると海抜二五〇〇メートルだ。

いよいよ日没というとき、道沿いに数軒の家が現れた。その一軒に古びた看板がかかっている。どうやら食堂らしい。

「なんや、先に言ってくれよ」

思わずぼやきが出た。先に知っていたら食料ももう少し減らして軽くできたのに……。

食堂のなかはガランとして人気がなかった。部屋全体に大量に埃《ほこり》が積もっている。長いあいだ使われていなかった体育倉庫のようだ。乾いた雑巾のようなにおいがする。

まもなくひとりのおじいさんが奥から現れた。先ほど爆破を受けたばかり、といわんばかりの寝癖だ。

食事はできますか？　と聞くと、仏頂面のまま、

「できる」

と言う。何ができますか？　と聞くと、

「ソパ」

ときっぱりした調子で返す。なんだかマイペースなじいさんだ。

彼に導かれるまま席についた。テーブルにも埃が分厚く積もり、白い層になっている。前に客が来たのはいつなんだろう？　だんだん不安になってきた。

と、テーブルが一ヵ所、奇妙に膨らんでいるのに気がついた。大人の親指ぐらいの大きさだ。なんだか非常にいやな予感がする。でもまさか、いくらなんでもそんなわけは……とおそるおそるそれに息を吹きかけ、埃を飛ばすと、犬のものと思われる乾いたうんこが現れた。

ぼくはすかさず店の奥に走っていった。

「あー、じいちゃん、やっぱり食事はいいわ、ごめんね」

じいさんは仏頂面のまま不思議そうにこっちを見ている。ぼくは食堂の隣にテントを張らせてもらい、じいさんにばれないようにこっそり自炊して食って寝た。

これまでいろんな食堂で食べてきたが、テーブルに便がのっていたのは初めてである。

17 スープパスタ——ペルー

ごはんをひと口食べた瞬間、思わず顔をしかめた。ひどい味だ。表面はおかゆのようにベシャベシャなのに、芯《しん》は生米のように硬い。

標高四〇〇〇メートルのこのあたりでは、水の沸点が八十度前後と低くなる。だから米がきちんと炊き上がらないのだ。時間をかけて調理すればやわらかくなるだろうと高をくくっていたが、どれだけ炊いても芯は硬いままだった。

濡れたようにてらてらと光るごはんを見ながら、ちょっと途方にくれてしまった。

「この先何を食えばええんや……」

ぼくがまずそうに食べているのがおかしいのか、兵士たちがこっちを見ながら笑っている。

アンデス越えの二日目だった。

標高四〇〇〇メートルを越えたところに軍の施設が現れた。形だけの検問を受けたあと、

「泊めてくれ」

と半分冗談でお願いすると、なんとOKが出た。

案内された独房のような部屋に荷物を入れたあと、食堂で兵士たちと雑談を交わした。みんな若い。ふつうの学生と話すのと同じ感覚だ。二十歳から兵役があるらしい。

日没前に外で晩メシをつくった。でき上がったベシャベシャのごはんを食べながら顔をしかめ、兵士たちに向かって、

「テリブレ（ひどい）、テリブレ」

と言っていると、彼らは笑いながらごはんとスープをわけてくれた。

彼らのごはんはふつうにやわらかかった。圧力釜で炊かれているのだろう。スープにはきしめんのような平たいパスタが入っていた。

その夜、ぼくは高地の洗礼をまともに受けた。夜半から頭が割れるように痛くなり、息が異様に荒くなった。高山病のつらさは船酔いに似ている。頭を抱えてうめこうがベッドの上でのたうちまわろうが、つらさが軽減されることはなく、どこにも逃げ場がないのだ。

ほとんど一睡もできないまま朝を迎えた。兵士たちと別れ、ふらふら自転車をこぎ出した。しばらく行くと峠の頂上に着いた。そこから標高三五〇〇メートルまで下ると、憑き物がとれたように頭痛は消えた。それから数日間、標高三〇〇〇〜四五〇〇メートルを行ったり来たりしているうちに体が高度順化し、ようやくふつうに生活できるようになった。

ただしメシの問題だけは残った。

試行錯誤の末、結局兵士たちにもらった「スープパスタ」が晩メシの定番となった。たっぷりのお湯で野菜とパスタを煮こみ、インスタントスープの粉を入れてつくる。パスタにも芯は残るが、米よりはだいぶましだ。

毎日同じパスタだと飽きるので、日替わりで種類を変えた。スパゲティの次はマカロニ、次はペンネというふうに。南米では意外にもパスタがよく食べられているようで、どんな田舎の店でもいろんな種類のパスタが売られていた。またインスタントスープもやたらと充実していて、コンソメやポタージュなどから、ヴィシソワズスープのようなものまで、ちょっと大き目のスーパーだと軽く二十種類は並んでいるのだ。

どのパスタとスープの組み合わせがベストかを探求し始めると、なかなか奥が深い。いろいろ試した結果、ぼくがたどりついたのは「ミニマカロニとチキンコンソメ」だった。小粒のマカロニのころころした食感とチキンスープのコクが絶妙にからみ合うのだ。

あるとき、ひとりのチャリダーと出会った。しばらく話していると、アンデス高地で何を食べていたかという話になった。彼もあれこれ試したあげく、スープパスタになったらしい。

「あはは、俺も俺も！」

それだけで仲間意識が急に深まるのだから妙なものである。

「ぼくはスープパスタにはうるさいですよ」

「俺もうるさいでえ」

そんなやりとりをしているうちに、なんだかニヤニヤしてしまった。もしかしたらアンデスを行く旅人の多くがいろんなスープパスタを試しながら、「俺はきわめた」とほくそえんでいるのかもしれないな。

18 カモミール茶——ボリビア

ペルーの商店にはたいていカモミール茶が置かれている。こちらではマンサニージャという。スペイン語でマンサナはリンゴ。なるほど、このお茶の香りはリンゴに似ている。ティーバッグのパッケージに描かれたマーガレットのような花が原料だ。気分がほのかに休まるその味が気に入って、ぼくは手持ちがなくなるごとに購入するようになっていた。胃腸の炎症をやわらげる効果や安眠作用もあるらしい。

ペルーからボリビアに入国し、最初に入った商店にもカモミール茶があったので内心ホッとした。

その数日後、標高四〇〇〇メートルの高地から、すり鉢状の盆地の底にある首都のラパスまで一気にくだり、安宿に投宿した。

その宿も南米旅行者のオアシスのようになっており、何ヵ月も何年も旅している日本人で賑わっていた。そこで会ったひとりのチャリダーからこんな話を聞いた。

ウユニ塩湖に向かう道中の小さな村で、彼はふたりの若者と仲良くなったらしい。それからひとりになって荒野を自転車で走っていると、さっきのふたりがうしろからバイクで追いかけてきた。なんだろうと思っていると、突然包丁を突きつけられ、カメラを盗られた――。

聞いていてちょっと怖くなったが、彼が走ったルートはほとんどの旅行者は通らないルートだ。ぼくが行こうとしているメインのルートとは違う。問題ないだろう。そう考えることにし、十日後、ウユニ塩湖に向かって出発した。

ラパスからは再びすり鉢の斜面をのぼる。高地に出てから一時間も走ると、あたりは一面の荒野になった。それからしばらく行くと舗装が途切れ、道はどんどん悪くなり、そして四日目には、絶句して立ち尽くすほどに凄惨《せいさん》な状態になった。

「冗談やないで……」

もはや道と呼べるようなものは何もなかった。果てしなく広がる砂の海の上には、車の轍《わだち》がついているだけなのだ。こんな轍でも地図には点線で〝道〟と表示されているのだから笑うしかない。

ええい、どうにでもなれ！　とヤケクソな気分で突入したが、ところどころ砂が深くてタイヤが埋まり、すぐに自転車からおりて歩くはめになった。

　砂はベビーパウダーのように粒が細かく、足に吸いついてきて、場所によっては自転車を押すこともままならなかった。車体を持ち上げ、砂から足をスポッ、スポッ、と抜きながら一歩一歩進む。ふつうに歩くだけでもつらいのに、このあたりの標高は四五〇〇メートル前後。酸素の薄さがおそろしくこたえる。歩いているとすぐに息が上がった。肩で息をしながら砂の上に座りこむ。顔を上げると、地平線のはるか彼方まで砂漠がのびている。標高が高いせいか、空は黒ずんで見えるほどの濃さだ。何気なくうしろを振り返ると、三十分ほど前に座って休憩した岩がすぐそばに見え、ゾッとする。

　夕暮れ前、どういうわけか腹がきりきりと痛み出した。額から脂汗を垂らしながら必死で自転車を押して歩く。しばらくして遠くに小さな集落が見えてきた。その手前でとうとう痛みに耐えきれなくなり、大地に転がった。横になった瞬間、疲労が一気に噴き出て、地面に手足が張りついたように動かなくなった。

　圧迫感のあった藍色の空が、日没に近づくにつれ白くなって透明感を増し、天高く上がっていくように見えた。地面に寝転がったまま、痛みがやわらぐのを待った。

　突然、人の気配がした。目を開けると浅黒い顔をした若い男がこっちをのぞきこんでいる。包丁を突きつけられたチャリダーの話を思い出し、背筋に冷たいものが走った。ぼくは動揺をさとられないようになんとか笑顔をつくり、「オラ」と声をかけた。彼からは返事はない。だが、その目に獰猛《どうもう》な色はなかった。ぼくは上体を起こし、「問題ないよ」と言った。「ちょっと腹が痛くて……。寝ていれば治るから」

彼は無言で去っていった。ぼくは再び力を失い、地面に倒れるように横になった。

数分後、彼がマグカップを持ってやってきた。黄色い液体が入っている。渡されるがままそれを受けとった。湯気が顔にかかり、リンゴに似た甘い香りがした。カモミール茶だ。彼はそのカモミール茶を指し、次に自分の腹を指した。胃腸にいいという意味なのだろうか。飲むと砂糖の強烈な甘さが口に広がった。だけど不快じゃない。疲れきった全身をいたわるように体に染みていく。飲み干したマグカップを彼に返して、「グラシャス（ありがとう）」と言うと、彼は初めて少し笑った。そしてカップを受け取ると、あっけなく思えるほどさっさと来た道を引き返していった。口のなかにはカモミール茶のさわやかな香りが残っていた。

再び砂の上に横になった。痛みはずいぶんとやわらいでいた。さっきの彼がわざわざ湯を沸かし、茶をつくってくれている姿を思った。ぼくは大地に寝転がったまま、ピンク色の空に浮かぶ細い月と金星をしばらく眺めていた。

19 ウニと醤油——チリ

チリに行くなら醤油を持っていけ、という話をよく耳にする。ウナギのように細長い国土はそれだけ延々と海に接しているわけで、当然ながらシーフードが豊富なのだ。

そのチリの首都、サンチアゴに着くと、「ヌエボホテル」という宿に泊まった。連れこみ宿も兼ねているようで、ロビーに座っているといろんなカップルが出たり入ったりする。暇にあかせて観察していると、ひとりの小汚い男が現れた。その男がこっちを向いた瞬間、

「あーっ！」

ふたり同時の絶叫であった。キヨタくんやないか。

彼も自転車世界一周をしているアホ野郎で、最初にカナダで会ってからというもの、不思議なくらいあちこちでばったり出くわしている。会うのはこれで四度目、前回メキシコで別れてからはじつに八ヵ月ぶりだ。

ぼくたちはロビーでひとしきり騒いだあと、部屋に移動して朝までしゃべり続けた。そして互いの旅自慢が終わったころには、「じゃあ、またしばらくいっしょに走るか」という話でまとまっていたのだった。

熊本出身の彼は九州男児を絵に描いたようなタイプで、無骨朴訥《ぼくとつ》、かつとんでもない大食漢だが、料理は徹底的にダメで、旅の初めのころは毎晩インスタントラーメンだったらしい。だからいっしょに走ると、ぼくが料理を担当することになる。何を出しても彼は「うまいうまい」と少年のような笑顔で食べてくれる。つくりがいがあるのかないのか微妙ではある。

サンチアゴを出発して数日後、小さな漁村に着いた。宿に投宿し、村をぶらぶら散歩する。道端でおじさんがウニを売っていた。ソフトボール大の巨大なウニが網のなかに大量に入っていて、針をゆらゆら動かしている。値段を聞くと一個百五十ペソ（約四十円）。ぼくはキヨタくんと顔を見合わせ、スケベな笑みを浮かべ合った。

ウニをレジ袋にどっさり買ったあと、その足で商店に向かう。個人でやっているような小さな店だったが、驚いたことに「キッコーマン醬油」が棚に並んでいた。

いまや醬油は世界じゅうで見かけるが、ほとんどが中国製のちょっと甘いやつだ。日本の醬油も場所によっては売られているが、南米で見たのはこれが初めてだった。

チリは日系移民が多く、しかもシーフード天国である。このふたつの条件がそろえば、小さな村の商店にもキッコーマン醬油が置かれるということだろうか。

その醬油を買って宿に戻り、共同キッチンで調理する。スプーンの柄でウニの口の部分を砕くと磯の芳香がぷおんと立ち、続いて内部をのぞいた瞬間、声を上げた。黄金色に輝く塊がモコモコした房になってびっしり入っているのだ。スプーンでかき出すと、ぜんぶで丼いっぱいぐらいの量になった。ぐふふ、とぼくは変態の目つきになって口角を吊り上げながら、半分をオムレツにし、半分をウニ丼にした。それを持ってキヨタくんの待つテーブルへ。

まずはウニオムレツをひと口食べてみると、

「うぎょほおおお‼」

なんちゅうまろやかさや！　とつくった本人がたまげた。ふわふわの半熟卵に包まれたウニは、乳脂肪分たっぷりのアイスクリームのように舌の上でとろけていき、甘みと潮の香りをほのかに残しつつ、うたかたのように消えていくのだった。完璧であった。卵とウニの相性がこれほどいいとは思いもよらなかった。ちゃんとしたシェフがちゃんと仕事を施したフランス料理みたいだ。

ぼくたちはぐひゃひゃひゃひゃひゃと半分狂いながら、続いてウニ丼に箸をのばした。

「ふむ……」

オムレツと比べるとちょっと大味で粗野な感じかな……と思ったが、いや違う。これは贅沢な磯の香りや。旨味が濃厚なんや。なんといってもウニである。それを一度にこんなに食べられるなんて、なんという幸せ！

のはずが、そのうち急速にありがたみは薄れていき、

「…………」

「…………」

ぼくもキヨタくんも大量の金塊を前に無言になった。磯の濃い香りがモワモワと口にこもってじつに気持ちが悪いのだ。贅沢品には、やはりそれにふさわしい量があるらしい。

最後は皿にあまった生ウニを互いに押しつけあうという無様な死闘を繰り広げ、結局これがシーフード王国、チリで食べた最初で最後のウニとなったのだった。

20　パン・デ・マノ――チリ

チリ中部の深い森林地帯を走っていると、手づくりのパンやチーズを売る農家がたまに現れる。パンはずっしりと重く、餅《もち》のようにねっとりとりして香ばしい。チーズは熟成期間の短いタイプで、カッテージチーズのようなほのかな酸味があった。パンもチーズも家ごとに微妙に味が違うのがいい。

「この家のパンがいちばんやな」

「いや、俺はあの峠の家のパンがいちばん」

ぼくたちはパンやチーズを食べるたびににわか評論家になる。PAN（パン）やQUES

O（チーズ）と書かれた看板が森のなかから出てくるのが大きな楽しみになっていた。

そんなある日、山から谷へおりていくと、突然激しい雨が降り出した。慌ててレインウェアを身にまとい、なおもこいでいくと、木立に囲まれた小さな売店が現れた。〈PAN de MANO〉という手書きの看板が壁についている。「MANO」はスペイン語で「手」という意味だ。キヨタくんのほうを見ると、彼もこっちを見てニッと笑った。

近づいていくと、カウンター越しに物を売る店だった。カウンターの向こうには小さな白人の女の子がふたりいる。姉妹だろうか。髪をいじりながら笑い合っている。透き通るような白い肌が、雨のなかでぼんやりと光っているようだった。森のなかを迷っていると妖精に出会った、そんな雰囲気だ。

「パンはある？」

と聞くと、彼女たちはちょっと緊張した面持ちで首を横に振った。

雨がさらに強くなってきた。売店にはひさしがなかったので、ぼくたちは店の前の大木の下で雨宿りをした。葉のすきまからぽたぽたと雨粒が落ちてくる。体がだんだん冷えてきた。

丘の上に木造の家が一軒建っていた。まわりにはほかに家もなく、山と深い森が広がるばかりだ。ままごとのように店番をしている女の子たちを見ながら、学校はどうしているのだろう、と思った。

丘の上から女性がひとり、籐カゴを片手に小走りでおりてきた。カゴからは白い湯気が上がっている。彼女は店に入ると、「寒くないかい？」と少女たちに声をかけた。女の子たちは、「ううん、大丈夫」と答えた。女性は籐カゴにかけていた布をはぎ取り、カウンターの上のバスケットに向かってカゴを傾けた。丸いパンがドサドサと十個ほど落ち、湯気がひとかたまり上がった。

少女たちの母親と思しきその女性は来た道を戻っていった。長い坂である。それでも彼女は傘もささず、来たときの倍ほどの時間をかけて丘をのぼっていく。ぼくたちは少女たちの店に近づき、パンを買った。小麦とイーストの香ばしいにおいがする。かぶりつくと、濡れそぼった体に熱が染みわたり、穀物のやわらかい甘みが口内に広がっていった。

雨はいっこうに弱まる気配を見せなかった。いつのまにか白いもやが山を完全に隠している。ときどき車がとまり、パンや手づくりの小物を買っていった。

母親が再び籐カゴを携えてやってきた。パンが店のバスケットにドサドサと落ちて湯気を立てる。ぼくたちは再びパンを買った。それを懐《ふところ》に抱えて暖をとりながら、丘を戻る母親の小さな背中を見つめた。母と娘の三人だけで、この人里離れた森に住んでいるんじゃないだろうか、と思った。母も少女たちも、みずからの足で大地に立っているような凜《りん》とした気配をまとっていたからだ。

家の煙突からは白い煙が上がっていた。家のかまどでパンを焼いているのだろう。一度に十個程度焼くのが精いっぱいなのに違いない。その十個が焼き上がるたびに、母は丘をおりて娘たちにパンを渡し、また丘をのぼって十個焼く。その繰り返しだ。

母親がやっと丘をのぼりきって家のなかに入った。そのとき、どういうわけか胸のなかをつかまれるような思いがした。

——彼女はこれから先、あと何回、丘をのぼりおりするのだろうか……？

雨はいっこうに弱まることなく降り続いていた。

母親が次に坂をおりてきたとき、ぼくは彼女に話しかけてみた。丘の上の家は民宿もやっているらしい。

夕方四時を過ぎたところで、ぼくたちは泊めてもらうことにした。

家には電気がなかった。母親が出してくれた温かいカボチャのスープを、ろうそくの光のなかですすった。この山奥で、母子はやはり三人だけで暮らしていた。

「ねぇママ、今日はすごいの、七千ペソ（約千六百円）も売れたのよ」

女の子たちは無邪気な笑いを浮かべている。母親はそんな娘たちを見つめながら、疲れた顔で微笑んでいる。その光景がなぜか非常にたくましく、そしてやさしいものに映った。ろうそくの光がレンブラントの絵画のように、母と娘の表情に深い陰影をつくっていた。ぼくはスープをすくう手がとまっていた。

「この谷は一ヵ月に二十五日雨が降るの。六〇キロ先の町まで行けば天気は変わるわ」

母親はぼくたちにそう言って微笑んだ。

翌朝、雨は少し弱まっていた。

山を越えて〝六〇キロ先の町〟に着くと空は嘘のように晴れ上がり、温かい日差しがぼくたちを包んだ。タンポポのような黄色い花が、野原の一面で光り、ちろちろと揺れている。

ぼくは力を抜いてゆっくりペダルをまわしながら、あの母子のことを考えていた。

――あの谷では、いまも雨が降っているのだろうか……？

温かい陽気のなかを、自転車はシュルシュルとすべるように静かに進んでいった。

21　誕生日ディナー――アルゼンチン

コーンフレークの外箱が埃にまみれて黒ずんでいる。指でふきとると、四年前の製造日が現れた。ぐったりした気分で店主のオヤジにそれを見せる。オヤジは肩をすくめ、しかたがないじゃないか、とでも言いたげな顔でぼくを見る。ほかの商品も埃を払いながらチェックすると、かなりの数の品が賞味期限をはるかに過ぎていた。仕入れの量を考えろよ、と言いたくもなるが、同時にここがいかに僻地《へきち》なのか、あらためて考えざるをえなかった。

パタゴニアの深奥部に入っていた。

ざっくりした言い方をすれば、南米大陸を四分割にすると、いちばん下の四分の一がパタゴニアだ。年じゅう暴風が吹き荒れる無人の荒野が大半を占めている。南下するにしたがい風も冷たくなってきた。二月といえばこちらでは真夏だが、晩秋ぐらいの肌寒さだ。

店から出たところで、荒野の向こうから一台の自転車がやってくるのが見えた。どうやら日本人のようだ。荷物の積み方でなんとなくわかる。彼はぼくたちの前に来ると、のんびりした口調で言った。

「ああ、ひょっとしてイシダさんとキヨタさんですか？」

「えっ!? なんで知ってんの？」

旅人たちのあいだでイシダ・キヨタペアは噂になっている、と彼は言うのだ。自転車世界一周なんていまじゃ珍しくもないが、ふたりセットで走っていればそれなりに目立つらしい。

彼、オガくんは現在大学四年生でサイクリング部に所属しているという。眠そうな目でとつとつと話す、茫洋とした雰囲気の男だ。

ぼくたちはキャンプ場のロッジを三人で借りることにした。テントを張って安く済ませてもよかったのだが、

「じつは明日、俺の誕生日やねん。だから今晩は少しリッチにいこうと思うとる」

と告げると、オガくんは眠そうな目を急に光らせて、

「ああ、いいですね。じゃあお祝いしましょう」

と意外にノリのいいことを言った。

誕生日ディナーには「牛丼定食」をつくることにした。

まずは冷凍のステーキ用牛肉を一センチ幅に切る。日本で売られているような〝薄切り肉〟はアメリカや南米にはない。牛丼や肉野菜炒めが食べたいときは、自分でスライスするしかないのだ。その肉とタマネギをぼくのコンロで炒め、醬油と砂糖をぶちこんで煮こむ。同時進行でキヨタくんのコンロでごはんを炊き、味噌汁をつくる。いつもはしみったれた量しか入れない味噌も今日はたっぷり投入した。

できあがった「牛丼定食」を前に手を合わせ、おのおの箸をのばすと、

「うほおお……」

お肉のやわらかいこと。一センチほどの厚さでも簡単に嚙み切れ、醬油を吸った旨味がじゅわっと染み出してくる。「アルゼンチンの牛肉が世界一うまい」と旅人のあいだではとにかく評判なのだが、その話題でみんなが熱くなるのもよくわかる。

牛丼定食を平らげると、キヨタくんがバースデーケーキを出してきた。ドライフルーツと

リンゴのスライスが入ったタルトだ。〝陸の孤島〟のようなこの町にも、驚いたことにパン屋があり、そこで売られていたのだ。

アルゼンチンではどんな辺鄙《へんぴ》な村にもたいてい自家製パンを売る店があった。かつて車なんかない時代の日本では、どの町にも醬油屋があったように、パンを主食にしている文化圏で、かつ広大な土地を持つ国では、町の成立要因としてパン屋は欠かせないのかもしれない。

オガくんは紙パックワインを二リットル買ってきていた。そのおっとりした口調から受ける印象とは裏腹に、すごいピッチでワインをカパカパ飲んでいる。こいつ強いな、とぼくもキヨタくんも少々引きながらその飲みっぷりを見ていた。

パーティーは夜更けに終わり、みんなそれぞれのベッドに潜った。

床についてまもなく、異様な物音で目が覚めた。隣のベッドでオガくんが低いうなり声を上げ、右に左に寝返りを打っている。

やがて彼はムクッと起き上がり、ベッドからおりて部屋の片隅に立った。そしてズボンをもぞもぞ触っていたかと思うと、突然、ジョジョジョジョジョ、と壁に向かっておしっこを始めたのだ。ほとばしる液体の下にはキヨタくんのバッグがあった。ぼくは血の気を失ってそのまま気絶しかけたのだが、ハッと我に返り、震える声で叫んだ。

「おい！　何しとんじゃ！」

その声でキヨタくんも起き上がり、自分のバッグに起こっている惨状を見て、ムンクの『叫び』の顔をリアルに模倣した。オガくんは放尿を続けながらこっちを振り向いて言った。

「ここしかないから……」

「こらっ！　目ぇ覚まさんかい！」

あっ、と声を上げ、己の原罪に気付いたオガくんはよろよろと外に出て、トイレに向かった。そのあとを追うと、彼は歩きながらゴブッとげろを吐き、でもそのまま歩き続け、再びゴブッ、とまるで壊れたターミネーターのような様子だった。そしてトイレに入ると、ウエウエゴロゴロと壮絶な音をたて、それからのち、やつれきった表情で出てくると、よろよろとロッジに戻り、人生に絶望した中年男のように壁にもたれてうなだれた。その横ではキヨタくんが思いつめた顔でバッグを布でゴシゴシふいている。こうしてぼくは人生の悲哀をたっぷり感じながら二十八歳になったのだった。

22 トムのラビオリ――チリ

ビスケット、チョコレート、パン、パスタ、インスタントラーメン。九日分の食料を詰めるとバックパックは茹でたてのソーセージのようにはちきれんばかりに膨らんだ。それを見

て少し躊躇したが、

「やっぱり必要だよな」

と内心つぶやき、赤ワインの入ったペットボトルをすきまに押しこんだ。そのザックを背負ってバス停に向かい「パイネ国立公園」行きの便にのる。パタゴニアのハイライトだ。

不毛の荒野が広がるパタゴニアも、南の端まで来ると山と氷河の織りなす芸術作品があちこちに現れるようになる。パイネ国立公園もそのひとつだ。

「じゃ、九日後に」

と互いに言ってキヨタくんと別れ、それぞれ選んだトレッキングルートを歩き始めた。

二日目に三本の煙突岩が目の前に現れた。パイネ山だ。何かの意志によってつくられたようなその均整のとれた形を、ぼくは放心したように見入った。

氷河に削られた鋭峰は、それからも次々に現れた。毎日景色のいいところにテントを張り、岩肌が夕日に染まるのを眺めながら、ペットボトルのワインをちびりちびり飲んだ。

山に入って五日目、森に囲まれたキャンプ場に着いた。日没が迫っているが誰もいない。湧き水をくんで沸騰させ、マカロニとスープの素を入れ、スープパスタをつくる。

ぜんぶ食べ終わっても満腹感はなかった。いつもの半分以下の量なのだ。山歩きはサイクリングに比べるとそれほど腹は減らないのだが、さすがにちょっと物足りなかった。

紅茶を沸かして飲んでいると、暗闇から物音が聞こえてきた。ドキッとしたが、現れたのはバックパックを背負った小柄な白人だ。

やあ、と彼はくぐもった小さな声で話しかけてきた。

「隣にテントを張ってもいいかな？」

白人にしては珍しく猫背で、分厚いめがねをかけた、正直言ってさえない感じの男だった。

「ぼくはトムというんだ、よろしく」

彼は自分から名のった。イスラエル人だという。条件反射的にある記憶がよみがえった。

二ヵ月ほど前、サンチアゴのヌエボホテルに滞在していたときのことだ。そこには共同で使える小さなダイニングキッチンがあった。

ある夜、数人のイスラエル人旅行者が長いあいだそこを占拠していた。食べ残した料理を鍋に入れたまま、ビールを飲んで大騒ぎしている。その鍋は宿泊客用に用意された共同のものだ。ぼくはそれを使いたくてしばらく待っていたが、彼らはいっこうに片づけようとしなかった。しびれを切らして注意すると、彼らは、まだ料理が残っているだろ、と言って口元に冷笑を浮かべた。カッとなって、それは共同の鍋だろうが、残りものを置いておきたいなら皿に移してとっとと洗いやがれ、と言うと、やがて激しい口論になり、お互い相手につかみかかる寸前までヒートアップした。そのうち彼らのひとりが不承不承といった様子で鍋を洗い、その場はなんとか収まった。

南米ではどういうわけか、やたらとイスラエル人旅行者に会う。徴兵制による男子三年、女子一年九ヵ月の兵役を終えると、海外に旅に出るというお決まりパターンがあるらしい。

彼らには一種独特の雰囲気がある。ケチだといわれるが、たしかに値引き交渉はずいぶん激しくやっているし、町いちばんの安宿に行くと、かなりの割合で彼らがたむろしている。そしてとにかく騒々しいのだ。まわりを顧《かえり》みずに大声で話し、ときには歌もうたう。共同のキッチンを占拠しているケースも一度や二度ではなかった。その傍若無人な態度に白い目を向ける旅人は少なくなく、正直ぼくも彼らには苦手意識を持っていた。

トムは、しかしこれまで見てきたマッチョなイスラエル人とはタイプが違った。あまり目を合わせようとせず、うつむき加減でぽつりぽつり話す。気弱というよりは不器用な感じだ。ただ、話す内容や、ときどきこっちを見るその目からは実直な人柄がうかがえた。

ふたりで焚《た》き火を囲み、ぼくたちは静かに語り合った。どんなルートで旅をしてきたか聞くと、彼はこれまでたどってきた町と、これから向かう町を、ひとつひとつ丁寧《ていねい》に説明した。

「君はほかのイスラエル人たちとちょっと違うね」

ぼくがそう言うと、彼は焚き火の炎を見ながら、少しぼんやりした表情になって、

「みんなそう言うんだ」

と答えた。同胞にたいするかんばしくない評判を、彼も知っているのかもしれない。出会った人の印象が、その国のイメージに影響するのはしかたのないことだ。だが、ひとつの思いこみに凝り固まってはいけない――トムの控えめな様子を見ながら、ふとそんなことを思った。広げていかなければ、旅をする意味なんてないのだ――。

トムが晩飯の用意を始めた。インスタントのラビオリだが、やけにたくさんつくっている。小柄な体に似合わず大食いらしい。ぼく自身が節約しながら食べているだけに、その量は少し奇異に思えた。ここまで来れば、全行程を歩き通すのに一週間以上はかかるのだ。持っている食料に余裕はあるのだろうか？

料理ができあがると、トムはそのラビオリをふたつの皿に分け、ひとつをこっちに差し出してきた。驚いて顔を上げると、彼はやさしく笑いながらこう言ったのである。

「ボナペティ（召し上がれ）」

23　最果てのランチ――チリ

プエルトナタレスという町で、これまで三ヵ月いっしょに旅をしてきたキヨタくんと別れることになった。世界最南端の町といわれるウシュアイアまであと七〇〇キロ。アメリカ大陸のゴールはひとりずつ、それぞれ物思いにふけりながら走ろうということになったのだ。

町を出ると、灰色の荒野が広がった。パタゴニア名物の風がうなり声を上げ、めちゃくちゃに吹き荒れている。風に押し倒されないようにバランスをとりながら砂利道をこいでいく。

空に黒い雲が広がってきた。風がますます強くなり、やがて雨が横から叩きつけるように降り出した。ちょうど前方に一軒の家が現れたので、ひさしの下に飛びこんだ。

人が住んでいるのかどうか判然としない家だった。暴風に年じゅうさらされているせいか、壁が流木のように乾いて白くなっている。

突然ドアが開き、ひとりの老人が顔を出した。ぼくは反射的に笑みを浮かべ、「オラ」と言った。じいさんは無言でぼくを見ている。怒ったような目だ。白髪はボサボサで、ジーンズは茶で染め上げたように凄まじく黄ばんでおり、すえたにおいが漂ってきそうだった。

「ここで雨宿りしてていいですか?」

そう聞くと、じいさんは無愛想な表情のまま、家のなかに向かって首を振った。入れ、ということらしい。

汚れきったジーンズの印象とは裏腹に、部屋はきれいに整頓されていた。中央に鉄製の古びた薪《まき》ストーブがあり、フライパンがのっている。

じいさんは台所からコーヒーをふたつ持ってきて、ひとつをぼくに渡し、ひとつを自分の手に持ったまま、目の前に座り、仏頂面のままこっちをじっと見つめた。妙な感じだった。寡黙《かもく》というより、何もしゃべらないじいさんだった。しかたがないので、こちらからいくつか質問をした。ひとりで住んでいるのかと聞くと、じいさんはそうだと答えた。

風がますます強くなってきた。獣の咆哮《ほうこう》のような恐ろしい音がゴオオオッと鳴り、窓が狂ったようにガタンガタンと木の窓枠を打っている。いまにもガラスが割れそうな音だ。これらの音を毎日ひとりで聞くというのはちょっとたまらないな、と思った。

じいさんはストーブの上のフライパンを手に取り、なかの料理を皿に盛って出してくれた。羊肉とジャガイモを炒めたものだ。材料が乱暴にカットされていて、それがいやに寂しい印象を与えた。ひとりで食べるのに見た目など関係ないと言わんばかりなのだ。

その料理は、しかしつくりおきとは思えないほど豊潤な味がした。羊肉のねっとりした肉汁がイモにからみついており、きらめくような香ばしさとコクが口内に広がるのである。さらにフランスパンをちぎり、肉汁をつけて食べる。ひと刷けの臭みもなく、旨味だけが蜜のように脂に溶け出している。羊肉の調理の仕方を熟知しているといった味なのだ。

食べながら、ふと、テーブルの下のイスが目についた。木製のイスが五、六脚、教会のイスのような渋い光沢を放っていて、いかにもよく磨かれているのだ。整頓された部屋もそうだが、そのイスもまた、来客に備えているような気配があった。ひとりで黙々とイスを磨くじいさんの姿が脳裏に浮かんだ。自分のジーンズの汚れには無頓着だというのに……。

——いったい、誰がこんな辺鄙なところにやってくるというんだ……。

風のうなり声がいちだんと大きくなり、小石が当たるような音を立てて雨が窓を打った。

じいさんは相変わらず怒ったような目でぼくの食べる姿をじっと見ている。落ち着かない気持ちで食事を終えると、じいさんはおそらく、初めて自分から口を開いた。

「キエレマス（お代わりいるか）？」

意外な思いで、じいさんの顔を見た。しかし突き放すような目に変化はなく、口は再びきつく結ばれていた。人との接し方を忘れているのではないか、と思った。辺境に住んで人との関わりを絶ち、〝伝える〟ということをしなくなると、あるいは内面が表に出てこなくなるのだろうか……？

ぼくはお代わりをいただき、再びジャガイモや羊肉を口に運んだ。

昼を過ぎると雨音がまばらになり、そのうちほとんど聞こえなくなった。じいさんに礼を言って、外に出た。雨はやみ、湿った風が吹いている。

走り始めてから振り返り、家のほうを見た。じいさんはすでに家のなかに入っており、窓のそばに立って、曇ったガラス越しにこっちを見ていた。頭を下げて礼をしたが、じいさんは手も動かさなかった。ぼくは再びこぎ続けた。少ししてからもう一度振り返った。じいさんはさっきと同じ格好でガラス窓のところに立っていたが、やはり表情はよく見えなかった。

24 フエゴ島のマス――アルゼンチン

パタゴニアの川にはニジマスやブラウントラウトが養殖場のようにうじゃうじゃいる。人が少ないからとる人もいないのだろう。だから魚もスレていない。いいポイントにあたると二〇～三〇センチのやつがぽんぽん釣れる。釣った魚はから揚げやソテーにする。澄みきった大自然の川で育った魚である。さぞかし臭みもなく澄んだ味がするのだろう、と思いきや、川魚特有のにおいがほんのりとあった。

プンタアレナスという町からは船でフエゴ島に渡る。世界最南端の町ウシュアイアは、この島の約五〇〇キロ南だ。

フエゴ島を走り始めて四日目、山あいに入ると南極ブナの群生が現れた。一面に紅葉し、まさしく燃える炎のようである。ため息をもらしつつ、真っ赤なトンネルのなかをゆっくりとこいでいく。このあたりまで来ると、パタゴニア名物の暴風はぴたりとやんだ。

森が開けたところに小さな川が現れた。自転車をとめてのぞいてみると、底が見えないぐらいの深さだ。しかし向こう岸までは飛んで渡れそうなぐらい狭い。こんなところにはさすがに魚はいないだろうな、と思いながら釣竿を取り出した。パタゴニアのなかでもとくにこフエゴ島は太公望《たいこうぼう》憧れの地といわれているのだ。

ルアーを向こう岸近くに投げ、手前に引いてくる。なんのアタリもない。さすがにこの川じゃダメか、と思いながらルアーを引き上げようとした瞬間、暗い川底で巨大な影が動いた。

「!!」

影はすぐに反転して川底に消えたが、ルアーに向かって開かれた巨大な口がはっきりと見えた。

ドキドキしながら慎重に二回目を投げる。ルアーを沈め、ゆっくり巻き上げていく。ガクン、と強いアタリが来た。と同時に竿先がしなる。思いっきりしゃくると、竿が弓なりに曲がった。キリキリキリキリとリールから糸が出ていく。巨大な影が川底で暴れまわっている。興奮で膝がガタガタと震えた。

十分ほど格闘したすえにようやく釣り上げた獲物は、まるまる太り、模様がはげてみごとに〝銀化〟したブラウントラウトだった。メジャーで測ってみると六一センチ。ちょっと迷ったが、ひとりではとても食べきれそうにないので泣く泣く逃してやった。

再びルアーを投げていると、またもや竿先がグンとしなった。今度も六〇センチ近くある大物が上がった。

こうして一時間あまりで四匹のマスが上がったのだが、どれもぼくの口に入る運命をたどらず川に放されていった。いやはや、釣れるマスがすべて五〇センチオーバーだなんて、聞きしに勝る釣り天国ではないか。

次の日の夕方、最後の峠を越え、坂をくだり始めるとウシュアイアの町明かりが見えた。アラスカをスタートして一年と九ヵ月、ようやくアメリカ大陸縦断のゴールに着いたのだ。しかし、走りきったという実感もなければ、こみ上げてくる感動のようなものもなかった。なぜこんなに淡々としているのだろう、と自分でも不思議に思いながら町へとおりていった。

ウシュアイアは最果てのイメージからはかけ離れた瀟洒《しょうしゃ》な町だった。ただし町を取り囲む山々は青く尖《とが》っていて、ここが極地方だということをはっきりと示していた。

ここに上野さんという日本人の名物じいさんがいる。自宅に日本人旅行者を泊めているうちに人づてで話が広がり、いまでは別宅を開放して宿にしているというのだ。

そこを訪ね、団らん室のドアを開けると、

「おお！　お疲れ！」

という声がいっせいに上がった。

「なんや、お前らまだいたんか！」

南米各地で会ってきた連中が何人もいる。みんな宿が気に入って長逗留しているらしい。それぞれの顔には大陸の終点に着いた充足感と、気抜けしたムードの両方が浮かんでいるようだった。そんな仲間たちから祝福を受けているうちに、ぼくもようやく、ゴールしたのだ、という気分がほんの少しだがわいてきたのである。

数日後、四人のバイク旅行者たちとテントを持って遠くまで釣りに出かけた。バイクのうしろにのせてもらい、山をいくつも越えていくと、やがて玉砂利の川原に出た。真っ赤な南極ブナがここでもあたり一帯を取り囲んでおり、現実の世界とはちょっと思えないような美しさだった。

夕方が近づくと二〇～三〇センチのマスが入れ食い状態になった。

釣ったそばから魚に塩を振って木の枝を通し、焚き火の遠火であぶり焼きにする。皮が黄ばみ、しわができたころにかぶりつく。かじった身から白い湯気が立ち、淡いピンク色の身が顔を出す。不思議なことに臭みがいっさいなかった。ここフエゴ島は地形的に大陸の一部のようなものだと考えていたが、大陸側で食べていたマスとは味が明らかに違う。

「わ、なんだこれ？」

ひとりが叫んだ。そっちを見ると、彼のかじったところがピンク色ではなく、ザクロのような濃い赤である。しかし、彼が叫んだのはその色のせいではなかった。勧められてひと口もらうと、ぼくも「わ！」と声を上げた。味が全然違うではないか。ふつうのマスがサツマイモだとしたら、この赤身のマスは上質のクリームとバターをたっぷり練りこんでつくったスイートポテトといったところだ。コクがあってほっこりと甘く、そして澄みきっている。ほっぺたが落ちるとはまさにこのことか！　と膝を打ちたくなるような仰天のうまさなのである。

「おおっ！　これもだ！」

別のひとりが叫んだ。またもや〝赤身〟が出たらしい。ぼくたちはそれを「大トロ」と呼び、躍起になってマスにかぶりつき始めた。

「うお、やった、当たり！」

「くそっ、また外《はず》れや」

七、八匹に一匹ぐらいが当たりなのだ。これほど個体差のある魚がこんなにいるとはどういうことなんだろう、とちょっと首をひねってしまった。なんだかやっぱり、別天地にでもいるような気分なのである。

それにしても大トロを引いたときのみんなの喜びようはどうだ。あまりにもおかしいので、

「アイスの当たりバーを引いた子どもみたいやな」

とぼくがニヤニヤしながら言うと、すかさずひとりが、

「お前がいちばんはしゃいでるんだろ!」

とぴしゃり。ドッと笑い声が上がる。それぞれが本当に満ち足りた、なんの緊張もない、ゆるみきった顔なのだ。終わったのだ、と思った。たいへんなこともあったけれど、とりあえずここまでたどり着いたのだ。心のなかが一点の曇りもなく晴れ渡り、これまでの人生でも最も極上と思える魚を、文字どおり心ゆくまで味わい尽くしていたのだった。

25 金太郎マグロ——チリ

ひなびた市場を歩いていると一軒の店先に目がとまった。体長六〇センチぐらいのマグロが横たわっている。値札を見ると六千ペソという表示。日本円で約千五百円だ。

隣のキヨタくんに聞いてみた。

「久しぶりに刺身食いたくない?」

「うーん、でも大丈夫かな?」

たしかに、鮮度抜群という感じではない。皮や目が乾き、なんとなく剝製《はくせい》みたいだ。

「大丈夫やろ、マグロやから」

よくわからない理屈だが、ぼくの頭のなかにはすでに、どんぶり山盛りのマグロを猛烈にかきこんで悦に入っている自分の姿が浮かんでいた。

プエルトナタレスでいったん別れたキヨタくんとウシュアイアで合流した。そこからバスでサンチアゴに戻り、それから海沿いの小さな町に移動して木賃宿に投宿し、再びだらけた生活を始めた。アメリカ大陸縦断を終えてからというものどうもふぬけてしまっている。

市場からマグロをぶら下げて帰ると、日本人旅行者がたまっている団らん室が「うおーっ、刺身食わせろ！」と一気にわいた。飢えた旅人たちを前に、ぼくは天下をとったような気分になり、「まあまあ、あせるなあせるな」などと言って悠々《ゆうゆう》とキッチンに向かった。

マグロに包丁を入れると淡いピンク色の身が現れた。どうやら「ビンナガ」のようだ。小型なわけである。といってもマグロはマグロ。みんなを出し抜いて、ひときれ口に放りこむ。

「う、うまあ……」

ビンナガらしく身はやわらかめだが、久しぶりに口にするマグロの刺身はぼくをうならせた。四枚切り食パンぐらいに分厚く切り、さらにひときれ口に放りこむ。いつのまにかキヨタくんがそばにいて、コリー犬のような愛くるしい目でぼくを見ている。

ふたりして〝試食〟を終えたあと、みんなのぶんを調理した。トロの部分を棒状に切り離し、それをひと口サイズにスライスする。

「おや？」

ピンク色の身の断面に白い点がポツポツとついていた。なんじゃこりゃ？　と首をひねりつつもうひときれ切ってみると、やはりそこにも白い点々が浮かんでいる。いぶかしく思いながら、ひときれを手にとって身を反らせてみると、白い点のひとつひとつがそうめんのようにニューッとのびて何本も出てきた。

「…………」

ええっと、なんだっけあれ、そう、寄生虫。糸のように細くて長いのが何匹も潜りこんでいたらしい。包丁を入れるとそれらの切断面が白い点々になって、ピンク色の身に浮かぶというわけだ。そしてその〝細長い〟という身体的特徴により、どこを切っても点々模様が現れる、まさに金太郎飴のような画期的な構造になっていたというわけである。

ぼくとキヨタくんは顔を見合わせ、口角と目を吊り上げてヒ、ヒ、ヒ、と笑った。ふたりともすでに大量に刺身を試食したあとだった。

26　手づくりワイン――アルゼンチン

再びひとりになって、アルゼンチン横断へとこぎ出した。パタゴニアを走っていたころは真夏だったが、いつのまにか季節は晩秋に差しかかっている。

メンドーサ州に入ると、道の両側には広大なブドウ畑が広がった。

南米のワインといえば日本ではチリ産が有名だが、じつはアルゼンチンのほうがはるかに生産量はうわまわっている。収穫の終わった木々は黒く枯れ果てており、風に吹かれてカサカサという音を地表一面でたてていた。

道路脇に〈VINO de MANO〉と書かれた看板がたくさん目につくようになった。手づくりワインということのようだ。看板の下には樽《たる》が置かれている。

そのひとつに寄って、コップ一杯約五十円を払い、味見させてもらった。

農場のお兄ちゃんが樽から直接コップにワインを注いでくれる。トロリとして、グレープジュースのように色が濃い。

飲んだ瞬間、仰天した。なんだこの甘さは。濃縮果汁をそのまま飲んでいるようだ。

聞くとやはりそれは甘口だという。じゃあ次は辛口を、ともう一杯いただく。いくぶんマシになったが、それでもまだ水で薄めたくなるほど甘い。果実酒のように氷砂糖に漬けてつくっているのだろうか？　いや、でも待てよ、この甘ったるさやとろみはワインのどぶろくと言えなくもないな。そんなふうに考えて飲むと、「これはこれでオツだ」などと思え、一リットル購入することにした。

空のペットボトルに入れてもらい、陽光にかざして見ると、どす黒い液体のなかで木屑のような澱《おり》が無数に舞っていた。

夕暮れどき、小さなワイン工場が現れた。建物の前にきれいな芝生が広がっている。工場を訪ねてみると、細面のちょっと神経質そうな人が現れた。工場長だという。

「ひと晩だけ、あの芝生にキャンプさせてもらえませんか」

とお願いすると、工場長は言葉につまったような表情を浮かべ、少しまをおいてから、

「火を使わなければいいよ」

と生真面目な様子で言った。

ブドウ畑に沈む夕日を見ながらテントの前で惚《ほう》けていると、十人ぐらいの男女が工場から出てきた。ぼくのテントを見て何か話し、笑っている。ぼくは手を振って応えた。

翌朝は工場の稼動する音で目が覚めた。テントをたたんでいると、工場長がやってきて、工場を案内してあげよう、と言う。何も問題が起こらなかったからか、昨日とは別人のような穏やかな顔だ。

工場のなかは意外なほどオートメーション化されていた。銀色の巨大な機械が轟音《ごうおん》をうならせ、紙パックのワインを次々に吐き出している。それらがラインにのって従業員の手元に

運ばれていく。地平線とブドウ畑しか見えないこの田舎にあって、この空間だけえらく異質だった。従業員たちがぼくを見て微笑み、手を振ってきた。

見学のあと、工場長は一リットルの紙パックワインを二個プレゼントしてくれた。思わず苦笑してしまう。昨日手づくりワインを一リットル買ったばかりなのだ。

さすがにワインを三リットルも運ぶ気にはなれないので、丁重に詫びを言って一個返した。いただいた一個はペットボトルに移し替えてボトルゲージに差しこみ、走りながら飲んだ。すっきりした味なのでグビグビいってしまう。そのうちだんだん気持ちよくなってきて、

「うは、こりゃいいや」

それまでひたすら殺風景だった枯草の大平原が、つやっぽい色に変わったのである。

結局ワインは次の日にはなくなったので、やっぱり二個もらっておけばよかったではないかと苦々しく思ったのだった。

着いた町で新しいワインを購入した。一リットルの紙パックが約百二十円という安さである。それを再びボトルに充塡《じゅうてん》し、グビグビやりながら走る。大平原でひとりニヤニヤ笑う。見渡せば、まさに『母をたずねて三千里』の世界だ。ペダルをこぎながらそのテーマソングをうたう。ますます気分がのってくる。走っているのが楽しくてしょうがない。こうして、ボトルには毎日、水の代わりにワインが入れられるようになった。

一方、最初に買った手づくりワインはいっこうに減らなかった。しかたなく料理用に使い始めたが、なぜか数日のうちにワインビネガーのように酸っぱくなったため、しかたないしかたない、と最後は土に返してやった。合掌。

27 蜂蜜の教え――アルゼンチン

菊池さんの肌を見ていると、やはり蜂蜜《はちみつ》のせいなのかな、と思ってしまう。とても五十四歳の肌には見えない。張りがあり、つやつや光っている。

秋田県出身の彼は三十一年前にここアルゼンチンにやってきた。以来、養蜂業を営んでいる。アルゼンチンは蜂蜜産業が盛んで、生産量では中国、アメリカに次いで世界三位らしい。

菊池さんと知り合ったのは、ひょんなことからだ。荒野を走っているときにアルゼンチン人のダニエルというおじさんと知り合い、彼の家に泊めてもらった。その翌日、「近くに日本人がいるぞ」とダニエルに連れてこられたのがここ、菊池さんの蜂蜜工場だったのだ。

菊池さんはぼくを歓迎し、工場内を案内してくれた。体育館のような建物のなかには、巨大なタンクやドラム缶が並び、巣箱からは蜂の羽音が聞こえた。

その夜、ぼくは菊池さんとふたりで工場の宿直室に泊まることになった。

養蜂という仕事を本当に愛しているのだろう。蜂蜜のことを話すとき、菊池さんの表情はいっそうほがらかになった。

「これだけ科学が発達しても、蜂蜜と同じ組成のものは人工的につくることができないんだ。蜂が花から蜜を集め、蜂の体内を通って初めて蜂蜜ができる。それ以外の方法では、どれだけ人間が手をかけてもつくれないんだよ。蜂は人間のためにいいことばかりする。蜂から教わることは本当に多いんだ」

翌朝、目が覚めるとまだ窓の外は暗かった。薄闇のなか、蜂の羽音だけが鳴っている。目を開けたままその音を聞いていた。体が羽音に包まれていくようだった。

隣に寝ている菊池さんが、布団に入ったままぽつりぽつりと語り出した。彼も早くから目が覚めていたようだ。

「移民で来た当初はたいへんだったよ」と彼は言った。「でもいまでは自分の決断が正しかったって思う。事業も成功したし、家族にも恵まれたしね」

それから菊池さんはぼくに、「旅を終えたらどうするの？」と聞いてきた。

「日本に帰ります」

「なんで？」

「いや、とくに何かあるわけじゃないですけど……」

「日本に帰ってもしかたないじゃない」

えっ？　と思った。日本に帰ってもしかたがない？

そんな考えを持ったことは、ぼくはこれまで一度もなかった。生きるために祖国を飛び出した人の言葉だ、と思った。同時に、自分にはそれだけの覚悟がないのだと実感した。一定期間の旅はできても、生涯を海外で生き抜いてやろうとするほどの覚悟は……。

工場を出るとき、菊池さんはカブトムシが飼えそうなほどのサイズのプラスチックケースに蜂蜜をぎっちり詰め、プレゼントしてくれた。三キロぐらいあるんじゃないだろうか。ぼくはまたもや苦笑、というより、あまりの量に泣き笑いしたくなった。じつは昨日、スーパーで蜂蜜を五百グラム買ったばかりだったのだ。旅行中は栄養の偏《かたよ》りが気になるので、ふだんからこの〝完全食品〟を積極的に摂っているのである。それにしてもワインのときといい、妙なタイミングでプレゼントされるものだ。

菊池さんと別れたあと、ぼくは荷を軽くするために、猛烈な勢いで蜂蜜を食べていった。パンにあふれるほどのせてかぶりつき、紅茶にドロドロ溶かして何杯も飲み、「ええいまどろっこしい！」とスプーンですくってそのまま口に流しこんだ。まもなくスコールのような下痢になった。

便器の上で顔じゅうに脂汗を浮かべながら、完全食品でもやっぱり摂り過ぎはよくないのだと痛感した。なるほど、たしかに蜂はいろいろ教えてくれる。

28 マテ茶と味噌汁――アルゼンチン

「日本茶とマテ茶、どっちがいい？」

とマリアが聞く。マテ茶、と答えると、彼女は目の輝きをさらに強めてニッと笑い、「ブエノ（いいわね）」と言い残して台所に飛んでいった。

マテ茶はアルゼンチンで広く飲まれているお茶だ。モチノキ科の木の葉が原料で、古くから先住民たちによって愛飲されてきたという。栄養価に優《すぐ》れているらしい。

蜂蜜工場から約五〇〇キロ離れた菊池さんのお宅に着いたのは、彼と別れて四日後のことだった。戸を叩くと、とびきりきれいな白人女性が現れ、自転車を見て目を丸くし、

「ケ、バールバロ（すごい）！」

と叫んだ。続いて菊池さんが現れ、笑顔で迎えてくれた。

四世代、三家族が住む日系の大家族で、最初に現れた白人女性のマリアは長男のお嫁さんだった。ぼくの旅の話を聞きながら、何度も目を大きく開けては、「ケ、バールバロ！」を連発している。彼女がひとりいるだけで場が明るく華やいでくる、そんな女性だ。

そのマリアがぼくのリクエストしたマテ茶を持ってきた。

このお茶は飲み方に特徴がある。小型の壺《つぼ》のような容器に茶葉をつめこんでお湯を注ぎ、先に小さな穴がたくさん開いた金属製のストローでズズズと吸い上げる。緑茶にタバコのヤニを混ぜたような味で、最初はその苦さに少し面食らうが、慣れると癖になる。何よりみんなでまわし飲みをするのがいい。ひとりが飲み終えると、ホスト役の者に壺を返す。ホストはお湯を継ぎ足し、次の人に渡す。

アルゼンチンでは人が集まったら、とにかくマテ茶をまわすというのが習慣化しており、初対面同士でも同じ壺をまわし飲みすることで和《なご》やかな空気が生まれる。ぼくがズズズとやっている姿をマリアはうれしそうに眺めている。

「本当にいい嫁なんですよ」

菊池さんの奥さんが、息子の嫁のマリアを見ながら言う。

「二年前、おばあちゃんが亡くなるまで、じつの祖母のように面倒を見てくれてね」

アルツハイマーがひどくてみんな手を焼いていたが、マリアはいやな顔ひとつせずに進んで下の世話もやったらしい。日本語のわからないマリアは自分のことが話題になっているとも知らず、好奇心旺盛な目でぼくたちを交互に見ている。

菊池さんを紹介してくれたダニエルの言葉を思い出した。彼の家に泊まったとき、論客の彼とはいろんなことを語り合ったのだが、家族の話になったとき、彼はこう言ったのだ。

「日本では最近の若者は結婚すると、親と離れて暮らしたがると聞いたが、なぜだ？　親が年老いたら誰が面倒を見るんだ？　アルゼンチンでは子どもは親と住みたがるよ」

菊池さんの娘さんが帰ってきた。二十代前半くらいだろうか。彼女は潑剌《はつらつ》とした様子で家族みんなにスペイン語で話しかけ、キスを交わしていく。その様子を見ながら、ぼくは少しポカンとなった。外見はどう見てもみんな日本人だが、彼らの醸《かも》し出す空気は完全にアルゼンチン人のそれなのだ。

夜になると家族全員で囲む食卓にぼくも呼ばれた。テーブルの上に並んだのは、味噌汁、ペヘレイ（南米でポピュラーな白身魚）の刺身、ペヘレイのから揚げ、煮しめ、とろろ、シイタケのニンニクあえ、ラッキョウなどなど。それらのごちそうに驚き、顔を上げると、菊池さんが孫に向けるようなやさしい目でぼくを見ていた。聞けばほとんど毎日、日本食なのだそうだ。三十年以上こっちに住んで、限りなく現地に同化し、息子や娘とはスペイン語でしか会話ができない、そんな菊池さん一家でも、味の嗜好や味覚は日本人のままなのである。〝食〟というものの根の深さを見る思いだった。あるいは、思想やアイデンティティよりも長く受け継がれていくＤＮＡは〝食〟なのかもしれない。

またその嗜好は、日系人の子どもたちだけでなく、マリアにまで引き継がれていた。彼女も日本食が大好きらしく、豆腐やかまぼこ、こんにゃくにいたるまで、すべて自分でつくるというのだ。一般的な日本人女性よりもはるかに日本食に通じているんじゃないだろうか。

みんなで「いただきます」と言って手を合わせ、味噌汁をひと口すすった。インスタントにはない馥郁《ふくいく》たる味噌の香りと、煮干しからとったダシの滋味が口内に広がっていく。ぼくは内心あっと小さく声を上げ、固く目を閉じた。体の奥からじわじわと熱いものが、煙幕のようにすごい勢いで膨れ上がってきた。自分はこの温もりから、なんと久しく遠ざかっていたのだろう――と思った。その感情の揺れの激しさに自分自身が動揺するほどだった。

少しして目を開けるとみんながこっちを見て微笑んでいた。ぼくは熱く潤《うる》んだ目をごまかすように照れ笑いし、それからひと口ひと口、味噌汁を大事にすすっていった。

29 アサードとワイン――アルゼンチン

「おーい、アサードやってるから来いよ！」

川にかかる橋を渡っていると、下からそんな声が聞こえてきた。見るとおじさんがひとり、川原から手を振っている。

アサードとはアルゼンチンの代表的な料理で、まあいってしまえばバーベキューのことだ。

もとはガウチョ（パンパの牧童）の料理だったが、いまではアルゼンチンの国民的な文化のようなものになっている。庭つきの家にはたいていアサード用の炉が据えられ、とにかく人が集まればアサードが始まる、といった具合だ。誰でも気軽に仲間に迎えられるところも含めてマテ茶の習慣とよく似ている。みんなで肉を焼いて食べながら親睦を深めるのである。マテ茶もアサードもアルゼンチンの国民性をよく表しているのだろう。ぼく自身もこれまで幾度となくアサードに招待され、その陽気な和のなかに加わってきた。

このとき、おじさんは橋の下からオーバーな手ぶりを交え、何度も「来い、来い！」と大声で呼びかけてきた。なんであんなに熱心なんだろう？　と首をかしげながら川原におりていくと、プッと吹き出しそうになった。おじさんのほかには、おじさんがもうひとり。以上。ようするに彼らはおっさんふたりだけでアサードをしていたのだ。そこまでして外で肉を焼きたいのかよ！　と内心つっこみつつ、顔がニヤけるのをこらえながら彼らの横に座った。

彼らは近くに住む農夫だった。いっしょに肉にかぶりつき、ワインを飲みながら、この国の政治がいかにダメかという彼らの話に、ぼくは「シー、シー、クラーロ（そのとおり）」といつもの相づちを打った。

そのうち彼らだけで議論が白熱してくると、川のせせらぎがひときわ大きくなり、いまの自分の姿を、どこか別のところから眺めているような気分になってきた。アルゼンチンの田舎で、さっき知り合ったばかりの農夫たちと肉を焼き、ワインを飲んで酔っている、いまの自分……なんていい加減で自由なんだろう。笑いが自然にこぼれてくる。体を駆使して、好きなことを好きなだけ思いっきりやり、毎日のように愉快な人々と出会っていくのだ。草原に寝転がって手足をのばすような心地で、ぼくはいまの時間を無性に愛《いと》しく思った。川のせせらぎが四肢に気持ちよく響いてきた。

数日後、ブエノスアイレスに着いた。宿に荷を入れたあと、日本大使館に直行する。親や友人から手紙がたくさん届いていた。その場で開けたいのをこらえて急いで宿に戻る。談話室は旅人で賑わっていた。窓際の静かな席に座る。外はすっかり暗くなっていた。紙パックの安ワインを飲みながら手紙をひとつひとつ開封していく。一文字ずつゆっくり目で追い、肩を揺らしながら笑う。酔いが体を温めていく。

ひとつの封筒からカードが出てきた。一瞬、頭が真っ白になり、酔いがすっと醒めていった。談話室の話し声がしだいに聞こえなくなっていき、ぼくはぽつんとひとりになっていた。

手紙は高校時代の親友からだった。写真が印刷されたそのハガキには、正装した友人と、花嫁姿のきれいな女性が写っていた。

彼とは高校時代、同じ陸上部の仲間だった。ぼくたちは当時、〝女嫌い〟で共通し、卒業してからもよく飲んで語った。ぼくが旅から帰るころ、ほかの友人はみんな家庭を持っているだろうが、彼だけは昔と変わらずひとりでいて、ぼくといっしょに飲み明かしてくれるに違いない。漠然とそんなイメージを持っていた。

ハガキに写っている彼ら夫婦の満ち足りたような笑顔と、肩まで髪ののびたいまの自分とを比べた。風のように自由に世界を渡り歩く身分を、ぼくは幸福だと思い、そしてどこか誇らしくも感じていた。しかしこのときは地下鉄のホームにひとりっきりで取り残され、友人たちをのせた電車が過ぎ去っていくのを茫然と眺めているような気分だった。じつは自分はどこにも進んでいないのではないか――ふとそんな思いがわき上がってきた。

すべての手紙を読み終えたあと、彼に返事を書いた。

祝福の言葉をつづっては、ワインを飲んで幸福な気持ちになり、旅の与太話を書いていては、またワインを飲んだ。彼と語らいながら飲んでいるようだった。ぼくはひとりで笑うほど酩《めい》酊《てい》し、饒舌になった。気がつけば、ずいぶんと長い手紙になっていたのだった。

第3章［ヨーロッパ編］

グルメ国の真実

30 祝いのメニュー——デンマーク

クラシカルな装飾のついた重厚なドアをくぐり、そのレストランに入ったときは、まさにファンタジーの世界に迷いこんだのも同然だった。

白いクロスのかかったテーブルの上には、銀の皿がずらりと整列し、さまざまな料理が幾何学模様のデザインのように積み上げられていた。ベーコン、ソーセージ、各種卵料理、複数のスパゲティ、何種類ものサラダ、フルーツにケーキにエトセトラ……。

こういうバイキング形式の朝食はパッと見の豪華さとは裏腹、中身のクオリティは興ざめ、というのが相場だが、そこはさすがに四ツ星ホテル。一品一品の質感が違う。光り方が違う。ぼくは興奮のあまり息苦しささえ覚えながら、料理を次々に取り皿にのせていった。それから席につき、ナプキンを膝にのせ、クロワッサンにかぶりつくと、

「ああん」

吐息をもらし、クネクネしてしまった。バターのリッチな香りに、朝露のようなしっとりした口当たり。ああヨーロッパだ、とうとうやってきたのだ、そしてああなんということか、この料理が全部タダだなんて。どれだけ食べてもタダ！　豪奢《ごうしゃ》、あな豪奢！　ビバ欧州！

と狂喜する数時間前、ブエノスアイレス発コペンハーゲン行の便にのったぼくは、なぜかロンドンでおろされていた。飛行機のエンジントラブルらしい。ま、もとより一日の遅れが全体に響くような旅ではない。自分にとってはたいしたトラブルでもなかったのだが、そのあと航空会社が用意したホテルに運ばれた瞬間、とびっきりの大事件となった。目の前に現れたのは、まるで要塞、あるいは空母を思わせるような巨大ホテル！　大理石のエントランスに、背筋のピンとのびたドアマンたち、そして入り口に燦然《さんぜん》と輝く四つの星！

ボサボサの髪に黄ばんだジーンズをはいたぼくは、汗のにおいをまきちらしながら堂々とチェックインし、それから部屋に入ったところで、再びゲラゲラ笑った。銀河のような夜景にプールのような巨大ベッド！　いやはやまいった。わはは、飛行機は遅れるに限る！

ぼくは贅を尽くすべく、バスタブにたっぷり湯をはって入り、そこから出ると素っ裸でベッドにダイブ、さらに手足をばたつかせて泳ぎ、シーツをくしゃくしゃにした。ああ、明日もエンジントラブルでいいっ！

とはもちろんいかず、翌朝は出発準備が整ったとの報。しかたなく荷物をまとめ、朝食を食べにレストランにおりていったところで、再び顔から光が放たれ、クロワッサンにかぶりついては「ああん」と吐息をもらし、さらにチャリダーの異常な食欲でもって料理を食い散らかし、ついでにクロワッサンを二個、ナプキンに包んでポケットにしのばせたのだった。

そうしてその日の昼過ぎにはコペンハーゲンに到着した。

空港から一歩外に出たところで、カッと照りつける白い光に目を細めた。南米から欧州へ、季節が冬から夏へと一変したのだ。

早速、自転車を組んで走り出した。初夏のからりとした風が肌をなでていく。大きな道に出たところで、口笛でも吹きたいような気持ちになった。車一車線ぶんはありそうな広々とした自転車レーンが車道に沿ってのびているのだ。しかもアスファルトの目が細かいのだろう。そこにのるとタイヤと路面の摩擦音が消え、追い風を受けたようにスピードにのった。

豪壮な家が次々に流れていく。レンガの壁にはひび割れも汚れもない。それがぼくの目には奇異なものに映る。メキシコではひびだらけの家に怖気づいたが、いまとなってはあの枯れた風情が、自分のなかではすっかり当たり前になってしまったらしい。

町の中心部に近づくにつれ、自転車にのる人がどんどん増え、やがて自転車が渋滞を起こすまでになった。いかにもエコ大国、デンマークである。オランダ同様、この国も早くから自転車振興を進めてきたのだ。

収容人数五百六十五人という、欧州最大規模のユースホステルに投宿し、スーパーに行った。街路樹の並ぶ整然とした通りを歩いていると、急に駆け出したくなってきた。新しい世界に入るたびにぼくはいてもたってもいられなくなる。この一瞬にして変わる世界の変容ぶりを体感することこそ、旅のいちばんの醍醐味《だいごみ》じゃないだろうか。ようし、今日は欧州入り祝いだ。奮発してステーキでもつくってやるか。

と意気揚々スーパーに入り、売り場の前に立ったとたん、

「………」

視界が奇妙にぐにゃりとゆがんだ。さらに売り場の奥へ奥へと進むうちに、めまいがして、気分が悪くなり、やがて地面に座りこみたくなった。

五百ミリのコーラ約二百五十円、トマト一個約百五十円、食パン一斤約二百五十円……。マクドナルドのハンバーガーセットが千円以上するとは聞いていたが、人件費が高いからしかたないのだろうと思っていた。しかし、スーパーの商品までこんなにするなんて……。

一年以上ラテンアメリカの物価に浸かっていた身には、光の射さない冬の北極圏にでも突き落とされたような気分だった。

茫然自失となって店内をふらふらさまよったあと、ぐったりした思いでレジに並んだ。カゴのなかに入っていたのはネギと卵の二品だった。

ユースホステルのキッチンで欧州入り記念ディナーをつくった。ステーキがなぜかネギオ

ムレツに変わっていた。

食堂には若者がたくさんいて、学食のように賑わっている。自分はやはり場違いなところに来てしまったのだと思った。ひとりきりの食事をさっさと済ませ、キッチンに戻った。

食器を洗っていると、流しの横のゴミ箱から、スパゲティが飛び出しているのが目に入った。旅行者があまらせたものだろうか。しかしそれがなぜゴミ箱に入っているのか一瞬わからなかった。パッケージはきれいだし、スパゲティも大量に残っているのだ。

そういえばこのユースには「フリーフード」の棚がない。アメリカや南米の旅人の宿にはたいていあったというのに。簡単で理想的なシステムなのだ。旅人は宿を出るとき、いらなくなった食料をその棚に置いていく。あとから来る旅人は無料でその恩恵にあずかれる。造作もないことだ。宿の管理人は〈フリーフード〉と書いた紙を棚のひとつに貼るだけでいい。

洗いものの手をとめ、袋から飛び出して竹ぼうきのように広がっているスパゲティを見つめた。ほかのゴミにはいっさい触れておらず、きれいなものだ。ここがペルーやボリビアのダウンタウンだったらあっというまになくなっているに違いない。

ぼくは無意識にそのスパゲティに手をのばした。だが、指が触れる前にびくっとして、手をそろそろと引っこめた。それは、やっちゃダメだろう……。

しかし、なぜそれがダメなのかは、頭がぼんやりしてよくわからなかった。食堂で談笑する若者たちの明るい笑い声が、どこか遠いところから聞こえてくるようだった。

31
サバナンパ――ノルウェー

ヨーロッパに来てまもなく、スパゲティポモドーロが夜の定番メニューとなった。これがいちばん安くつくのだ。ニンニク、タマネギ、トマトを油で炒め、ゆでたスパゲティをぶちこみ、最後に乾燥バジルを振ってできあがり。シンプルだが飽きのこない味である。

しかしそればかり食べていたら、そのうち足に力が入らなくなってきた。動物性たんぱく質を食わせろ、と体が訴えているようなのだ。

そこでノルウェーに入ってからは釣りを始めた。U字谷に海が入りこんだ地形――いわゆるフィヨルド――の海にルアーを投げるとサバやタラがよく釣れた。煮つけ、味噌煮、ソテーと日替わりでいろんなものをつくったが、最も満足度の高かった料理はサバのうしお汁だ。釣れたてをぶつ切りにし、ありあわせの野菜と煮こむ。調味料は塩だけ。インスタントのダシなんかは当然いらない。北の海で育ったサバのコクと野菜の甘みが汁に溶け出して、すすった瞬間笑ってしまう。鮮度抜群の素材はやはりシンプルに調理するに限るのだ。

ある日、ロフォテン諸島に渡った。「アルプスの頂きを海に浮かべたよう」といわれる島だが、まさにそのとおり。海から飛び出したのこぎり状の岩山が、カーブを曲がるたびに形を変えて現れ、何度もため息をつく。

島の西端に行くと、キャンプするのにうってつけの海岸が現れた。地面は天然の芝で覆われ、目の前にはフィヨルド特有の地底湖のような張りつめた海が広がっていた。

すでにテントがふたつ張られてあった。有料のキャンプ場だろうか？

ひとつのテントに近づいていくと、髪の長い女性が芝生に寝転がって本を読んでいた。

「ちょっといいかい？」と声をかけると、彼女は振り返り、にこっと微笑んだ。

「ここ、お金いるのかな？」

「うーん、キャンプ場じゃないと思うけど。私も勝手に張ったからよくわからないの」

彼女はたどたどしい英語で、どこか照れ臭そうに話す。

「どこから来たの？」

「ハンガリーよ」

北欧を野宿しながら旅しているという。先日会ったポーランド人女性を思い出した。彼女もひとりでテントを担《かつ》ぎ、しかもヒッチハイクで旅をしていたのだ。東欧の若者が北欧を旅しようと思ったら節約しなければならないのだろうが、なんともたくましい女性たちである。

ハンガリー人の彼女は、その温かい鳶《とび》色の瞳でぼくの目をのぞきこむように話した。途中からなんだかこっちが照れてしまい、相手の目を直視できなくなった。

彼女から少し離れたところにテントを張り、そのあと釣竿を持って海に向かった。ルアーを投げていると、何投目かにガツンと大きな手ごたえが来た。糸がキューンと鳴り、竿が弓なりに曲がる。しばらくして上がったのははち切れそうなぐらいまるまる肥えたサバだった。測ってみると四七センチ。

さらにルアーを投げるとすぐに強い当たりが来て、今度は四三センチのサバが釣れた。さすがに全部は食べられそうにないな、どうしようかな、と考えているところへ、ポン、と啓示がおりてきた。

ぼくはサバを持ってさっきの女性のテントに向かった。節約のために女性ひとりで野宿をしているぐらいである。このサバは最高のプレゼントになるに違いない。「え？」と目を輝かせる彼女の表情が脳裏に浮かんだ。

「この立派なサバ、あなたが釣ったの？　まあすてき。え？　もらっていいの？　でもなんだか悪いわ。そうね。じゃあよかったらいっしょに食べない？　私のテ、ン、トで」

いえ、ぼくは決してそんなつもりでは。でも、そう？　じゃあ、ちょっとお邪魔しようかな――って、いやまいったなこりゃ。熱い視線でぼくを見ていたさっきの彼女の鳶色の瞳が、サバを握るぼくの手を固くした。

彼女は相変わらずテントの前で本を読んでいた。ぼくはできるだけ自然、かつさわやかに見えるであろう笑顔をつくって声をかけた。

「やあ、調子はどうだい？　ところでこのサバ、いま釣ったんだけど、よかったら君にあげるよ」

彼女は目の前に差し出されたまるまる肥えたサバを見て、口を半開きにしたまま固まった。そのとき、彼女の背後のテントが開き、長髪の男が眠そうな顔を出した。そしてぼくが手にしている巨大サバを見て、彼女と同じようにポカンとした。ぼくもポカンとした。彼らは顔を見合わせ、この東洋人は何がしたいんだ？　とでも言いたげな困惑した表情を浮かべ、そのあと彼女のほうが困った顔のまま言った。

「……ありがとう。でもこれ、どうやって料理するの？」

ぶつ切りにして、お湯で煮ればいいよ。塩を入れてね。ぼくはそれだけを言うとすばやくきびすを返し、自分のテントに戻った。そして、サバをぶら下げて立ち尽くしていたさっきの自分を思い返しながら、肩を揺らして笑った。

しかし、彼女もサバでナンパされたのは初めてだろうなあ。ハンガリーには海がないからなあ。——ってそういう問題じゃないか。

32 森のブルーベリー――フィンランド

インスタントラーメンを食べると、微量の電気を流したように舌の先がしびれた。体が拒否しているのだろうか、と思った。自分の体に起こっている変化を、このところ感じないわけにはいかなかったのだ。

ノルウェーからフィンランドに入ると、毎日森のなかでキャンプするようになった。これほど理想的な寝床もないのだ。適度に木々が間引きされているので、テントを張るスペースはどこにでもあるし、杉の落ち葉や苔《こけ》が厚く積もっているため、地面がふかふかのじゅうたんになっているのである。

こんな森が北から南まで一五〇〇キロ、道の両側に延々と続いていた。おかげで宿の心配がまったくいらない。夕方になったら適当に道から外れ、森に入ればもうそこが三ツ星ホテルだ。全室吹き抜けで空調は抜群、トイレは森の香りがして広々し、朝は小鳥のさえずりのモーニングコールつきである。

さらには夏が終わろうとしているこの時期、森はブルーベリーにあふれていた。注意深くテントを張っても、翌朝それをひっくり返すと、必ずといっていいぐらいテントの底でブルーベリーがつぶれており、黒い染みになっているのだ。

こんな森で毎日寝ていると、体がどんどん浄化されていくような気がした。間食もまったく欲さなくなるし、インスタントラーメンに拒否反応が出たのも、もしかしたらこの〝浄化〟のせいじゃないかと思ってしまうのだ。またしばらく飲んでいなかったコーヒーを、一ヵ月ぶりぐらいに飲んだら、はっきりそれとわかる効果が出た。体が妙にシャキンとし、いつもなら四〇キロほど走ったら〝ガス欠〟になってパンを食べなければならないところが、その日は六〇キロ走っても体に力がありあまっていた。たったコーヒー一杯のカフェインで気味が悪いほど覚醒したのである。

そんな森暮らしを二週間ばかり続け、首都ヘルシンキまであと一〇〇キロという地点に差しかかった。森でキャンプするのはこの日が最後だろう。ぼくは首をキョロキョロ動かし、あたりに目を配りながら自転車をこいだ。どうせならベストスポットで寝たい。

このへんかな、と見当をつけて森に入ってみると思わず息を呑んだ。

木々の葉を突き抜けた光が、幾条もの筋になってシャワーのように森に降り注ぎ、緑の苔に覆われた地面をまだらに照らしていた。その緑のじゅうたんからは、キノコがぽこぽことと顔を出していて、頭に描く童話の世界そのものだった。妖精が飛んでいてもまったく違和感がなさそうである。ぼくは自転車を木に立てかけ、何かに憑《つ》かれたように森のなかをさまよい歩いた。

翌朝テントから出ると、降り注ぐ光の筋はさらに磨かれ、世界全体がエメラルドに包まれたように輝いていた。すごいところに寝ていたんだな、とあらためて感心しながら目の前の情景を見ていると、それまで考えもしなかったプランが浮かんできた。

「もう一泊してみようか……」

食料は二日ぶんあるので問題ない。森のなかで何もせずにゆっくり過ごす一日なんて、一生のうちに何度もあるものじゃないだろう。そうすることで、ずっと遠い未来まで心に残るような日になるんじゃないだろうか。そう思った瞬間、あっさりと気持ちは固まった。

緑のじゅうたんに寝転がって文庫本を読み、腹が減ると手をのばしてブルーベリーをつまんだ。野生の鋭い酸味と甘みが口のなかで弾け、澄んだ体に嬉々として染みわたっていった。

読書に疲れると、地面に注がれる光線を見つめた。落ち葉と苔の積もった地面から、精密機械のような微細な形をした杉の若木がちょこんと飛び出している。二〇センチぐらいの高さで、生まれたばかりのつるんとした緑を誇示するように、一本だけ超然と立っていた。そこに、ひと筋の光線がスポットライトのように降りかかり、つやつや光る若木を照らしながら、その上を生きているかのように這っていった。地球が動いているのだ、と思った。

寝転がったまま、光の動きを見つめていた。体のリズムがゆっくりと、その静かな歩みに同調していくようだった。

33 スイーツメシ——ポーランド

たまたま入ったワルシャワのその食堂は倉庫のように広くて、夕暮れどきのように薄暗かった。そのなかでは大勢の人々が黙々と料理を食べていた。スプーンやフォークと食器の触れ合う音が、虫の大群が飛びかっているように、カチャカチャとせわしなく鳴っている。

壁やテーブルは古めかしく、くたびれ、汚れきっていた。決して豊かとはいえないポーランドの、そのなかでも生活の厳しい人たちのための食堂らしい。

食券売り場の前には長蛇の列ができていた。十分ほど待って、ようやくぼくの番になった。

売り場のカウンターにメニューのボードがあった。手書きでびっしり書きこまれている。品数がやけに多い。五十ぐらいあるんじゃないだろうか。ポーランド語はチンプンカンプンだから、あてずっぽうで頼むしかない。そんなとき、〈RYZ〉という文字が目に入った。たぶんライスだろう。それを指して注文する。日本円で六十円程度だ。

さあ、どんな料理が運ばれてくるのだろう。未知なるものを不安に思うより、何が起こるかワクワク胸を膨らませているほうが人生楽しめるというものだ。意外とこういうところで思いもよらない美味に巡り合ったりするんだよな、とニタニタ考えているところへ、料理が運ばれてきた。ぼくは前につんのめり、テーブルの角で頭をぶつけそうになった。

「…………」

たしかに、ライスであった。ただ見慣れないものが上にどっさりかかっていた。生クリームとイチゴジャムである。さらにその上からパウダーシュガーが、降りしきったあとの粉雪のように大量にまぶされていた。あれだけたくさんあったメニューからよりにもよってなぜこれを選ぶのだろうか？　己の引きの強さに体がワナワナと怒りで震えてきた。

スプーンですくって、おそるおそるひと口食べてみる。

「ぐぐ……」

見た目以上にキツイではないか。ごはんだからといって甘さを抑えるという発想はないらしい（もっとも、そんな発想があれば最初からごはんにジャムはかけないだろうが）。生クリームもジャムも本格的にスイーツであった。やる気まんまんの甘さだった。どれだけ食べてもぼくの舌にはなじみそうになかった。

結局半分ほど食べたあたりで頭《こうべ》を垂れ、スプーンを置いた。

ごはんが甘いから許せないわけではない。メキシコなどでは「ライスプディング」をよく食べた。クリームで煮た甘いおかゆといった料理で、米の粒々した食感とクリームの甘さは意外にも合う。完全にデザートになっており、まったく新しいうまさがあった。

しかしこの「ジャムがけライス」はれっきとしたメインの料理なのである。カレーライスのカレーの代わりにジャムと生クリームがかかっているといった具合なのだ。

後日、仲良くなったポーランド人に聞いたら、どうやら彼らは夕食を甘いもので済ますことにまったく抵抗がないらしい。「ジャムがけパスタ」もあるそうだ。うむむむむ……。

固定観念を捨て、真っ白な状態になって、行く先々の文化を吸収していこうと思ってはいるが、なにせ頑迷《がんめい》の徒、故郷の価値観をズルズル引きずっていて、まだまだ〝真っ白〟にはなれそうにない。とはいえ、いくらなんでも、やっぱり、ごはんにジャムはどうかと……。

34 テレザのグヤーシュ――ハンガリー

「ルック、ルック、ブダペスト！」

テレザがとがった目をして立っている。ブダペストを見てこい、と言っているのだ。宿泊者たちはだらだらと立ち上がる。テレザは同じ言葉をヒステリックにわめきながら部屋の掃除を始める。みんな追い立てられるように外に出ていく。

ハンガリーにある貧乏旅行者御用達の宿「テレザハウス」にいる。十五人ほどの客は全員が日本人だ。ふつうの民家のリビング二部屋に、雑魚寝《ざこね》のような状態で寝ている。

その雑魚寝にも階級がある。値段も違う。ベッドだと約五百八十円で、それが埋まるとベッドのすきまにマットレスを敷いて寝る。これだと約五百十円だ。さらにマットレスも人で埋まってしまうと、ベッドとマットレスのすきまの〝床〟に身を入れて寝る。これだと急に約二百円に下がる。ぼくの身分は最下級の〝床〟である。

見た目は難民収容所だが、そのなかにいったん溶けこむと、魔の空間になる。これほど安らぐ場所もない。和気あいあいとした雰囲気が肌に染みつき、長期滞在に移行する者も多い。しかしオーナーであるテレザのことを快く思っていない者もいる。彼らによると、「いちいちうるさい」らしい。

たしかにテレザはすぐに逆上する。真っ赤な鬼と化した顔を見ると、手に負えないな、と思うこともある。でもぼくは彼女を疎《うと》ましいとはまるで感じなかったし、それどころか彼女にはひととおりではない親しみを覚えていた。怒っているとき以外の表情には初老を迎えた女性特有の愛嬌がにじんでいて、その顔を見ているとひなたぼっこでもしているような穏やかな気持ちになった。それに、そもそも一日じゅう部屋でゴロゴロしている若者を見れば、「ルックルック！」と言いたくなるのも当然だ。

しかし、ぼくを含めた長期滞在者は部屋から追い出されると、とくに行きたい場所はもうこの町にはなかった。市内はあらかた見てまわったのだ。結局いつもの市場へと足が向く。ハンガリーは東欧諸国のなかでもとくに西欧化の進んだ国のように思えるが、それでも昔ながらの大規模な市場が町の中心にあって、野菜のみずみずしい香りや喧騒《けんそう》がたちこめているのだ。何度行っても飽きの来ない場所はやはりこういうところになってくる。

パン売り場で足がとまった。種類が多く、陳列も趣向をこらしているので見ごたえがある。もしかしたら世界最大ではないかと思うような洗面器大の巨大なパンもあった。

濃い褐色のパンを買った。持つとずっしり重い。ちぎってひと口食べてみると、天然酵母パンのような素朴な味わいが広がった。北欧の洗練されたフワフワのパンとは明らかに違うが、噛んでいると遠くのほうから穀物のほのかな甘みがじわじわとやってくるのだった。

夕暮れどき、宿に戻り、部屋でしゃべっていると、テレザが大きな鍋を持って入ってきた。甘酸っぱい香りがする。グヤーシュだ。パプリカを使ったハンガリーの代表的な煮こみ料理で、ビーフシチューに似ている。ときどきテレザはそれをふるまってくれるのだ。

テレザはぼくたちの食べる姿を静かに見つめている。「ルックルック!」を叫んでいたときとは別人の顔だ。少しやつれ、目尻が垂れている。ドラ息子たちに手を焼き、やれやれ、と内心つぶやいているような、やさしい顔だった。

ハンガリー人にとってグヤーシュは、日本人にとっての味噌汁のようなものらしい。つくる人それぞれのこだわりがあり、味が違うという。

テレザのグヤーシュは最初ピリッと辛い。だが、そのあと酸味とまろやかさの混じったやわらかい味が広がる。胃のなかからしみじみと温かくなってくる。素朴だが、手づくりの滋味にあふれているのだ。

テレザはどんな思いで、異国から来たダメ息子たちに、このハンガリーの味を伝えようとしたのだろう。そんなことを、ぼくはずっとあとになってから考えずにいられなかった。

ぼくが泊まった四年後、テレザは病気で亡くなった。

それを人から聞いたとき、一瞬頭が真っ白になり、そのあと、最初に脳裏に浮かんできたのが、グヤーシュをするぼくたちを見つめていた、彼女の静かな顔だった。

35　意外な主食――チェコ

チェコの主食、クネドリキを食べたとき、どこか懐かしい味がした。蒸しパンに似ているような気もするし、むっちりした食感が〝ういろう〟のようにも思えてくる。

小麦粉と米粉を練り合わせ、ゆでてつくったものだ。魚や肉と合わせて盛りつけ、ソースやスープをかけて食べる。庶民の家庭料理らしい。

ジャンの家に来ている。前にノルウェーで出会った四十代の紳士だ。それから約二ヵ月後、チェコの首都プラハに住む彼を訪ねると、奥さんも子どもたちも、祭りが始まる前のような高揚した顔で迎えてくれ、その日からチェコのさまざまな家庭料理を味わうことになった。

チェコには日本のように毎日決まった主食があるわけじゃない。クネドリキはあくまでもそのひとつで、パンやライス、パスタなど、日替わりでいろんな主食が出される。

副食のほうは多いのは煮こみ料理だった。チキンのもも肉や、ミートローフなどをコンソメ系のスープで煮たものが、さまざまな主食に添えられる。

なかでもぼくが気に入った主食が、チェコならではのこのクネドリキだった。生地にスープが染みこんで、味に濃淡の層ができている。表面はとろけてスープの塩気を吸いながら、なかのほうはむっちりした歯ごたえと穀物の糖分がじっと押し黙っている。その塩梅《あんばい》の玄妙なことよ。願わくば毎日クネドリキを、と居候の分を忘れて勝手なことを考えるのだが、なぜかやはり主食は毎日変わるのだった。

そんなある日、意外なものが出された。褐色の粒で、見た目は麦茶の麦に似ている。それが皿に盛られ、粉チーズが一面にかけられていた。食べた瞬間、

「ええっ!?」

と目を丸くした。この香りって、もしかして……。

「ジャン、これって何？」

「えっと……英語はちょっとわからないな」

語学が堪能なジャンも、さすがに食物の単語までは網羅していないらしい。では、とチェコ語で教えてもらい、チェコ語―英語の辞書で引いてみると、「buckwheat」、やっぱりソバだった。殻を取ったソバの実をゆで、粒のまま、いわばごはんのように食べるのだ。

ソバというと日本の食文化のように考えていたが、じつは世界で最も多く生産し、消費しているのはロシアだ。あちらではお粥のようにして食べることが多いようである。歴史的にも地理的にもロシアとつながりの深いチェコの食卓に、ソバが上がるのは当然かもしれない。

長女のアデルカは、ソバの皿にいっさい手を出さなかった。ソバアレルギーだという。海外でも同じなんだな、と妙なところで感心してしまった。

ぼくはといえば、蕎麦には目がないのだが、このとき出されたソバにはなかなか手がのびなかった。ソバと粉チーズが組み合わさった味というのは、ぼくの舌にとっては、あのポーランドの「ジャムごはん」に次ぐかと思えるぐらいに面妖きわまりないものだった。

もしジャンたちが日本に来ることがあれば、まずはざる蕎麦をごちそうしてみたいものである。そうすれば「粉チーズソバ」にぼくが抱いた違和感を、今度は彼らがざる蕎麦に抱くわけで……理屈でいえばそうだけど、うーん……。

36 ショートケーキの甘さ――ドイツ

旅先でドイツ人に会うたびに、日本人と感覚的に通じ合うところがあるな、と思っていたが、ドイツでショートケーキを食べたときはそれを再確認した。

ぼくは甘党ではないがケーキは嫌いじゃない。あちこちで食べてきた。そこで各地のケーキ、それも高級店ではなく、庶民がふつうに食べているケーキの傾向を、個人的体験と主観だけでいい加減にまとめると、まずはアメリカだが、顔がゆがむほどの甘さだ。なめらかさもなく、とんがっていて、大味……重ねて言うけれど、あくまで主観、つまり偏見である。

次のラテンアメリカもすこぶる甘い。くわえてスポンジがぱさついている印象。昔学校給食でたまに出たケーキが思い出される。

次いでヨーロッパに来ると、甘さはいくらか控えめになる。でも日本のケーキと比べると繊細さには欠けるか。といっても、北欧ではその物価ゆえ食べていないし、有名なウィーンのザッハトルテも同じ理由で未体験、と、まあ最初に書いたとおり、かなりいい加減、というよりどうでもいい所感である。

ともあれドイツである。なんといっても甘さがいい。もの足りないと感じる寸前まで甘さを抑え、クリームのまろやかさ、スポンジのしっとり感を立たせている。そのさじ加減に職人の技巧と研鑽《けんさん》が感じられ、日本のケーキ同様、丁寧で真面目な仕事ぶりがうかがえるのだ。

おそらくケーキが相当好きな国民なんじゃないだろうか。町のいたるところに「ケーキスタンド」があり、立ち呑み屋で一杯といった風情で、トレンチコートを着た紳士たちがカウンターで立ってケーキを食べていたりするのである。生活のすぐ近くにケーキがある、といった感じがする。しかも旧東ドイツ側はばかに安い。コーヒーつきで二百円ほどだ。

だからドイツに入ってしばらくすると、ケーキスタンドを見つけるたびに自転車をとめるようになった。十二月の肌を切るような風から逃れ、暖かい店内で熱いコーヒーを飲み、職人の丹精のこもったケーキに舌鼓を打つのである。

そんな優雅なサイクリングを三週間ばかり楽しんだところで、オランダとの国境に着いた。国境といってもゲートなんかがあるわけじゃない。人気のない枯野にぽつんと、道路標識のような案内板が立っており、こちら側に〈ドイツ〉、裏側に〈オランダ〉と書かれているだけだ。日本の県境と何も変わらない。自転車でも見過ごしそうである。

おかげでその案内板を過ぎても、国境を越えたという実感は皆無だったし、町に入っても劇的な変化は感じられなかった。ただひとつの点をのぞいては――ケーキスタンドである。オランダに入ってからいっさい見かけなくなったのだ。

なくなってしまうとよけいに食べたくなるものである。ぼくはふつうのカフェに入ってケーキを注文した。出てきたものは、なんだか乱暴なくらい大きくて粗い一品だった。そして食べた瞬間、はっきり、国が変わったのだ、と実感した。顔をしかめるぐらい甘さのとがった、まるで子ども向けの駄菓子のような味だったのである。

37 クリスマスディナーとチョコレート——ベルギー

「ゴディバはだめよ。高いだけだから」

とウラは言う。町を散歩しているとき、ベルギーチョコレートの話になり、唯一知っているブランド名を言ったらそう返されたのだ。

「私のおすすめのチョコはね……」と連れていかれたのが「レオニダス」という店だった。ウラが買ってくれたそのチョコを口に入れると、気品ある濃厚な香りとコクが広がった。

家に帰ると、ウラはママに今日の話をしていた。ママはぼくを見ながらなんだかうれしそうに微笑んでいる。チョコレートの話をしているようだ。

翌日、ママが子どもように無邪気な笑顔でぼくに言った。

「ユースケのご両親にレオニダスのチョコをクリスマスプレゼントに送っておいたからね」

驚いた。いかにも人のいい、どこからどう見ても善人の顔をしたママは、ぼくの両親のことは当然何ひとつ知らないのだ。そんな相手にクリスマスのプレゼントを贈るという感覚に、ぼくは少しポカンとなった。そして感謝の念とは別に、クリスマスというものにたいする意識の違いをやはり感じないわけにはいかなかった。

ウラは大学時代に友人を介して知り合った女性である。当時彼女は日本を旅行していた。デミ・ムーア似の美人で、いっしょに電車にのると乗客の視線をジロジロと浴びたものだ。現在は空港でグランドホステスの仕事をしながら、アントワープ郊外に両親と住んでいる。

ウラに会うのは六年ぶりだった。どんなふうに年をとっているだろう、とあれこれ想像しながら家の呼び鈴を押したら、出てきた彼女は以前にもましてきれいになっていて、ぼくは自意識過剰の中学生のようになってしまった。そのウラが会うなりこんなことを言うのだ。

「クリスマスまでいるでしょ」

思いもよらなかった提案に驚き、どこまで本気なんだろう、と彼女の顔を見返した。クリスマスまでまだ十日もあるのだ。そもそも彼女とは六年前に一度会っただけの仲である。

しかしウラはぼくがクリスマスまでいるのが当然のような口ぶりで話し、屈託のない顔でニコニコ笑っている。そして、暖炉に火のついた部屋で、家族みんなといっしょに食卓を囲んでいるあいだ、ドライブや会食の予定をどんどん立てていくのである。

結局十日という時間は、ウラや彼女の友人と遊んでいるうちに、あっというまに過ぎていき、ぼくはしっかりウラたちといっしょにクリスマス・イブの日を迎えていたのだった。

欧州のクリスマスは日本の正月にあたる、というのは本当で、親戚一同総勢十二人がウラの伯母さんの家に集まった。驚くのはそのホームパーティーのために女性たちはみな朝から美容院でヘアメイクをしてもらい、ドレスとまではいかないが、よそ行きのワンピースなんかに着替え、男たちもスーツを着て登場することである。

うまくしたもので、いとこのひとりがレストランで働くシェフだった。彼が腕を振るい、豪勢な料理を次々に出してくる。前菜、スープ、サラダ、あれこれと続き、メインはウサギのステーキだった。鶏肉に似てあっさりしており、甘さとほろ苦さの同居したブラウンソースとよく合った。それらを口に含み、赤ワインを飲む。みんなの顔がろうそくの炎に照らされ、幻影のように浮かんでいる。ヨーロッパという〝別世界〟にいる。そこの住人たちと荘厳な雰囲気のクリスマスを過ごしている。酔いがまわり、視界がぼんやりしてくる。

食後にプレゼント交換が行われた。これがじつにおもしろい。大きなクリスマスツリーの下にはプレゼントが山のように積まれている。全員がほぼ全員のぶんを用意するから単純に考えても百以上あるのだ。

まずはひとりがプレゼントの山からひとつを選んでみんなに見せる。送り主が手を上げる。

「それは私のよ。パパへのプレゼント」

プレゼントがパパに渡される。パパは包みを開け、なかを見て喜び、送り主にキスをする。

次にパパがプレゼントの山からひとつを掲げる。ママが手を上げる。

「それは私のよ、ウラに」

続いてウラが……とリレーのようにプレゼントがひとつずつ開けられていくのである。

飛び入り参加のぼくにもプレゼントが用意されていた。手袋に、セーターに、サイクリングメーター――それまで使っていたサイクリングメーターが壊れていることを、ウラはぼくとの会話のなかで知り、ちゃんと心に留めてくれていたのだ。

ぼくもめいめいにプレゼントを買っておいた。ウラには彼女の肖像画を色鉛筆で描き、額に入れたものを用意しておいた。ラッピングをほどいた瞬間、ウラの顔がパッと輝くのをさりげなく盗み見しながら、内心小さくガッツポーズをした。

それにしても、このプレゼント交換はゲームのようで楽しいのだが、それを品数だけ、つまり百回以上繰り返すものだから、途中からは耐久レースである。最初のうちはさかんに上がっていた歓声や笑い声はだんだんしぼんでいき、だらけた空気に包まれていく。すべて終わったのは夜中の二時だった。

それからさらに数日を過ごしたあと、ぼくはウラの家を発つことになった。

家族みんなに見守られるなか、自転車に荷物をつけていく。ウラはハンカチを目に当てていた。ママも眉尻を下げ、心配そうにこっちを見ている。

最後のバッグを自転車につけようとしたとき、ママがそばにやってきて、ティッシュケース二箱分ぐらいのずっしり重い包みを手渡してきた。ママは少女のように泣いていた。その涙にぼくはハッとし、この家にどれだけお世話になっていたかをあらためて痛感した。

そのあと、やはり真っ赤な目に涙を溜めたウラと見つめ合った。こんなぼくのために、彼らは泣いてくれているのだ。胸が苦しくなるような申し訳なさと、痛みのような切なさが同時にこみ上げてきて何も考えられなくなった。だからか、ぼくも、そしてウラも、どのようにさよならをすればいいのかわからず、互いに少し笑って、それからぎこちなくハグをした。

白い朝もやに包まれてぼんやりしている町のなかへ、自分の頭のなかも真っ白なままでこぎ出した。町を出ると、冬枯れの野が一面に広がった。

その日は野原の草の茂みの陰にキャンプした。夜になるとしんしんと冷え、氷点下まで下がった。ママからもらった包みを解くと、金色の箱が現れた。なかにはレオニダスのチョコレートがぎっしり詰めこまれている。ひと粒口に入れると、高貴な香りと甘みがポッと蛍火のように灯り、凍えた肌の内側にほのかな温もりを与えた。ぼくはひとり、放心したように遠くの暖炉の火を思っていた。

38 ロンドンの弁当屋さん——イギリス

　ベルギーからフランスに入国し、やがてパリの市街に入ると、日本食レストランが次々に現れた。そのうちの一軒の前に自転車をとめる。黒塗りの立派なエントランスが見える。ドアに日本語で書かれた貼り紙があった——スタッフ募集。元気で明るい人。

「なんや、簡単に決まりそうやん」

　ぼくは軽快にペダルをこぎ出した。

　日本を出て二年半がたっていた。

　いつからか旅に高揚感を覚えなくなっていた。冬のどんよりした気候も関係あるのかもしれない。アスファルトの路面を見ながらぼんやりとペダルをまわし、日が暮れたら森にテントを張る。翌朝目が覚めると同じ手順でテントをたたみ、再び道路だけを見ながら自転車をこぐ。その繰り返しだ。旅がまったくの日常と化してしまったのだ。

　単調な日々に新しい風を吹きこみたかった。そのためには非日常に飛びこむことだ。そしていまのぼくにとっての非日常とは、労働し、一ヵ所に住むという生活なのだ。会社勤めの人が休日に旅をするのとちょうど逆である。

パリで仕事を探そうと思った。日本食レストランで働きながら、休日は路上で似顔絵描きをするのだ。それには芸術の都が最もふさわしい気がする。

そうしてパリの安宿に投宿した翌朝、まずは昨日貼り紙を見た店に行ってみた。現れた日本人の店長はぼくをいぶかしそうにねめつけた。

「カミは?」

「え? カミ?」

「ワークパーミットだよ」

「あ、いや、ありません」

「あーダメダメ」

店長はきびすを返した。面接は十秒ほどで終わった。

昨日思い描いた図とのあまりの差に悄然《しょうぜん》となったが、高級店にトライしたのが間違いだったのだ、とすぐに思い直した。大衆的な店なら温かく迎えてくれるに違いない。

だが次の店も、その次の店も同じだった。店長の第一声は必ず「カミは?」なのだ。

旅行者が労働許可証をとるのはまず不可能である。こちらはあくまでモグリでやろうとしているのだ。

電話帳で日本食レストランを拾い上げ、片っ端からドアを叩いてまわった。一週間でおそらく三十軒以上はまわっただろうか。結果、すべて門前払い、である。

さすがに意気消沈し、一日じゅう宿でふて寝した。そして翌朝、自転車に荷物をつけ、寒空のなかを北にこぎ出した。

三日後ロンドンに着くと、日本人向けの書店で日本語のフリーペーパーをもらい、求人広告を見て電話した。その弁当屋さんに面接に行くと、日本人の女性が丁寧に対応してくれ、いくつか質問したあと言った。

「じゃ、明日からお願いします」

「え？　い、いいんですか？」

思わず聞き返してしまった。彼女は怪訝《けげん》な表情を浮かべている。

浮足立った思いでぼくは再びフリーペーパーを開き、部屋情報を見た。月二百ポンド——約四万円の、トルコ人ら外国人ばかりが住むシェアハウスを見つけ、大家に会ってその場で契約した。こうしてようやくぼくの非日常が始まったのだ。

毎朝六時に自転車で出勤し、エプロンをつけ、FMを聴きながら、弁当をつくる。夕方仕事を終え、重厚感のあるロンドンの町を眺めながらペダルをこぎ、自分の部屋に帰っていく。

このとき、走りながらちょっとした感動がある。寝る場所を探さなくてもいいのだ、と思うたびに、安堵と幸福感に包まれるのだ。そんな自分が意外だった。もっとも、これが何年も続けば、気ままに大地に寝る日々を再び体が求めるのかもしれないが。

弁当屋の仕事は興味を持ってやることができた。コンビニにおろす弁当だが、ほとんどの品を一からつくるのだ。エビフライは一尾一尾殻をむき、背ワタを取って衣をつける。鶏のから揚げは、もも肉の骨を取り、ひと口大に切って醬油と味醂《みりん》に漬けこんでおく。出し巻卵はちゃんとダシをとり、それを溶き卵に混ぜ、ひとつひとつ焼いてすのこで形を整える。

おそらく冷凍食品など業務用の日本食がロンドンでは手に入りくいのだろう。入手できたとしてもコストに見合わないに違いない。だから人が手でつくる。一般向けの弁当でこれほど手間をかけたものは、日本ではもうどこにも売っていないんじゃないだろうか。あるいは、日本で買う弁当より、海外で買う日本食の弁当のほうが、より本物に近い、という妙なことになっているのかもしれない。

季節は流れていた。緯度の高いロンドンでは一日ずつ日が長くなっていくのがよくわかった。冬がもうすぐ終わろうとしている。

ロンドンは物価が高いことをのぞけば住みよい町だった。なんといってもパブがいい。味覚を疑う料理の多いイギリスにあって、ビールだけは格別である。どっしりしたコクのあるビールをパブの古びた雰囲気のなかで飲む。酒は場の空気とともに醸成《じょうせい》される。ぼくは夜な夜なパブに通うようになった。そのうち友だちができ、友だちが友だちを呼んで輪が広がっていった。おもしろい。パリではけんもほろろだったが、ロンドンでは仕事が一発で決まった。それに暗示されていたかのようにロンドンでは人の縁がどんどんつながっていくのだ。

半年後、ビザが切れる一日前にロンドンを発つことにした。自転車に荷物を積み、弁当屋のスタッフや友人たちに見送られながらペダルをこぎ出すと、こんなに重かったのか、と冷や汗が出た。ふらふらしているぼくを見てみんな笑っている。なんとか町を出ると、野原が広がった。初夏の新緑がやたらと目にまぶしく、野原のずっと奥のほうの葉も一枚一枚が光り、清流のように流れていた。

39 グルメ国の夕食——フランス

アイルランドのパブで本場のギネスビールの〝魔味〟に酔い、スコットランドでは村々を訪ねて各地のスコッチに酔っているうちに夏は過ぎていった。フランスに再入国したのは木々が色づき、風が冷たい透明感を帯び始めたころだった。

フランスといえば美食の国。「グルメ」という言葉からしてフランス語で、世界三大料理国のひとつという評価も疑う余地がない。そんなグルメ国家の実力を本場で確かめてやろう。そう考えたぼくは行く先々でその物差しとなる、あるものを食べていった。

そう。クロワッサンである。フランス料理といえばフォアグラでもトリュフでもなく、やはり誰がなんと言おうとクロワッサンである。

結論からいうと、びっくりするようなクロワッサンには出会えなかった。日本のものと大差はない。いやもしかしたら平均値は日本のほうが上かもしれない。事実、フランスの新聞には「クロワッサンは日本に伝わってから発展した」と評する記事が掲載されたらしい。

とはいえ、いくら浅はかなぼくでもクロワッサンだけでフランス料理を語ろうとはさすがに思っていない。やはりコース料理を食べなければ話になるまい。そこでミシュランの三ツ星レストランへ——という流れは型どおりすぎて情趣に欠けるので大学の学食に行った。

しかしここでも期待は大きく裏切られた。野菜スープはなぜかほとんど味がしないし、パスタは食べ残しのうどんのようにブヨブヨだった。

世界三大料理もたいしたことねえな。そんな考えに固まりつつあったとき、大きな転機が訪れた。リモージュという町で、前に出会ったフランス人の家に居候することになったのだ。

家族六人が住む大きな邸宅だった。みんなラテン気質全開で、よくしゃべりよく笑うのだが、なかでもお母さんが傑作だった。耳にキンキン響くような甲高い声で、

「さあ、あなたの部屋はここよ。好きに使っていいわ。でも部屋のなかでテントを張るのは勘弁してね。あーははははは！」

と何か言うたびにゲラゲラ笑うのである。勢いだけでこっちもつられて笑ってしまう。

その夜はいやしい話で恐縮だが、晩飯が待ち遠しくてしかたがなかった。家庭料理にこそ美食国家の本質が隠されているに違いないのだ。

午後八時。階下からぼくを呼ぶ声が聞こえた。さあとうとう来た。見せてくれ、お前の真の実力を。ぼくは胸をときめかせながらダイニングルームにおりていった。するとテーブルに並んでいたのは……マクドナルドのハンバーガーセットだった。

「…………」

シャンデリアの下、家族が談笑しながらハンバーガーをぱくつく姿は少し異様に思えた。

「ごめんね、今日は忙しかったのよ、あーはははははは！」

お母さんはケチャップをつけた口を大きく開けて笑った。

ただ、そのハンバーガーセットを食べたあと、十種類ほどもあるチーズが山盛りで出てきたときは、美食文化の一端をようやく見た思いがした。カビ系のチーズがほとんどで、ウォッシュタイプの鼻が曲がりそうなものなど、ぼくはクラッカーに薄くぬるだけでじゅうぶんだったが、彼らは三センチ角ぐらいに切ってばこばこ食べているのだ。こんな臭いものをよくもそんなに……と驚愕《きょうがく》し、グルメ国の人々はやはり違うな、と深く納得したのだった。

翌日の夜はようやく待ちに待った手料理が出た。しかし、なんといったらいいのか……。彼らへの感謝の気持ちをいったん横に置いて、料理の印象だけをありのまま書けば、ポテトグラタンはジャガイモにクリームとバターを入れただけ、といったシンプルきわまりない味《あじ》で旨味がほとんどなく、またもう一品の野菜スープは、大学の学食で食べたものに似て、白湯《さ ゆ》のように味がしなかった。口に合う、合わない以前に、料理にたいする熱意や執着がどうも感じられなかったのだ。

ただし、この日も食後にチーズがどっさり出てきて、さすがグルメ！ といった豪快な食いっぷりをみんな見せてはいたのだが……。

そして次の日は、中華のてんやものが出てきた。

「料理するのがめんどくさくてね。おーほほほほほほほほ！」

お母さんのバカ笑いを聞き流しながら、麻婆豆腐や酢豚を食べ終えると、なんとこの日もチーズの盛り合わせが山盛り出てきたのである。ぼくは目が点になった。た、食べ合わせとか、そういうのは……？

グルメの国の彼らはそんなことお構いなし、といった闊達《かったつ》な様子で、チーズの塊をばこばこ口に放りこみ、テレビのバラエティ番組を見てゲラゲラ笑っているのだった。

40 チーズとワイン——フランス

ヤギのチーズとワインがテーブルに並べられた。

「好きでね。音楽を聴きながらこれをやるのが一日の楽しみなんだ」

シンはそう言って微笑んだ。ステレオからはモーツァルトが流れている。窓の外はすでに闇に包まれていた。明かりもまばらな山奥の村だ。住民はわずかに十九人だという。

この村に着いたのは今日の午後のことだった。山の頂きに古城が見えたので、自転車をとめた。近くで見るには山道を歩いていくしかなさそうである。

自転車を安全に置ける場所を求め、通りを歩いた。そこに現れたのがシンだった。彼は犬の散歩をしていた。目が合うと微笑み、英語で話しかけてきた。

不可解だったのは、彼が東洋人だということだ。なぜフランスのこんな山あいの村にいるのだろう？

だがそれ以上に気になったのは彼の特殊な雰囲気だった。四十半ばぐらいに見えるが、顔じゅうに細かいしわが刻まれ、さらには右頬にえぐられたような深い傷があったのだ。微笑を浮かべているが、その目の奥に鋭い光が潜《ひそ》んでいるような気がしてならなかった。だから彼が「自転車はぼくの家に置けばいい」と言ったとき、ぼくはすぐに返事ができなかった。

そこへおばさんが通りがかり、彼とおしゃべりを始めた。ふたりともほがらかに笑い、フランス語で表情豊かに、ずいぶん長々と話している。その様子を見ているうちに、不安感は消えていった。ぼくは自転車と荷物を彼に預かってもらうことにした。

城を見学して帰ってくるころにはすでに日が暮れかかっていた。シンはぼくを家のなかに招いた。小さくて古い家だった。長いあいだ無人だった家を改修して住んでいるようだ。聞き覚えのあるシンフォニーが流れている。「ジュピター」だ。

家にはインド系の小柄な女性がいた。

「スリランカから来たんだ。彼女とは友人を介して文通を始めてね。二年前にこっちに呼んで結婚したんだ」

奥さんは注意深そうな目でぼくを見ている。

「そしてぼくはカンボジア人で、ふたりはフランスの山村に住んでいる」

シンはそう言って、どこか自嘲気味に笑った。

奥さんはコーヒーをリビングに持ってきて、そのままシンの隣に座った。表情は少しやわらいでいた。シンはコーヒーを飲みながら「このあたりの見どころを教えてあげよう」と地図を広げた。そのとき初めて彼の右手の異常に気付いた。ギョッとしなかったと言ったら嘘になる。指が二本しかなかったのだ。

シンはぼくの反応に気付き、かすかに苦笑を浮かべた。顔のしわがより深くなった。

「地雷にやられたんだ」

「…………」

そのあと彼の口から語られた話は、あまりにも壮絶で、ぼくは相づちを打つことさえも忘れていた。

彼はカンボジアの華僑《かきょう》だった。二十三歳のとき、ポルポト派の弾圧を受け、国外脱出をはかった。ところがもうすぐタイに抜けるというところで、目の前を走る車が地雷を踏んだ。意識が戻ったときには右手の指を三本失い、胸、腕、右頬にも深い傷を負っていた。そして八人の仲間のうち三人が死んでいた。歩くこともかなわず、ジャングルのなかでひたすら救助を待った。

翌日、同じく国外脱出を試みる華僑のグループに偶然発見されたが、彼らとて、皮膚がただれ、悪臭のすさまじい怪我人を助ける余裕はなかった。シンたちは置き去りにされた。

「タイ軍のヘリが救出にやってきたのはそれから二日後さ。無事に逃げ切った先の華僑のグループが連絡してくれたんだ」

シンは左手で右手を包むように静かになでながら言った。

三本の指がちぎれた手を見ながら、彼は三日間どんな思いで救助を待っていたんだろう。顔じゅうのしわをあらためて見た。年齢からすれば異様とも思えるその無数のしわは、もしかしたら指が二本しかない右手以上に、事実の凄惨さを物語っているのかもしれなかった。

彼はしばらくパリにいたが、都会に疲れてこの村に移り住んできたのだという。彼の右手と頰の傷を見る町の人々の目を思った。あるいは、彼の顔のしわは、人々の容赦ない視線によって刻まれたものではないだろうか……。

人口十九人のこの村なら、みんな彼の事情を知っている。よけいな気苦労をしなくて済むに違いない。近所のおばさんと表情豊かに立ち話をしている彼の姿が脳裏をよぎった。

外はすっかり暗くなっていた。シンの勧めで晩飯までごちそうになった。カンボジア生まれの中国人とスリランカ人女性が住むフランスの家、そんなコスモポリタンな空間で出された料理は、インスタントラーメンと、ジャガイモとニンニクの炒め物、そしてパンとレバーパテだった。

食事のあと、ヤギのチーズとワインが出てきた。

「好きでね。音楽を聴きながらこれをやるのが一日の楽しみなんだ」

シンはそう言って微笑んだ。ぼくもそれにつき合わせてもらった。ヤギのチーズの強い芳香を、腰のあるワインで溶かしながら、ステレオの音に身を任せる。

シンフォニーがなめらかに水のように流れていく。〝一日の楽しみ〟を味わうにも、この山に囲まれた村は最適だろうな。ぼくはほんのり酔った頭でそんなことを考えていた。

41　バルのタパス――スペイン

スペインでは酒場のことをバルと呼ぶ。「BAR」のスペイン語読みだ。

バルでは日本の居酒屋と同じように料理をつまみながら飲む。欧米の酒場はもっぱら酒を飲むのが主、というところが多かったので、この居酒屋スタイルはむしろ新鮮だった。しかもどの店のおつまみ――タパスと呼ぶ――もハズレがない。ぼくは町に着くたびにバルで一杯引っかけるようになっていた。

だからシンジが「バルってなんや？」と言ったときは、「えっ⁉」と聞き返し、彼の顔をまじまじと見た。

「……行ったことないんか？」

「なんやそれ？」

「うわあ、もったいない。この国のいちばんいいところ逃してるで」

ぼくは大仰にそう言いながら、バルがいかにすばらしいところかを懇々《こんこん》と説いた。シンジは神妙かつ不機嫌な顔で聞いている。

この男、シンジとはスペイン南部のセビリアでフラメンコを観にいったときに会った。意志の強そうなぎらついた目に、薄汚れた服、そして長髪、といった彼に、ぼくは同じにおいをかぎ、話しかけてみた。するとやはり彼もチャリダーで、中国から一年半かけて大陸を横断してきたという。しかも同じ関西出身で同い年だった。意気投合しないわけがない。

その翌日、ぼくたちはいっしょに出発した。そしてオリーブ畑が連なる丘を走っているとき、バルの話になり、シンジの不明をぼくはおもしろがってバル講座をやったのだった。

だから港町アルヘシラスに着いたときは、安宿に投宿するやいなやふたりしてバルに直行した。ここが自分たちにとってスペイン最後の町になるのだ。明日はフェリーにのってモロッコに渡るのである。

海沿いの裏通りに入ると、船のりが集まりそうなバルが並んでいた。その一軒に入る。巨大な肉の塊が天井からたくさんぶら下がっていた。骨董のイスのような渋い光沢が表面に浮かんでいる。生ハムだ。

カウンターの前にはタパスがずらりと並んでいた。イスに座るとビールを注文し、鶏の肝煮を指した。化粧映えのする五十代前半くらいの女将がおたまでそれを小皿に取りわけて出してくれる。口に入れると、やわらかく固めたチョコレートのような噛みごたえが歯の上にのり、続いて濃厚なコクが煙のように広がっていった。うは、とろける。ぼくは笑いを噛み殺す。シンジは魚のように目を丸くして「おおお……」とうなっている。

次にタコのサラダを指した。女将はぼくたちの反応に気をよくしたのか、頬に含み笑いを浮かべながらタコサラダを小皿に取って出してくれた。タコのピンク、ピーマンの緑、トマトの赤、タマネギの白、それらがオリーブオイルにからめられ、日の光を浴びたように光っていた。口に入れると、タコの弾力と野菜のシャキシャキした食感が混じり合い、しぶきを上げて弾け、ルンバを踊り出す。ニンニクの香りがふわっと浮かび、オリーブオイルが水面のきらめきを思わせるような香りとコクで素材たちを包みこむ。

そして真打、生ハムの登場である。女将がスライサーで薄く切ってくれたそれを口に入れると、スモークサーモンと白カビ系のチーズを合わせたような香りが鼻に抜け、シャーベットのようにとろとろと舌の上で溶けていった。そこへ赤ワインを入れる。芳醇《ほうじゅん》と濃厚が混じり合い、体がくっくっくっ、と震え出す。

シンジはそれらタパスをつまみながら何度となく目を大きく見開き、しきりに感心している。そしてその赤ら顔をぼくの正面に向け、妙にかしこまった調子でこんなことを言うのだ。

「ゆうすけ、教えてくれてありがとうな。バルのこと知らずにスペイン出ていたらえらいことやったわ」

さんざん飲んで食べたあと、上機嫌で席を立った。ところが女将に料金を聞いたとたん、え？　と急に酔いが醒めていった。予想よりも高くついていたのだ。どうやらぼくたちは計算ミスをしていたらしい。明日はモロッコに渡る予定なので、ふたりともスペインのお金は余分に持っていなかった。

ポケットを必死にまさぐっていると、女将がカウンターの向こうから笑いながら言った。

「次に来たときでいいよ」

「え？　でもぼくたち、明日からモロッコに渡るから……」

「だから、いいんだよ、次に来たときで」

女将は形のいい厚い唇に笑みを浮かべ、黒い瞳でウインクした。

ぼくもシンジも一瞬惚けたあと、ふたりして深々と頭を下げた。

店を出ると、港の海のにおいがした。

ぼくたちは良質の映画を観たあとのように、ため息をつきながら埠頭《ふとう》を歩いた。ゆるやかな潮風を浴びながら、女将のウインクは色っぽかったな、と考えていた。

第4章［アフリカ編］

ヤギの香り

42 サハラに住む人々の食べもの――西サハラ

じゅうたんの上に大きな〝タジン鍋〟が置かれた。なかを見ると、いい型の鯛と野菜が黄色いスープに浸かっている。ナンナは好々爺《こうこうや》のようなかわいい笑顔で言った。

「マンジェ（食べろ）、マンジェ」

タジンはモロッコの代表的な料理だ。黄色いシチューといえば近いだろうか。肉、魚、野菜を専用の土鍋で煮こんでつくる。モロッコに入ったばかりのころは気に入って毎日のように食べたが、すぐに飽きてしまった。油っこいうえに、どの店も同じ味、同じサフランの香りで、単調だったからだ。

しかしナンナの出してくれたタジンはまったく別物だった。あっさりしていて、魚と野菜の旨味が前面に出ている。

「セボン（うまい）」

ぼくがそう言うと、ナンナの目尻に笑いじわができた。

シンジとは約一ヵ月いっしょに旅をしたあと、ビザの期限の問題からモロッコのマラケシュで別れた。それからひとりで走り出し、サハラ砂漠に入ってなおも南下していると、やがて、道路のそばにテント村のようなものが現れた。白い円錐型《えんすいけい》のテントが砂漠にいくつも張られていて、SF映画にでも出てきそうな雰囲気だ。ここだな、と思った。

「テント村にいるナンナはいいヤツだから訪ねるといいよ」

と以前会った旅人から聞いていたのだ。

その奇妙な村に入っていくと、アラブ特有のゆったりした民族衣装を着た人々がいた。彼らに聞くと、すぐにナンナは見つかった。男性で、四十代なかばぐらいに見えるが、顔に細かいしわがあり、おばあさんのような容貌をしている。

紹介してくれた旅人の名を言うと、ナンナはよく来たと言わんばかりに人好きのする笑みを浮かべ、彼のテントにぼくを招いた。

なかはサーカス小屋を思わせるような広々とした空間になっていた。十人は楽に座れそうだ。地面にはじゅうたんが敷かれている。

彼らサハラウィ（西サハラ人）の一部はこのようなテント暮らしをしている。一見、難民キャンプのようだが、着ているものや家具を見ると、生活に困っているわけじゃなさそうだ。

でもどうやって生計を立てているのだろう。隊商を率いているわけでもなければ、羊を放牧している様子もない。近くに海はあるが、漁をしているふうでもない。

入れ替わり立ち替わり人がやってきた。

「サラマレコム（あなたの上に平和を）」

「アレイコムサラーム（あなたの上にも平和を）」

彼らはナンナに握手しながらぼそぼそ耳打ちするように挨拶する。そのあとぼくにも握手し、フランス語で挨拶する。

「サヴァ（元気かい）？」

「サヴァ（元気だよ）」

みんなであぐらをかいて座り、歓談が始まる。彼らはぼくに話しかけるときだけフランス語に切り替えた。フランスにいるときから、走行の合間合間にフランス語の辞書を開いて必要な単語を覚えていたので、簡単な日常会話ならなんとかできるようになっていた。

まもなくお茶会のようなものが始まったのだが、これが非常にユニークだった。

最も年若に見える青年がホストだ。彼はまずガスコンロに火をつけて、それで炭を焼く。炭がおこると、火箸でつまんで七輪のようなものに移す。その七輪の上にやかんを置いて湯を沸かす。最初からガスコンロで沸かせばいいではないかと思うが、炭で沸かさないと湯が〝硬い〟らしい。砂漠の上とは思えないこだわりようだ。

青年はティーポットに茶葉をつめ、そのあと、白い石のようなものを叩き割って入れる。

砂糖のようだが量がすごい。小型のティーポットに手のひら一杯ぐらいの量が投入される。

沸騰すると、やかんの湯をティーポットに移す。次にそのティーポットを、地上から一メートルぐらいの高さで構え、地面に置いた小型のグラスに向けて茶を落とす。かなり高い位置から注がれるわけだが、茶は一本の細いガラス管のようになって、グラスに正確に吸いこまれていく。グラスのなかで茶はゴブゴブゴブと賑やかな音を立て、細かな泡が浮かぶ。

茶がグラスにたまると、そのグラスを手に取って、なかの茶をティーポットに戻す。それから空になったグラスをまた地面に置き、高い位置から茶を注いで泡を立てる。そして茶がグラスにたまると再びティーポットに戻す。それを何度も繰り返すのだ。

感心するのは青年の動きである。何かの儀式を行っているように流麗で淀みがない。格式ばった様子もあり、日本の茶道を思わせる気配があった。

炭を焼くところから数えると三十分ぐらいたっただろうか。それでも青年は執拗《しつよう》に茶を入れては戻す作業を繰り返している。しかし誰も青年をせかさない。淡々と待っている。砂漠に住む彼らには別の時間が流れているようである。

出されたお茶は水飴を溶かしたようにとろみがついていた。飲むとやはりとんでもなく甘い。だが茶の渋みがそれを中和し、まろやかな味になっている。店で出されるお茶とはやわらかさが明らかに違う。手間も時間もかけているから当然かもしれないが、おそらくそれだけじゃない。客人のために、お茶会のために、心を込めていれられたからじゃないかと思えてくる。あるいは彼らのこのティーセレモニーにも一期一会という言葉があるのだろうか？

ナンナが鯛のタジンを出してきたのは、茶会を終え、太陽が砂漠に沈んでからだった。大きなタジン鍋を六人で囲んで手で食べる。セボン、とぼくが言うと、みんなが微笑んだ。そして食べる手をとめると、すかさずナンナが、

「マンジェ、マンジェ」

と言って、しきりに勧めるのである。

食事が終わってみんながのんびりし始めたとき、さっきから気になっていたことを聞いた。

「ところで、仕事は何をしているんだい？」

ナンナの答えはなかば予想どおりだった。

「何もしていないよ。『漁師をやっている』と言えば、モロッコ政府から支給金が出るんだ。俺たちはサハラウィだからね」

サハラウィたちは七〇年代から独立運動を繰り返している。だが彼らの国「西サハラ」はモロッコに統治されたままだ。世界有数の埋蔵量を誇るリン鉱脈があるため、モロッコ政府は手放せないのである。

「支給金はどれくらい？」

「月々三千ディラハム（約四千円）」

モロッコの物価を考えると、なんとかやっていけそうな額ではある。ナンナが続ける。

「政府は俺たちが蜂起《ほうき》しないように〝飴〟を与えているのさ」

「……それでも独立したい？」

「もちろんだよ」

彼の目が鋭くなった。ナンナの兄は二十年前、モロッコ軍との戦闘で他界していた。

しばらくしてプラスチックの丸い器をみんなでまわし始めた。なかは灰色の液体で満たされ、表面にはもみがらのようなものがゴミ屑のように浮かんでいる。ぼくのところにもまわってきた。おそるおそる飲んでみると、きな粉のような香ばしさと甘みが広がった。サハラウィたちの飲み物で、「グビア」というらしい。とうもろこしが主原料だそうだ。絶品というわけではないが、やさしい味である。それに、みんなと同じものをまわし飲みしていると、彼らとの距離がしだいに縮んでいくように感じられた。

ひとりがトランプを出してきた。彼はそれを全員に配りながら、ぼくにルールを説明した。どうやらババ抜きのようだ。

ナンナがラジカセにテープを入れた。ボブ・ディランのかすれた声が流れ始める。学生時代によく聴いたアルバムだ。ふいに、当時ぼくが住んでいた安アパートの一室が脳裏によみがえってきた。続いて友人たちの顔が次々に浮かんだ。その過去の記憶にしばらく意識がとらわれたあと、トランプに興じるサハラウィたちの姿が再び目の前によみがえってきた。そして、そのなかに入ってトランプをしている自分を思い、何やらおかしくなってきた。ずいぶん遠くまで来たもんだな、とあきれたように思った。その一方で、あの安アパートの日々が、つい先日のことのように、もっといえば、ほんの昨日のことのようにも思われ、なんだか茫然となった。

かすれたボブ・ディランの声とギターとハーモニカの音が、砂漠に朗々と浮かんでいた。『風に吹かれて』がかかると、みんなで口ずさんだ。

どれだけ戦ったらわかるんだ、友よ、答えは風に舞っている——。そのフレーズが、学生時代に聴いていたときとはまた違った、生々しい手触りで胸に迫ってくるのだった。

43 サハラ砂漠のピザ——モーリタニア

モロッコでパンといえばバゲット、いわゆるフランスパンだ。かつてフランスの保護領だった影響だろう。ただフランスのものより細くてやわらかくて、素材の甘みが強い。正直、モロッコのパンのほうがぼくの好みだった。

とくに焼きたてはすごい。半分に折るとパキッと音が鳴る。なかから湯気が立つ。断面にマーガリンを塗り、溶けていくところに蜂蜜を垂らす。かぶりつくと表面がパリパリと砕ける。なかはふわっとしてホットケーキのような味がする。顔から力が奪われていく。

このパンを、モロッコ最後の町ダクラで十本買った。サハラ砂漠の横断に備える必要があったからだ。横断には予備日を含めて五日は見ておかなければならない。

しかしこれはまったく意味がなかった。パンは三日ぐらいで石鹸《せっけん》のように固くなり、とても食える代物ではなくなったのだ。ヨーロッパのパンと比べるとえらく賞味期限が短い。

ぼくはそのパンを適当に切ってお手玉代わりにし、ジャグリングの練習をした。

ある日、スイス人がそれを見て、「うまくなったなあ」と言う。

「だって練習する時間が多いからな」と皮肉を込めて返すと、彼は「たしかにそうだ」と言って、クスリで終始イっているような顔を不気味にゆがめてヒッヒッヒッと笑った。

スイス人とドイツ人からなる五人グループと、サハラ砂漠越えに挑んでいた。

モロッコと隣国モーリタニアとの国境周辺には地雷がどっさり埋まっている。そこを越えるためにはモロッコ軍の警護下に入り、車の隊列に参加しなければならない。バックパッカーや自転車旅行者は車をヒッチハイクするほかないのだ。

サハラ縦断を目指すのは旅行者だけじゃない。中古車をアフリカに売りに行く輩もいる。スイス人たちもその手合いだった。

彼らとはダクラのキャンプ場で知り合った。車にのせてほしいとお願いすると、あっさりOKしてくれた。彼らとしてもスタックしたときの人手が欲しいのだ。

地雷地帯を抜け、モロッコ軍の先導が終わると、あとは各車がそれぞれの目的地に向かってひたすら砂漠の上を行く。視界に入ってくるのは砂と空だけだ。激走する車にのっていても、ともすると車窓の景色は静止しているように見える。

砂に埋まってスタックすることは数えきれなかった。なにせ彼らの車四台のうち、四駆は一台だけなのだ。それでサハラに突っこむのだから、豪胆といおうかバカといおうか……。

一台がスタックすると、みんなでそこに集まり、炎天下、タイヤのまわりの砂を必死でかき出す。脱出できたかと思うとまた別の一台が数十メートル先でスタックする。誰も彼もが終日「シャイセ（くそっ）!」を連発しているのである。

彼らの車はかなりオンボロの中古なので、エンジントラブルも頻繁に起こった。修理しているあいだ、ぼくはすることがないので、「パンお手玉」でジャグリングを練習する。練習時間が多いから、どんどんうまくなっていく。

彼らは見るからにアウトローで、砂漠の海を渡る海賊たちといった雰囲気があった。夜になれば極太のハシシを巻いてふかし、下衆《げす》な話で盛り上がる。最初はぶっきらぼうな連中だと思ったが、いったん彼らのなかに入ってしまうと、みんな愛嬌のある顔を見せた。

夜になるとかなり冷えこむので毎晩焚き火をした。砂漠にもところどころ木は生えている。走行中に薪を拾っておくのだ。

その日、ぼくはいい気分で酔っ払い、焚き火にどんどん木をくべていた。しばらくして、髭も髪ものび放題の、いかにもヒッピーなドイツ人が口を開いた。

「ユースケ、サハラに住む人々はほんの小さな火で料理をするんだ。彼らがどこかでこの大きな火を見ていたら気を悪くするよ」

あっ、と思い、慌てて火から木を取り出した。そして自分の軽率さを恥じると同時に、無軌道な荒くれ者たちの意外な一面を見た思いがした。

小用に立ったところで、ひとりだけ穏やかな顔をしている料理人がキャンピングカーのキッチンで作業しているのが目に入った。見るとパン生地のようなものを練っている。

「何してるの？」

「ピザをつくっているのさ」

「えっ？」

くすぐられるような刺激が体を這い上がってきた。サハラ砂漠の真んなかでピザだって⁉

小用を終えて戻ると、料理人の向かいに座り、作業を見せてもらった。口数の少ない彼は手順をぽつりぽつりと説明しながら、ビール瓶を転がして生地をのばしていく。手製のピザソースを塗り、ベーコン、タマネギ、ピーマン、チーズをちりばめ、キャンピングカーのオーブンに入れる。

チーズの焼けるにおいがしてきた。なんだか調子が狂ってしまう。見渡すかぎり動くものもにおいもない、まったく無機質な砂の世界である。そんなところに、いかにも都会的なピザのにおいがくっきりと浮かび、まるで真空にひらひら舞う蝶《ちょう》のように漂っているのだ。

ピザが焼き上がると料理人はそれを六等分し、みんなに配った。ソースのきわやかな香りが顔を包む。頰張った瞬間、目を見開いた。

「町のピザ屋よりずっとうまいじゃないか！」

ぼくの大仰な反応を見て、男たちが笑う。海賊たちの顔が焚き火に浮かび上がり、その向こうには月に照らされた砂漠が月面のように広がっていた。

料理人が二枚目をオーブンに入れた。青白い真空を、再び蝶がひらひらと舞い始める。

44 乳と茶——モーリタニア

ちょっとでも油断するとワッとハエが押し寄せ、ティーグラスのふちが一瞬で真っ黒になる。それを手で払いよけながら、甘いお茶をズルズルとすする。ハエは唇にもまといつき、ビビビと羽を鳴らしながら口のなかにまで侵入してくる。ペッペッと吐き出しながら、再び茶をすする。まったく不思議でしかたがない。どうして砂漠のような人の少ない地域になるほどハエが増えるんだろう？　人のたくさんいる場所のほうがよっぽど彼らの求めるものがあるだろうに。

ぼくの目の前には赤ん坊がいる。目、鼻、口に群がるハエを気にするそぶりもなく、じいっとこっちを見ている。生まれてからずっとこの環境にいれば、ハエが気にならなくなるのだろうか？　ぼくが手を振りまわしたり、口に入ってくるハエを吐き出したり忙しくしている様子を、部屋にいるみんなはおかしそうに眺めている。

サハラを越えてモーリタニアの首都、ヌアクショットに着いたあと、スイス人らと別れ、自転車をこぎ出した。ところが、おりから起こり始めた砂嵐が視界をさえぎり、向かい風で息をするのも難儀なほどなのだ。現地の人たちと同じように顔にターバンを巻いて走ったが気休めでしかなかった。そんなとき、灰白色ににじんだ世界の向こうから小さな村が現れた。

一軒だけ店があった。ドアを開けると、大人や子どもが十人ぐらいいる。みんながいっせいにこっちを見た。女性は頭をスカーフで覆い、男性はアラブの民族衣装を着ている。肌の色は全体的に濃く、モロッコ人に近い人もいれば、黒人と変わらない人もいる。サハラとブラックアフリカの境界だな、と感じる。みんな土間に座ってお茶を飲んでいた。

コーラはありますかとたずねると、家長ふうのオヤジが首を横に振った。

「すまないね、でもまあ、座って茶でも飲んでいきなよ」

ひとりの若い女性がぼくに茶をいれてくれた。小さなティーグラスに入ったそれをなめると、ぼそぼそした口の渇きが一瞬で引いていった。北アフリカ特有のとろみがかった甘いお茶だ。モロッコで初めて飲んだときは、あまりの甘さに仰天したが、サハラでナンナたちの茶会に迎えられてからというもの、まったく違う味わいになっていた。

グラスや口元に絶えまなくたかってくるハエを払いよけながら、何杯もお代わりした。大柄な若い女性がやさしく笑いながら、ぼくのグラスにお茶を注いでくれる。

そのうち彼女は自分の指にはめている黒い石の指輪をはずし、プレゼントよ、と言って渡してきた。ぼくは慌てて「ノン！　ノン！」と断った。どうして？　と聞くので、

「こんなにたくさんお茶をいただいたんだ、それだけでぼくは幸せだ」

と答えた。するとみんなドッと笑った。このあたりでは茶で人をもてなすのは挨拶みたいなものだ。〝幸せ〟というのはあまりにも大げさだったのだろう。

別の女性がむずかり出した赤ん坊を抱えた。そして目の前でためらいもなく胸を出し、母乳を与え出した。それにはこっちがどきまぎした。赤ん坊は何かにとりつかれたように一心に乳を飲んでいる。

しばらくして、赤ん坊は突然口を離した。と同時に、水っぽい乳がこぼれ、白い筋が褐色の乳房につつと引かれた。そのくっきりとしたコントラストに、生命そのものを間近で見たような気がしてハッと息を呑んだ。体の奥から熱気のようなものが猛烈に膨れ上がってきた。アフリカだ、アフリカにいるのだ。

ティーグラスに目を移した。ハエが相変わらずグラスのふちをせわしなく動きまわっている。それを手で静かに払いながら、何か神聖な空気にでも触れたような厳粛な気持ちになって茶を飲み続けた。背中がしびれたようにチリチリと熱くなっていた。

45　リソース――セネガル

高層ビルの並ぶダカールの大通りを歩いていると、歩道に露店の食堂が出ていた。おじさんたちが何かをかきこんでいる。のぞいてみると料理はいたってシンプル、いわゆる〝ぶっかけメシ〟だ。

店のおばさんの前には小型のタライぐらいの容器があり、魚、キャベツ、豆などをごちゃ混ぜにして煮こんだものが入っていた。言葉は悪いが、パッと見は生ゴミのようである。

ひとりのおばさんに値段を聞いた。彼女は何がおかしいのか、クスクスと笑いながら三百セーファーフランだと答えた。約六十五円だ。

そのおばさんの前に座り、一人前をお願いする。彼女は皿にごはんを盛り、魚やキャベツを指でちぎってのせ、容器のなかの茶色い汁をお玉ですくってかけた。

見た目は粗いが、食べるとこれが絶妙だった。魚と野菜の旨味の染み出した汁が、ごはんひと粒ひと粒にほどよくからんでいる。スプーンを動かす速度がどんどん速くなっていく。

「おい、うめえな、これ」

隣に座っているシンジが言う。ぼくはメシを口いっぱいに頬張ったまま、うんうんとうなずく。ビザの都合でひと足先にモロッコを出ていたシンジが、ここセネガルでぼくを待ってくれていたのだ。

おばさんに料理の名前を聞くと、「リソース」だという。「リ」はフランス語のライス、「ソース」はそのまま日本語の〝ソース〟と同じ意味か。

「セボン（うまい）、セボン」

と言ったらおばさんだけでなく、まわりで食べているおじさんたちも白い歯を見せた。

そのあと、手紙を受け取るために日本大使館に行った。そこで領事と話す機会があった。やせぎすで顔の青白い人だ。彼は衛生問題について触れ、笑わない目でこんなことを言った。

「ここに来る途中で露店の食堂が並んでいるところがあったでしょ。ああいうところでは絶対に食べないでくださいね」

うむむ。さっきの露店などはむしろ清潔なほうだと思ったのだが……。

むろん、ぼくたちはその後も屋台や露店でリソースを食べ続けた。田舎に行けばそういう店しかないのだから、ほかにやりようがない。

屋台ではリソース以外にスパゲティもよく見かけた。世界で最も広く食べられている麺なんじゃないだろうか。これが西アフリカの市場では、ほかの地域では見られない売られ方をしていた。ばら売りである。スパゲティを袋から出し、十本程度を輪ゴムで束ねて売っているのだ。最初それを見たときは、ひと袋買うのも苦慮する彼らの台所事情に、胸がふさがるような思いがし、そしていつか見たゴミ箱のなかのスパゲティを、もやもやしながら脳裏に描いた。

屋台で調理されたスパゲティにも並々ならぬ哀愁が漂っていた。麺をめいっぱいゆでてブヨブヨに膨らませているのだ。味付けはブイヨンでのばしたケチャップである。そのソースを混ぜるさい、麺がぷつぷつとちぎれるのだろう。スパゲティはスプーンでも食べられるぐらい短くなっている。当然美味からはほど遠い味だが、日陰にいてもぐったりするほどの暑さのなかでは、このブヨブヨスパゲティは思いのほかするすると喉を通った。

ただ、やはり西アフリカの主食は米である。

ダカールでリソースを食べたときは「アフリカの食も楽しめそうだ」とほくそえんだものだが、あれは最も洗練された都会のリソースだったらしい。田舎に行くと、とにかく米が臭くなった。においを消すために〝ソース〟をかけるのかと思うほどだ。自炊しようと市場で米を買えばそのなかには黒い粒が点々と入っている。指で強くつまんでみると粉々に砕け、鼻に近づけるとヘドロのにおいがする。富栄養化の進んだ泥のようだ。それをそのままで炊くと、米全体が臭くなってとても食えたものじゃなかった。だから炊く前に泥をひと粒ずつつまみ出す。なんとも気の遠くなる作業だ（そしてぜんぶつまみ出しても炊いたごはんには泥臭さが残っているのである）。

一方、リソースの〝ソース〟にはいろんなタイプがあった。ビーフシチューのようなもの、ピーナッツペーストを溶かしたもの、モロヘイヤやオクラが入ったドロドロネバネバタイプなどなど。ただ内陸部に行けば行くほど、土地がやせ、野菜の種類が少なくなっていく。それに合わせてリソースの内容もどんどん貧しくなっていく。

ある日、村の屋台に入ると、リソースが洗面器に入って出てきた。具はヤギ肉の小片二、三きれと、ドロドロに溶けたタマネギのかけらがちょろちょろ、あとは水のようにサラサラの赤みがかった汁だけである。そのヤギ肉を口に入れると、おしっこのようなニオイがぷんと香った。おまけにゴムのように硬くて、なかなか嚙みきれない。サラサラの汁は素材の旨味などは皆無で、化学調味料のベタベタした味しかしなかった。インスタントのブイヨンが大量に入っているからだ。

この固形ブイヨンの普及率がアフリカはすさまじい。どんな僻地のどんな小さな露店でも、これだけは必ずある。バリエーションも豊富で、チキン味やビーフ味はもちろん、魚味、エビ味といったものまであり、リソースの味つけは全面的にこれに頼っている感じだ。

お金も手間もかけずにそれなりの味にするためには、インスタントブイヨンほど便利なものはない。貧しい地域で広がるのはむしろ当然だろう。しかしそれにしても、日本の某社が開発したいわゆる「うまみ調味料」がこうまで世界の隅々に浸透していることには驚きを禁じえなかった。ただスパゲティとは違い、こちらの蔓延《まんえん》ぶりにはなんだか薄気味悪さを覚えるのだが……。

ともあれ、このとき、ヤギ肉リソースを口に運びながら、その料理をふっと冷静に見つめ、日本でこれと同じものを出されたらふた口で食べるのをやめてしまうだろうな、と思った。だがぼくはいま、すごい勢いでメシをかきこんでいる。陽炎《かげろう》が立つほどの灼熱のなか、赤土の地面に置かれたイスに座り、村人たちに交じって食らい、彼らと目が合うと互いに微笑み、会話し、そうしてスプーンを動かしていると、いつしかごはんが喉を通っていく感触に恍惚《こうこつ》とした思いを抱くようになっている。アフリカの空気が体のなかにもくもくと広がっていく。大地に身をゆだね、呑みこまれ、溶けていく快感……。

顔の青白い領事のことを思い浮かべた。この味を知らずにアフリカの任期を終えて日本に帰るのだとしたら、なんともったいないことだな、と思った。

46 ヤギと水——ギニア

「あ、あかんわ、シンちゃん、頼む、ミルクティーつくってくれ！」

ぼくはテントのなかで横になったまま、必死で声を絞り出した。

「おいおい、どうしたんや？」

シンジが少し慌てた様子でがさがさとバッグからコンロを取り出している。

夕暮れどき、森にテントを張っていると、いきなり目まいが始まり、地面が海面のようにぐわんぐわんと揺れ出した。これはいかん、と張り終えたばかりのテントに飛びこむと、とたんに巨大な圧力を感じて体が地面に押しつけられ、手と歯茎がしびれ出し、呼吸が苦しくなった。このとき頭に浮かんだのが、なぜかミルクティーだった。

「いったいどないしたんや」

シンジは湯を沸かしながら聞いてくる。ぼくは「わからん」と答えるのが精いっぱいだ。

湯が沸くと、シンジはティーバッグを投入し、粉ミルクと砂糖を入れてかき混ぜ、鍋ごとぼくの前に置いた。それをマグカップに入れながら四杯たて続けに飲むと、ようやく息切れと目まいが治まってきた。

「しかしなんでまたミルクティーやねん」

さっきまでの心配そうな顔は消え、シンジがニヤニヤ笑いながら言う。その表情を見て、ぼくも力なく笑う。

異常な状態はなんとか脱したものの、その日はろくに立ち上がることもできず、ずっと横になっていた。晩飯も食べられなかった。

原因はなんだろう？　脱水症状か、あるいは暑さで頭がやられてしまったのか？

そういえば今日はすっぱい味のするお茶を飲んだっけ。昨晩ペットボトルに詰めた井戸水にティーバッグを入れてつくっておいたものだが、今朝になるとすでに異臭がしていたのだ。しかし腐ったお茶ぐらいでこんなふうになるだろうか？

テントの入り口越しに細い月が見えた。ナイフをスッと走らせたような、白く透き通る三日月を見ながら、「アフリカにやられたんだ……」と思った。

ブラックアフリカに来て一ヵ月以上が過ぎていた。最初のころは人々のギラギラした瞳や、笑顔で集まってくる子どもたち、むんとする大気の熱、市場にたちこめる肉のすえたにおい、そんないろんなものにテンションが上がりっぱなしだったのだが、興奮が静まってくると、今度は逆にそれらの放つエネルギーに押しつぶされそうになってきた。そしてそれらをいったんキツいと思い始めると、人懐っこい子どもたちの笑顔にもぐったりした気分を抱くようになった。

翌日、なんとか体は動くようになったが、自転車をこぐのは骨が折れた。体調のせいだけじゃない。気分がまったく上がってこないのだ。赤茶けた大地や乾いた木々がだらだらと流れていく。何を見てもため息しか出ない。

何よりも暑さに閉口した。十一時を過ぎると太陽の光が肌をじりじりと焼き、とても走っていられなくなる。地元の人たちでさえ、その時間になるとみんな木陰で死んだように横になっているのだ。ぼくたちも木陰に逃げこみ、赤土の地面に横になった。

しばらくすると子どもたちがわらわらとぼくたちのまわりにやってきた。彼らだけはこの暑さも苦にならないようだ。好奇心を顔いっぱいに浮かべ、口々にいろんなことを聞いてくる。こちらは耐えがたいほど体が重く、心にわずかな余裕もない。寝たふりをして子どもたちを無視する。そのうち彼らは静かになる。薄目を開けると、彼らの寂しそうな顔が見える。子どもたちにひどいことをしたような気分になり、ますます気が滅入ってくる。子どもはひとりふたりと離れていく。

「コロコロコロ……」

遠くから奇妙な声が聞こえた。目を開けると、頭のはげたおじさんがひょうたんの水桶を手に持ち、ヤギに水をやろうとしていた。黒目がちの善良そうな目に微笑をたたえ、コロコロコロ、とヤギを呼んでいるのである。ぼくは横になったまま、ポカンと彼を見つめた。あんたは、なぜこの炎天下でそんな笑顔になれるんだ？　――ぼくは知らずしらずのうちに心のなかで彼に話しかけていた。

ヤギなんて村のどこにでもいるではないか。誰も構いやしない。水なんてそのあたりのドブ川で飲んでいるじゃないか……。

ヤギのほうも警戒しているようで、なかなかおじさんに近づいていこうとしなかった。それでも彼はこぼれんばかりの笑みを浮かべ、水桶を手にヤギを呼び続けるのだ。

「コロコロコロコロコロコロコロ……」

暑さにいらだち、子どもを無視する自分と比べてなんという差だろうと思った。そう。この大きなやさしさもまた、アフリカなのだ。ぼくは目をつぶり、仰向けになった。彼の笑顔が胸に広がり、体がほぐされていくような気持ちになった。

ぼくも人にやさしくできる、そんな気がした。シンジが言う。

「そろそろ行こうか」

「よし、行こう！」

立ち上がり、新たな気持ちで自転車にまたがった。

うしろからヤギの鳴き声が聞こえた。振り返ると、おじさんは捕まえたヤギを宙吊りにし、その足をロープでくくっていた。

47 国境のドーナツ——ギニア

アフリカではドーナツが人気で、市場に行けばかなりの割合でそれの露店や屋台がある。リング状のいわゆるドーナツ型ではなく、ほとんどが沖縄のサーターアンダギーのように球形で、ずっしりと重い。味はというと、洗練を感じる口溶けのいいものから、食べたそばから胸焼けするものまで各種ある。

ギニアからマリへと抜ける国境にもその露店が出ていた。おばさんが中華鍋のようなもので揚げている。油の泡立つカラカラカラカラという調子っぱずれな音が、昼下がりののんきな空気に響いていた。

このときはそれほど腹も減っていなかったので、ドーナツ屋の前を通り過ぎ、ぼくとシンジは目の前の国境へと向かった。

林に囲まれた、おそろしくのどかな国境だった。〝ゲート〟と呼べるような代物はなく、くたびれたロープが通せんぼをするように道の上にだらりと渡されているだけだ。

イミグレーションオフィスはそのすぐ横にあった。小さなプレハブ小屋だ。出国ハンコをもらって手続きを終えると、外に出て自転車を押す。道に渡されたロープがゆるみ、地面にぽとりと落ちる。自転車を押してロープを踏み越え、マリに入る。なんというゆるさだろう。まるで子どものつくった基地にでも入っていくような気分である。

マリ側のイミグレーションオフィスは、そのロープから二〇メートルほど離れたところにあった。同じようなプレハブ小屋だ。なかに三人の係官がいる。

パスポートを渡すと、彼らはそれを取り上げたまま、なかなか返そうとしなかった。口には出さないが、どうやらワイロを要求しているらしい。アフリカではよくあることだ。

「あのサソリすごいですね」とぼくは切り出した。小屋の入り口に、大きな黒いサソリの死骸が紐でぶら下げられていたのだ。「あんなでかいサソリはあちこちにいるんですか?」

彼らの顔がやわらいできた。ひとりが得意げに言った。

「ああ、そこらじゅうにいるぞ」

「へえ、すごい！　日本にはあんなのいませんよ」

しばらくそんな話をしたあと、ぼくたちは一銭も払わずにパスポートを取り戻した。

小屋から出ると、急に空腹を覚えた。行く手を見ると、ひっそりした枯れ色の林が続いている。店も食堂もしばらくはなさそうだ。うしろを振り返ると、国境のロープを越えた向こう、つまりいましがたまでいたギニア側にはさっきのドーナツ屋が見える。

「ちょっとドーナツ買ってくるわ」

ぼくはシンジに言って、自転車にまたがり、ロープのところまで戻った。ロープはぼくたちがさっき踏み越えたあと、再び引き上げられ、腰ぐらいの高さで道に渡されている。そのロープを手で上げ、下をくぐった、そのときである。

「ピピーッ！」

ギニア側の事務所からけたたましい笛の音が鳴った。えっ⁉　と横を見ると、制服を着たおっさんが「お前何やってんだあっ！」と怒鳴りながら走ってやってくるではないか。わわわ⁉　何をアホなことをやっとるんだ俺は⁉　あまりにものどかだったので国境の意味を忘れていた！

「お前、どういうつもりだ！」

「あ、いや、あの、は、腹が減って、ドーナツを買いたかったんです」

顔から血の気が引いていくのを感じながら前方のドーナツ屋を指した。おっさんは口をへの字に結んでぼくをにらみつけている。まずい。あきらかにこっちに非があるのだ。ワイロは避けられそうにない。下手をすると……ま、まさか逮捕!?

ぼくはおなかに手をあて、腹が減って倒れそうだといわんばかりに悲愴《ひそう》な表情を浮かべた。そしてもう一度前方のドーナツ屋を指し、訴えるような目でおっさんを見た。おっさんは眼光鋭くぼくをねめつけたあと、豪然と言った。

「行ってこい」

鳥の声が響く、国境の昼下がりであった。

48　バス発着所の食堂で——マリ

乾いた林を抜けると、小さな町が現れた。遠くに人だかりが見える。バスの発着所のようだ。露店の食堂がいくつも並んでいる。煙や湯気がもうもうと上がり、大量の人がうごめいている。

そこに自転車でのり入れると、ぼくたちのまわりにものすごい人垣ができた。映画スターにでもなった気分だ。おもしろそうなやつが来たぞ、とうれしそうにこっちを見る者、ポカンと口を開けて眺める者、怪しく瞳を光らせる者、みんなさまざまな反応を見せている。

それにしてもこのエネルギーはなんだろう？　自転車を押して人ごみのなかを歩きながら思った。中南米の喧騒とも違う。空気がもっとねっとりして濃密で、重い。人々の吐く息、腋の下から出る汗のにおい、野太い笑い声、叫び声、それらが蒸し器から沸きたつ蒸気のようにたちこめているのだ。

ブラックアフリカに来てすでに二ヵ月を過ぎていたが、いまだにこの空気に押しひしがれそうになる。巨大な喧騒に呑みこまれ、自分の存在がひどく脆弱《ぜいじゃく》に感じられる。

一軒の露店の長イスに腰を下ろした。目の前に大きな鍋が五つ並び、湯気が上がっている。ぼくはひとつの鍋を指して身振り手振りで注文する。

おばさんは水を張ったバケツから皿を取り出し、それを二、三度振って水を切る。バケツの水は灰色ににごっている。その水がまだしたたっている皿にごはんがドサッと盛られる。その上に骨付きの鶏肉がのせられ、黄色い汁がかけられる。

カレーのように見えたが、食べてみるとまったく別物だった。辛味はなく、クリーミーな味わいがある。ココナッツミルクのせいだろう。鶏の首や足が入っているのには驚いた。食べるところが少ないうえに、ちょっとグロテスクだ。

まわりでは子どもたちがぼくとシンジの食べる姿を見ている。みんな手足が細い。だが目だけは異様にギラギラ光り、いまにも弾けんばかりの爆発力を内包しているように見える。

アフリカといえば、がりがりにやせた子どものイメージがあったが、深刻な栄養失調にかかっているような子どもは、これまでも見たことがなかった。もちろん、内戦や旱魃《かんばつ》などで飢餓状態に陥っている地域はあるだろうが、それはアフリカの一部だ。それ以外の、大半の地域では、貧しいながらもなんとか食べていけている。そんな印象を受ける。

この日、ぼくは体調を崩していてあまり食欲がなかった。ごはんを半分ほど残し、金を払って立ち上がった。そのときである。数人の子どもがサッと動き、いっせいに両わきに飛びこんできたのだ。ぼくは瞬時に身構えた。財布をひったくる気か！

だが彼らの腕はぼくの両わきを抜け、テーブルの上の、たったいまぼくが食べ残したごはんに向かった。そして手に手に残飯をつかんだあと、野犬のようにパッと四方に散らばり、それに食らいついたのである。

何か恐ろしいものを見ているようだった。彼らはごはんにだけじゃなく、肉の食いつくされた骨にまでむしゃぶりついているのだ。彼らは飢餓でやせさらばえているわけじゃない。だが、〝子どもの食欲〟は少しも満たされていなかったのだ。

その飢え方にショックを受けながら、しかしぼくのなかに同情や憐れみはわいてこなかった。このとき胸に迫ってきたのは、人間わざとは思えない彼らの敏捷《びんしょう》さや、食うことにたいする強烈な執着への、畏怖《いふ》の念だった。獣のように骨にむしゃぶりついている子どもたちの姿には、生命がむきだしになっているような凄みがあった。食うことは、生きることなのだ。切実に、そう思った。

　バス発着所に入ったときに感じた熱っぽい空気を思い返した。あの強大なエネルギーの正体が見えたような気がして、ぞくっとした。ぼくはしばらくその場から動けず、メシを食らう子どもたちや、海流のようにうごめく人々の群れを茫然と眺めていた。

49 フーフーと揚げチーズ——ガーナ

　ガーナに入って最初に食べたのが「フーフー」だった。パッと見は小型の鏡餅だが、よく見るとうっすらと透明がかっていて、食感もぷにゅぷにゅしている。どちらかといえばわらび餅に近い。タピオカの原料のキャッサバでつくられたものらしい。

　これを手でちぎり、野菜や肉を煮こんだソースにつけながら食べる。油のたっぷり浮いたソースである。おそろしく熱い。指先が悲鳴を上げる。指にふぅふぅと息を吹きかけながら食べる。アチッ、ふぅふぅ、アチチチチ、ふぅふぅ……こ、これが「フーフー」の由来か？

ちなみにこのあと訪れた東アフリカでは、たいていの食堂に辛いチリパウダーが備えつけられていた。それの名前は「ピリピリ」だ。

もともと餅の食感が好きなので、フーフーは口に合った。だがガーナを代表する料理のはずなのに、最初に食べたきり見かけなくなった。ぼくが食べにいく最下層の屋台や露店では出されないのか、あるいは単にぼくが見過ごしていただけか。よくはわからないが、結局はもとのリソース生活に戻った。そしてこのガーナのリソースが壮絶だったのだ。

たまたま劣悪な店ばかり選んだだけかもしれないが、ひと口食べるとたいていそこでスプーンを置きたくなった。とにかく臭い。油粘土のようなにおいだ。古い油が使われているのだろう。そのにおいをごまかすためか、激辛スパイスが大量に入っている。悪臭にウップと吐き気を催したあと、口内が烈火のごとく燃え上がる。その連続攻撃である。数日後にはすっかり食欲がなくなってしまった。

首都のアクラに着いてからは、毎日中華料理屋に行った。定食が約三百五十円と、露店のリソースの十倍ぐらいするが、もはや値段の問題ではなかった。

そんなある日、ひとりで市場をぶらついていると、中学生ぐらいの女の子が豆腐のようなものを揚げているのが目に入った。聞けばチーズだという。油揚げのように気泡がたくさんついている。彼女はひと切れつまんでぼくに差し出してきた。遠慮なくいただくと、湯葉のようなしこしこした歯ごたえがあった。嚙んだそばからミルクのコクが広がっていく。

人差し指を立て、一人前を注文した。彼女はお玉でチーズをすくい、新聞の切れ端にくるんで渡してきた。そこでぼくは目をむき、「えええっ!?」と大声を上げた。なんと、日本の新聞である。

「こ、これどこで手に入れたの!?」

彼女は不可解な顔をしながら、マーケットだよ、と答えた。ぼくは目を丸くしたままあためてその新聞の切れ端を見た。タブロイド紙の三面記事のようで日付は見当たらない。ただ紙の雰囲気からすると相当古そうだ。いったいどんなルートを経由してこのガーナの屋台までたどりついたんだろう? そして、それがぼくの手に渡る確率っていったい……。

揚げチーズをくるんだ日本の古新聞は油にまみれて、てらてらと光っていた。見ているうちに笑いが泡のようにぷつぷつとわき上がってきて、頬がこそばゆくなった。このときぼくは、空から下界を見下ろしているような、すこぶる爽快な気分に包まれていたのだ。世界が小さな箱庭のようになって、眼下に広がっていたのである。

50 ザンジバル島のウニ丼——タンザニア

アフリカ中央部の政情不安が無視できないレベルになっていたため、西のガーナから東のウガンダまで飛ぶことにした。無理をすれば行けないこともないのかもしれないが、高いリスクを犯さなければならない理由もなかった。

まずはチケットの安かったジンバブエに飛び、そこから電車とバスを乗り継いでウガンダに向かう。ウガンダにこだわったのは、そこから南下すると自転車で赤道をまたげるからだ。

途中、タンザニアのダルエスサラームで電車をおり、そこでシンジと別れることになった。最初は二、三日のつもりだった彼とのペアランはトータルで半年にもなっていた。

別れの前夜、ぼくたちは朝まで飲んだ。旅の思い出話やこれからの人生を語り、バカな話で身をよじらせて笑った。そして翌朝、互いに二日酔いの状態で港に行き、ぼくはザンジバル島行きの船にのった。防波堤に立っているシンジの姿がだんだん小さくなって、豆粒になり、点になった。彼は見えなくなるまで手を振ってくれた。昨夜シンジが赤らんだ顔で言った言葉が何度も頭のなかによみがえってきた。

「ゆうすけ……俺ら家族やで」

体がぐったりするほどの寂しさは、しかしビーチに着いた瞬間に雲散霧消し、「島に約三日滞在」という当初の予定をぼくはあっさりと放り投げた。白いビーチもミルキーブルーの海もまったく信じられないほどの輝きを見せており、ここは俗世から切り離されたパラダイスなのだと疑いもなく思った。子どもたちもまぶしい笑顔をぼくに向け、「ジャンボ（こんにちは）！　ジャンボ！」とどういうわけかピョンピョン飛び跳ねながら挨拶するのだ。

ある日、子どもたちと貝をとった。膝まで海に浸かり、水面下の白砂を凝視する。水のなかがくっきりと見えている。

「あった！」

隣で子どもが声を上げ、奇妙な貝を掘り出した。細長い三角形の貝で、ちょっとマテ貝に似ている。ぼくはもう一度目を凝らす。しかし砂以外は何も見えない。

「ほら、ここ」

子どもが海のなかを指す。よく見ると、白い砂地に黒い裂け目のようなものが走っている。子どもはそのまわりの砂を指で掘り、三角形の黒い貝を取り上げる。

要領はわかったが、それでもなかなか見つからない。その横で子どもたちは次々に貝を掘り出していく。彼らの目はいったいどうなっているんだろう？

潮が満ちてきたので、ぼくたちは海から上がった。その貝を宿のコックに渡すと、彼はそれをゆでてマヨネーズにあえ、サラダにしてくれた。コリコリして、やはりマテ貝に似た甘みがあった。

別の日、今度は別の場所でウニをとった。針の短いバフンウニのようなウニで、こちらは貝よりもはるかに見つけやすかった。というより、踏んづけそうなぐらい海底にごろごろと転がっているのだ。まるで営業後のバッティングセンターで球拾いでもしているような具合である。大人の腕ぐらいの巨大な黒いナマコもうじゃうじゃいた。

スーパーのカゴはすぐにウニでいっぱいになった。それをウニ丼にして食べると、海の甘い香りが口内に広がり、思わず目をつぶった。従業員たちがこっちをじっと見ている。それに気付いたぼくがウニを勧めると、全員が首をブンブンと横に振った。

「うまいから食ってみなよ」

何度そう言っても、彼らは気持ち悪そうな表情を浮かべ、かたくなに拒否するのである。彼らアフリカ人は〝食〟に非常に保守的だ。生食に抵抗があるのだろう。

と思っていたら、ウニオムレツをつくって勧めても、彼らは断固として食べなかった。聞けばウニそのものを食べる習慣がないらしい。なるほどな、と笑ってしまった。ウニが海底にごろごろ転がっているはずである。

あるいはこれから味の探求が進み、彼らもウニに食指を動かされる日が来るかもしれない。ただ、あの黒いナマコが食卓に上がるまでには、まだまだ時間がかかるだろうなあ。

51

シマウマの味——ケニア

シマウマ、キリン、インパラなど野生動物の肉を食べさせる店が、ケニアの首都ナイロビにある。名前がふるっている。「カーニボア」——肉食獣だ。店に来る客たちのことである。

ある晩、宿で知り合った旅行者たちと食べに出かけた。

外観はまるでテーマパークだ。〝これから野生の王国に入っていきますよ〟というメッセージを前面に出したデザインで、気分を盛り上げてくれる。

店内も熱帯植物が植えられていて、まさしくジャングルの雰囲気だった。その中央に巨大なグリルが設けられ、肉が焼かれている。太鼓の音が鳴り響くBGMに、サファリハットをかぶったウェイターたち。アフリカというより、東京かラスベガスにいるような気分になってくる。客もほとんどが白人だ。

コースを頼むと、まずはシマウマが出てきた。牛に似た味で、予想外にやわらかい。味付けは基本的に塩コショウだが、ニンニクやいろんなスパイスを控えめにきかせ、肉の臭みをとっている。野生動物とは思えないほど上品な味わいだ。

次にキリンの肉が出てきた。白っぽい色で、一見したところ鶏のササミに似ている。食べてみると少々硬くてパサついている。そしてやはりキリンだけあって、みごとに大味なのだ。ライオンがキリンを食べているシーンはテレビや写真などでもあまり見ないように思うのだが、妙に納得してしまった。これならぼくもシマウマを狙う。

ワニの肉も出てきた。獣と魚の中間のような味がして、こちらも臭みはいっさいない。ほかにもいろんな肉を食べたが、自分の口にいちばん合ったのはダチョウだった。ジューシィでやわらかく、味は鶏というより牛に近い。日本でも食用ダチョウの飼育が広まっているようだが、それもうなずける味だった。

腹いっぱい食べて約五百シリング。屋台メシのおよそ十倍の料金だが、それでも日本円にして約八百五十円。「シマウマってけっこううまいぜ」と言いふらせるという、最も大事な〝付加価値〟を考えると、きわめてリーズナブルなんじゃないだろうか。

ところでシマウマやキリンを食べるのは国際条例などに引っかからないのだろうか？

ちょっと調べてみると、どの動物もワシントン条約には触れていなかった。とはいえ動物保護で血気盛んな連中がこの店のことを知ったらどんな反応をするんだろう？　……意外とぼくらと同じようにスケベな目でやってきて、

「キリンは大味だなあ、ヒッヒヒッヒ」

「クジラのほうがうまいぜ、ケッケケッケ」

なんて言ってたりしてね。

52 ケニアの食堂で——ケニア

道路沿いに現れた茶屋に入ると、なかに四人の若者がいた。白い歯を見せ、「ハロー、マイフレンド」と握手を求めてくる。ケニア人はカラッとしたさわやかさがあって、じつに親しみやすい。

チャイ（紅茶）を飲みながら彼らと話をした。ひとりがぼくに向かって、「君はアフリカ人に見える」と言った。なぜかとてもうれしかった。

そこを出て、再びサバンナのなかを走る。空も大地も、あらゆる音を呑みこんでしまったかのような途方もない広さである。前方で木が激しく揺れ、ギョッとするほど大きなキリンが路上に現れた。そこに向かってぼくはなおも自転車をこいでいく。キリンは立ちどまり、こっちを見ていたが、やがて道路を横断して草原に入っていった。

夕方、サバンナの草原のなかに小さな町がぽつんと現れた。安宿に投宿し、町を散歩する。褐色の大地に家が並んでいた。アフリカンポップス「リンガラ」のギラギラした陽気なサウンドが酒場からもれ出している。

市場が見えてきた。地面に野菜や果物が積み上げられている。それらの前で暇そうに座っているおじさんやおばさんが、ぼくを見て微笑を浮かべた。

とくにこれといった特徴もない、ごくふつうの町だ。だがこういった、庶民の暮らしだけが香る町を散歩するのが楽しいのだ。その場に自分が立っていることが不思議に思え、世界と自分との関係をより強く意識するようになる。平行する線が交わることなく進むように、世界と自分は並んで存在しているのだと感じる。自分は世界のどこにも属していない。日本という故郷にも縛られていないのだ。だから、この世界のどこで生きていってもいい——そんな思いに包まれ、気持ちがふわっと軽くなる。

一軒のこぎれいな食堂に入った。

肉じゃがに似たカランガという料理とごはんを注文する。

運ばれてきたそれをかきこんでいると、太ったオヤジがやってきて、ぼくの前に座った。この店の店主らしい。こっちの顔をじろじろ見ながら、「日本人か？」と英語で話しかけてきた。そうだよ、と答える。

「何してるんだ？」

「旅行だけど、ダルエスサラームまで行ったらそこで働くんだ。お金がないからね」

嘘をつくのは気が引けるが、世界一周をしていると本当のことを言って大金を持っているとは思われたくないのだ。フレンドリーな人が多い反面、ケニアの治安の悪さは深刻である。

「何して働くんだ？」

「料理人さ」

「お前、ウチで働かないか？」

口のなかのジャガイモをブッと吹き出しそうになった。だしぬけになんだなんだ？

「いい金を出すから、な」

オヤジの目を見るかぎり本気で言っているようだ。興味半分で給料を聞いてみると、一ヵ月一万五千シリングとのこと。日本円で約二万三千円。物価を考えるとたしかに悪くないような気がする。でもいったいなぜぼくに？　仕事を欲している人はいくらでもいるだろうに。

「日本人は料理がうまいだろ。こっちには料理のできるやつが少ない。掃除だってろくにできないんだ」

そういうものなのか、とちょっと意外な感じがした。アフリカの失業問題は、あるいは雇用不足ばかりが原因とはいえないのかもしれない。とはいえ、掃除でも料理でも教えればできそうなものだ。

「ちゃんとした教育を受けているやつが少ないからな」

と彼は言った。そういう人間は信用できない、ということだろうか。実際、従業員が店の金をくすねて姿をくらませることは珍しくないらしい。店主は苦々しげに言った。

「ウチもその憂き目に遭ったばかりなんだよ」

「……と、とにかく、俺はダルエスサラームの店で働くから無理なんだ」

「それはなんという店だ？」

「えっと、フロリダ」

ナイロビのディスコの名前である。

「フロリダか。よしわかった。来月、用事でダルエスサラームに行くんだ。そのときあらためてお前をスカウトしにいくから考えといてくれよ、な」

……オヤジ、ごめん！

それから宿に帰って、隣の茶屋でチャイを飲んだ。どこかの村祭りがテレビに映っている。顔にペイントしたアフリカ人たちが陽気に踊っていた。なんという屈託のない笑顔だろう。その表情に見とれているうちに、ふと、この町で働くのもおもしろいかもしれないな、と思った。あのオヤジの店はちょっと工夫すれば変わるはずだ。日本食ふうに少しアレンジした料理を出すのもいいかもしれない。がんばってやれば、町いちばんの人気店にするのはそう難しくないように思える。あとはサバンナの草原を見ながら一生をのんびり過ごす。ただ生きる。そんな人生も悪くない——。

ふっと我に返った。

「…………」

不思議な気分だった。実際に自分がそんなことをしないのは、誰よりも自分がいちばんよくわかっていた。だが夢想にしろ、その地に住みつくという人生を克明に頭に描いたのは、このときが初めてだったのだ。四年間、あちこちを旅してきたが、これまでは常に日本に帰って生活する自分の姿しか想像していなかった。

――俺はアフリカのことが本当に好きなのかもしれない……。

「お前はアフリカ人に見える」

と言った青年の言葉が、耳の奥で響いていた。

53 シマ――マラウイ

ケニアやタンザニアの代表的な主食は「ウガリ」だ。トウモロコシの粉をお湯で煮ながら木べらで練ってつくられる。色は白く、パッと見は蒸しパンだが、食感はもそもそして、重い。トウモロコシ粉特有のにおいやクセもある。洗練さの対極にあるような食物だった。

最初は苦手だった。だからごはんとウガリの両方を置いてある食堂では、いつもごはんを頼んだ。選択肢がない店ではしかたなくウガリも食べた。そうこうしているうちに、徐々にだがウガリにも慣れていった。

タンザニアからマラウイに入ると、道が未舗装になった。マラウイは世界最貧国のひとつだ。子どもたちの様子も変わった。ぼろを着た子どもがたくさんいる。彼らはぼくが村を通ると追いかけてきた。そのときの呼び声が村によって違う。子どもたちが「ハローハロー」と呼びかけてくる村もあれば、「ギブミマネー」を連呼する村もある。ただ、どちらの子どもたちも満面の笑顔なのだけど。

このマラウイに入ると、ウガリは「シマ」という呼び名に変わった。最初食べたときは、おや？　と思った。味やにおいは同じだが、口当たりがまるで違う。シマのほうはなめらかでしっとりしている。まわりの世界は目に見えて貧しくなったのに、シマは一転、軽快で洗練された味わいになったのだ。その変化がちょっと不思議だった。

それから何度かシマを食べているうちに、いつのまにかそれが好きになっていた。暑くて食欲のないときでもシマだけはスルスルと喉を通るのである。現地で食べられているものにはやはりそれだけの理由があるのだ。

そのうちぼくはごはんよりもシマを選ぶようになった。また一歩、この地に入りこめたのかな、と奇妙な満足感を覚えた。

ある日、マラウイ湖畔の市場に建つ古い食堂に入った。なかは地元の人でごった返していた。トタン板をつぎはぎに張り合わせた屋根はすきまだらけで、何本もの光線が斜めに射しこみ、埃が舞っている。人々の腋のにおいと、まるみのあるシマのにおいがスープのような熱気のなかでとろとろと充満していた。シマとカランガを頼んだ。

スプーンがついてきたが、みんなと同じように手で食べた。こっちのほうが確実に旨味が増すのだ。シマの塊をひと口大にちぎり、手でこねる。そうすると甘みが増える。それをカランガの汁につけ、肉や野菜といっしょに食べる。

口を動かしながら、ふと自分の指に目をやった。カランガの汁がべっとりついて、油でヌメヌメと光っている。その赤みがかった油のついた指を、ぼんやりと見つめた。ふいに、異様な光景が記憶の奥底からわき上がってきた。素手で料理を無心につかむ、幼児の自分の小さな手や、古い家の畳の間である。これまで思い返すこともかなわなかった、物心がつく前の記憶が、あるいはもっともっと遠い過去の記憶のように感じられた。

気味の悪さを覚えて顔を上げ、まわりを見渡した。埃がキラキラ舞っている、船倉のような食堂のなかで、黒人たちが手を動かし、シマを口に運んでいた。誰もが本能の赴くままの姿で、獣と化して食っているようだった。そしてまた、ぼく自身も……。

——常識も、体裁も、自意識も、すべてはぎとられて、むきだしになっていくのだ……。

得体の知れない興奮を抱えたまま、彼らと同じようにシマを口に入れた。ほっこりした穀物の香りや、すべすべした食感が、口のなかを生きているように動いていた。

54 村の茶屋にて――マラウイ

マラウイに入ってからというもの、チャイの味が薄くなった気がしてならなかった。あるいはマラリア予防薬のせいだろうか？

その薬「メフロキン」を、ぼくはこれまで飲んでいなかった。副作用が強いからだ。悪夢を見たり、抑鬱などの症状が出たりして、自殺に追いこまれる人までいるという。マラリアとどっちが危険なんだろう？

ただ、マラウイは最もたちの悪い「熱帯熱マラリア」の汚染地域だ。気は進まないが、この国を通るときだけは飲んだほうがいいだろうなと考えた。

その薬のせいかどうかはわからないが、服用し始めてからというもの、慢性的に軽い吐き気を覚え、チャイの味が薄くなり、熟睡できなくなった。毎朝目が覚めると、どうしようもなく体が重くなっていて、起きるのもつらいほどなのだ。

こんなときの自転車旅行はただ苦痛なだけである。まったく進んでいる気がしない。岩の群れがだらだらと流れていく。俺はいったい何をやっているんだろうと自問し、どんどん気が滅入ってくる。

赤い岩が大地からぼこぼこと飛び出た荒野を抜けると、村が現れた。道路沿いに茶屋があったので自転車をとめる。このあたりでふつうに見られる、壁を泥で塗って固めた店だ。洞窟のように薄暗い店内に入ると、ふたりの客がいた。

チャイの値段を聞くと、店のオヤジは「五クワチャだ」と答えた。

「はあ?」とぼくは聞き返した。これまではどれだけ高くても三クワチャだったのだ。もっとも、五クワチャといっても日本円だとたかだか十二円ぐらいなのだが、しかし金額の問題じゃない。暗がりのなか、オヤジの顔をよく見ると、面長の顔がナスのように湾曲していて、いかにも狡猾《こうかつ》そうな目をしている。

「三クワチャにしてよ」

と頼んでみた。だがオヤジはまったく取り合う気のない様子で「ノー」と言下《げんか》にはねつけた。カチンと来た。そんな言い方はないだろうが。ぼくはくだらないことを口走った。

「この店のチャイはいままででいちばん高いぜ!」

ナス顔のオヤジはまるで動じなかった。その態度がますます癇に障った。

一方で、なぜ自分はこんなにいらだっているのだろう、と思った。このどうしようもない疲れのせいだ。感情をコントロールできないのだ。つまらないことでいちいち頭に血がのぼってしまう。

とにかくチャイは飲みたかったので、しぶしぶ一杯頼んだ。

オヤジのほうはさっきまでの頑固さが消え、気さくに話しかけてきた。

「どこまで行くんだ?」

ぼくは少しためらいつつ、ムワンザと答えた。

「ムワンザはすぐ先だ。そのあとはどうする?」

「そこでおしまいだ」

例によって、世界一周のことは口外したくなかった。嘘をつくのは気が引けるが、安全のためにはしかたがない。

オヤジは続ける。

「ムワンザのあとはどこに戻るんだ?」

「……ブランタイヤ」

「じゃあ、またここを通るな」

「……ああ、たぶんな」

ぼくは終始そっけなく答えていた。どうしてもイライラが収まらないのだ。

チャイを飲み終わり、金を払おうとすると、

「必要ないよ」

とオヤジは言った。意味がわからず相手を見つめ返すと、彼はこう続けた。

「俺のおごりだ」

「⁉」

冷たい水を浴びせられたような思いがした。それまでの自分の態度がフラッシュバックのように脳裏をよぎった。子どものような態度が本当に情けなかった。たしかに疲れていたからだ。だが人間の本質は、そういうときに現れる。

ぼくは払うことを主張した。オヤジは笑って言った。

「金はいいから。それよりまた帰りにウチに寄ってくれよ」

ぼくは言葉を失い、立ち尽くした。さっきのは全部嘘です、ここに戻ってくることはもうありません。どれだけそう言おうかと思った。でも言えなかった。

ぼくは小さな声でサンキューと言って頭を下げ、茶屋を出た。彼はわざわざ店の外まで出てきてぼくを見送ってくれた。

自転車をこぎ出してからうしろを振り返った。彼は手を振ってくれていた。ぼくはそれに手を振り返すことができなかった。ただもう一度彼に向かって頭を下げ、そのあと地面を見

つめながらひたすら自転車をこぎ続けた。

55 アフリカのファストフード――ジンバブエ

赤茶けた大地に小さな村が現れた。地面に果物や野菜が積み上げられている。自転車をとめ、パパイヤとレモンを買った。

最近までぼくはパパイヤという果物にはまるで魅力を感じていなかった。ところがあるとき思いつきでレモンを振ってみると、しまりのない味に思えたこの熱帯フルーツは大変貌を遂げた。とろとろの豊満な果肉に爽快なキレが加わり、一気に輝きを放ったのだ。以来、ぼくはパパイヤに目がなくなった。

地面に座り、橙《だいだい》色《いろ》の果肉をスプーンですくいとりながら食べる。いまだ体調がすぐれず、食欲もなかったが、この「レモンがけパパイヤ」ならなんとか食も進んだ。ここ数日、昼飯はずっとこれだ。

子どもたちがまわりに集まってきた。ぼくをじっと見つめている。みんな上半身が裸だ。手足が枝のように細く、おなかがぷっくり出ている。飢餓状態とまではいかないのかもしれないが、栄養失調なのは疑いようもない。

ここモザンビークは隣のマラウイと並んで最貧国のひとつだ。そのことは自転車でサッと通り過ぎるだけの旅人の目にもはっきりとわかった。腹の出た子どもたちに、泥でできた家、ゴミの散乱した野原に、食物のすえたにおい……。

それだけに翌日、隣の国ジンバブエに入ったときはずいぶんと開けた印象を受けた。道路からひび割れが消え、民家の壁はレンガやコンクリートに変わり、学校帰りの子どもたちはそろいの制服を着ていた。さらにその二日後には、空想上の動物にでも出会ったかのように、ぼくは目をまん丸にしてその光景に見入った。海のように広がるサバンナの彼方に、青い高層ビルが無数に浮かんでいるのである。アメリカの都市を一区画はぎ取って、サバンナの上にポンとのせた、そんな町だった。首都のハラレだ。

町の中心部に入ると、現代建築の技術の粋を集めたようなビルが次々に流れていった。町じゅうがガラスの光沢にあふれている。おまけに目につくのはスーツ姿の白人ばかりなのだ。この町をいったい誰がアフリカと思うのだろうか？

アフリカは南に行くにしたがって西洋化し、最も南に位置する南アフリカ共和国にいたってついに白人社会が黒人を凌駕《りょうが》する。その大きな変化のうねりに肌が触れたような気がして、にわかに心がざわついてくるのだった。

町のいたるところにファストフード店があった。制服を着た店員がてきぱきと動いている。

「アイスクリーム・イン」という店に入り、ソフトクリームを食べてみると、欧州のものと変わらないなめらかさとコクがあった。

そのあと食堂に入ると、店内はやはりファストフード店のようなつくりになっていて、ガラスのショーケースがあり、いろんな料理が並んでいた。そのなかにウガリやシマに似た白い塊があった。〈サザ〉と書かれている。そのサザとシチューのようなものを頼んで食べてみると、サザはやはりシマやウガリと同じものだった。ただ、シマよりもさらになめらかで、トウモロコシ粉特有のにおいやクセもなく、なんとファストフードの味になっているのである。シチューもこれまでのように肉の脂がギトギトと浮かんだ雑味のあるものとは違い、そつのないマイルドな味になっていた。なんだか妙な懐かしさを覚える味だった。真っ先に頭に浮かんだのが、日本のファミリーレストランのスパゲティソースだ。どの店も同じようにまろやかで甘ったるくて、いかにも万人向けに調理された味なのである。

ふと、司馬遼太郎の著書にあった一節が思い出された。——文化は民族など特定の集団にのみ通用する特殊なもので、文明は普遍的なものだ、と。このときぼくが感じたのもまさにそのことで、このサザとシチューはじつに〝文明的〟な味だと思えたのだ。そして、とうとうこっち側の世界に帰ってきてしまったのだ、と脱力感を覚えた。喜べない懐かしさだった。ありのままを言えば、ひどく寂しかった。アフリカの旅が日一日と終わりに向かっていることを考えずにいられなかったからである。

56 プリンの卵——ジンバブエ

卵を割ると、ぐしゃっと黄身がつぶれた。

「わ、古いな」

それを捨て、もうひとつを割る。黄身はまたしてもつぶれ、液状になって流れた。十個入りの卵のうちの四個を割ってみたが、すべて同じだった。パックの日付を見ると、賞味期限を一ヵ月以上も過ぎている。宿の中庭にいるアサノとタケシに向かってぼくは言った。

「ちょっとスーパーに戻ってくるわ」

「ん？　どうしたん？」

ふたりとも不思議そうにこっちを見ている。ハラレからいっしょに走っている連中だ。

彼らはもともと電車やバスを使って旅をする、いわゆるバックパッカーだった。ところがハラレの安宿でしばらくいっしょに過ごすうち、ドレッドヘアを束ねたケンカっ早そうなミュージシャン、タケシが「俺も自転車買っていっしょに喜望峰に行く！」と目をギラギラさせながら言った。すると孤高な雰囲気をまとうカラテ家、アサノも「おもしろそうだな、俺も行く」となり、急造の自転車トリオができあがったのだった。

体のできていないふたりは最初の数日間は疲労困憊《こんぱい》していたが、一週間もするといいペースで走れるようになった。

日が暮れると、ぼくたちは食堂やバーの横の空き地か、何もない野原でキャンプする。そして毎晩ビールを飲み、星を眺め、バカ話をする。草原の虫の声を聞きながら、わけもなく楽しい気持ちになっている。

三人の旅が始まって二週間後、タケシが二十四歳の誕生日を迎えることになった。ぼくとアサノは話し合い、誕生日ケーキならぬ誕生日プリンをつくることにした。

ところが買ってきた卵が前述のとおり食える代物ではなかったのだ。ぼくは卵とカップを持ってスーパーに戻った。

日本のスーパーとなんら変わらない大型店だった。ジンバブエは首都のハラレだけでなく、地方の町にも立派なスーパーがあるのだ。やはり文明的だなという気がする。

レジの女性をつかまえ、卵を見せた。

「この日付見てよ。古いでしょ。新しいのに交換して」

女性は眉をひそめ、こいつは何を言っているんだ？　という顔をした。上司を呼んでくれ、と頼むと彼女は露骨にめんどくさそうな表情を浮かべ、売り場の奥に向かった。

彼女に連れられてきた上司はぼくの持っている卵を見て、冷ややかな目で言った。

「もう割っているじゃないか」

「そうだ。四個割ってぜんぶ黄身がつぶれたんだ」

ぼくは残りの六個のうちから一個取り上げ、持ってきたカップに割った。

「ほら。これも黄身がつぶれただろ」

「これなら問題ない。食べられる」

「おいおい。これのどこが大丈夫なんだ。腐っているだろうが。賞味期限を一ヵ月以上過ぎているんだぞ」

「大丈夫、まだいける」

日本とは常識が違うとはいえ、だんだんイライラしてきた。早くしないと誕生日会にまに合わなくなるではないか。しかし話がついていないにもかかわらず、男は立ち去ろうとした。

「おい待てよ！　まだ話が途中だろ！　俺はプリンをつくらなきゃならないんだよ！　おいしいプリンをつくるためには新鮮な卵が必要なんだよ！」

と激昂しながら、しかし俺は何をプリンプリン言っとるんだ、と急に自分がアホに思えてきてブッと吹き出しそうになった。でも頰がゆるむのを必死でこらえながら、厳しい顔をなんとか続けた。上司は「もう好きにしろよ」と言わんばかりに肩をすくめ、ぼくを売り場に

連れていった。やれやれ、最初からそうしろよ、と気分が落ち着いたのもつかのま、売り場を見始めてまもなくすると、

「……な、なんじゃこりゃ？」

どの卵も賞味期限をはるかに過ぎているのだ。見かけは近代的なスーパーなのに、やっていることはまったく非文明的ではないか。

「お前らこんな古い卵しか売っていないのか？」

すると上司は両手を広げ、平然と言い放ったのである。

「じゃあ、ここにある卵、全部捨てろというのか？」

たしかにそうだよな——と納得してしまうところが、アフリカ滞在が早や一年になり、たいていのことでは驚かなくなった旅人の悲しい性《さが》か？

結局、賞味期限を三週間過ぎた比較的新しい卵に交換してもらった。

宿に帰って卵を割ると、再びほとんどの黄身はつぶれた。しかたなく全卵を使うことにし、牛乳、砂糖、バニラエッセンスとよく混ぜ、大きなサラダボールに入れる。それをひとまわり大きな鍋に入れて蒸す。固まったら粗熱をとり、冷蔵庫に入れ、ひとまず完了。

続いて誕生日ディナーである。アサノと手分けしてチーズハンバーグをつくり、キャロットグラッセなどの付け合わせもつくっていろどりよく盛り付けし、中庭のテーブルに並べた。

すべてを完了したあと、主賓を呼んだ。タケシは食卓を見ると、「すげーすげー！」とドレッドヘアをバッサバサ揺らして小学生のように喜んだ。

ディナーを食べ終えると、タケシを中庭のテーブルに待たせ、ぼくとアサノはキッチンに戻った。そして冷蔵庫からプリンを取り出し、サラダボールの〝型〟を逆さにして、中身を大皿に移した。卵十個分の巨大プリンは皿に着地すると、ぼよよんと波打つように揺れた。その上にろうそくを強引に二十四本刺していく。牛乳の量が多すぎたのか、ひどくやわらかい。ろうそくはかろうじて立つものの、少しの衝撃で激しく揺れる。

それでも無理やり二十四本すべてに火をつけ、バースデーソングを歌いながら、ぼくたちはキッチンを出た。タケシは炎上する巨大プリンを見た瞬間、再び狂喜してドレッドヘアをバッサバサ揺らし、ゲラゲラ笑った。ぼくとアサノは慎重にそろりそろりと歩いたが、火のついた二十四本のろうそくはパンクコンサートの観客のように激しく頭を振り、溶けたろうがプリンの上にボトボトと落ちていった。ぼくたちの口は悪魔のように裂け、テンションは爆発せんばかりに跳ね上がった。

プリンがタケシの前にやってくるころには、溶けたろうがカラメルのようにプリンを覆い、食品サンプルのようになっていた。三人で身をよじらせて笑い転げながら、卵の品質もくそもないやないか、と涙を流しながら思った。

57 少女とパン――ナミビア

「アイム、ハングリー」

彼女は急に寂しそうな顔になって言った。ああ、やっぱりそうか、とぼくはかすかに気持ちが萎《な》えたものの、パンの入った袋を持って立ち上がった。

ジンバブエからボツワナを走り抜け、ナミビアに入って数日たったある日、キャンプ場でのことだ。

テントの横で日記をつけていると、子どもの歌声が聞こえた。顔を上げると、金網のフェンスの向こうで女の子がふたり、こっちを向いて民謡のようなものを歌っている。ふいに胸が熱くなった。西アフリカを思い出したのだ。あちらではいつも子どもの歌声や太鼓の音が聞こえていた。人気のない場所でキャンプをしても、夜になると必ずといっていいほど、どこかの村から太鼓の音が風にのって流れてきたのだ。音やリズムが大地にあふれていたのである。

ところが、東アフリカに来ると太鼓の音がまったく聞こえなくなった。アフリカとひと口にいっても、地域によってずいぶんと雰囲気が違うのだ。

さらにここナミビアまで来ると、国土の大部分は砂漠になり、人自体が減ったうえに、そのなかの白人の割合が高くなり、町は整備されて西洋ふうになった。西アフリカに満ちていた躍動感のようなものはもうどこにもなかった。

それともうひとつの大きな変化は、ぼくと、いま歌っている彼女たちとのあいだにそびえる、有刺鉄線付きの金網フェンスだ。

アフリカ南部に入ってからリゾート型のキャンプ場が増えた。プールなんかもついていて、快適で便利だったが、そういうところを利用し始めてから、現地の人たちとの距離がしだいに開いていくのを感じた。

彼女たちが歌い終わったので、名前は？　と聞いた。大きいほうの子が答える。

「ジェシカ」

「年は？」

「九歳」

「ジェシカ」

「この近くに住んでいるの？」

どうやら英語は片言らしい。ややあって、彼女は言った。

「アイム、ハングリー」

キャンプ場に泊まるツーリスト相手に歌をうたって食べ物やチップをねだっているのだろう。かすかに興はそがれたものの、西アフリカを旅していたころの気持ちに返らせてくれたことに感謝し、ぼくはパンをあげることにした。明日の朝食のぶんだったが、またあとで買いにいけばいいだろう。

　パンの入った袋を持って近づくと、ふたりの女の子は本当にうれしそうな顔をした。ぼくは金網の前まで来ると、腕をのばし、フェンス上部の有刺鉄線に袋を引っかけないように気をつけながら、パンをフェンスの向こう側に出した。少女たちは金網を隔てたぼくのすぐ目の前で、万歳をするように、パンに向かって両手をのばした。

　そのとき、急に嫌な気分になった。自分の行為が「ものを恵んでやっている」といった傲《ごう》慢《まん》なものに感じられたからだ。そんな意識はまったくなかった。だが、完全に無の心境でいるには、この金網は、こちら側と向こう側の立場の違いをあまりにもはっきりと示していた。

　彼女はぼくの手からパンを受け取った。すると思いもよらない反応が返ってきた。袋を開けてなかを見た途端、それまでの輝くような笑みが急速にしぼんでいき、いまにも泣き出しそうな表情になったのだ。

　彼女は弱々しい声で「クック（フライドチキン）」と言った。ぼくは唖《あ》然《ぜん》としながら、やっとの思いで「……ごめん」と答えた。彼女は続けた。

「ピザ」

「……ごめん」

「コーラ」

「…………」

ここに来るツーリストが豪勢にふるまっているのだろう。欲望は環境によって変化するものだ。彼女たちが欲張りだと考えるのは間違っている。

ぼくは重い気分のまま、ジェシカにさよならを言ってその場を離れた。途中で振り返ると、彼女は金網に手をかけ、じっとこっちを見ていた。

金網のこちら側にいる自分が、どこか疎ましく思えた。

58 ダチョウの卵——ナミビア

苦心のすえに「白身魚のムニエル、きのこ入りクリームチーズソースがけ」ができた。みんなで手を合わせたのち、いっせいに箸をのばす。

ジュンが「うーん」と複雑な顔つきになった。

「ゆうさんのやりたいことはわかるけど……この場所では合わんかも」

目の前はさえぎるものがいっさいない三百六十度の大草原である。

「た、たしかに……」

「そんなことないよ。おいしくいただいているよ」

アサノがフォローする。

「いや、やっぱり和食のほうがいいって！」

タケシがまぜっ返す。

みんな口々に好きなことを言いながら、それでも猛烈な勢いでメシを食っているのである。

ジンバブエから始まった三人旅も早や二ヵ月が過ぎ、ナミビアの首都ウィントフックに着いたところで、さらにもうひとりのバカが加わることになった。以前ナイロビで会ったジュンという男だ。ウィントフックの宿で再会すると、「俺もやる！」と鼻息荒く宣言し、この男も自転車とテントを買ったのである。こうして即席自転車チームはトリオからカルテットになり、キャンプの夜はますます賑やかになった。一日の完走を祝って毎晩祝杯を上げ、サバンナに寝転がって流れ星を探し、下ネタで小学生のように盛り上がった。それからふっと静かになり、虫の声に耳を澄ましながら、青春だなあ、などと思い、苦笑するのである。

キャンプ料理も凝ったものになった。ぼくが料理長をし、みんなで手分けしてつくる。酢豚、ミートローフ、白身魚のから揚げあんかけ、豚の角煮丼など、限られた食材と道具でどこまで食卓を充実させられるか、というわけのわからない挑戦に熱を上げ、遊んでいた。

あるとき、道路沿いにダチョウ農場が現れた。売店があったので寄ってみると、ダチョウの卵が売られている。世界最大といわれるだけあってさすがにでかい。まるで恐竜の卵だ。ぼくたちは互いにかまぼこ型の目になって、いやらしい笑いを浮かべ合った。

ところが値段を見るとばかに高い。一個六十ナミビアドル、約千百円だ。ナミビアまで来ると、町はますます西洋っぽくなり、物価が跳ね上がったが、それにしてもこれはシャレで買うにはちょっとどうかと思う値段である。ビールが二十本は買えてしまうのだ。決断をくだせないまま卵をひとつひとつ見ていると、一個だけ〈20〉という値札が貼られていた。

「なんでこれだけ安いの？」

「ピンホールが開いているからさ」

オヤジは卵の一部分を指して言った。たしかに一ミリ程度の穴が殻に開いている。ぼくたちはそれを買った。

キャンプ場にテントを張り終えると、卵を前にしてみんな神妙な顔つきになった。

「ダチョウ肉と合わせて親子丼がいいよ」

ニヒルなアサノが淡々と言う。惹かれるアイデアだが、肝心の肉がない。

オムレツ、目玉焼き、ハムエッグ……議論が白熱していく。どうやって食べるのがいちばんおもしろいか？

すっとぼけた雰囲気のジュンがまのびした声を出した。

「じゃあ、生のままで卵かけごはん」

「お前が最初に食えよっ！」

侃々諤々《かんかんがくがく》のすえ、せっかくだから（？）リッチな味にしようとベーコンエッグに決まった。

卵は石のように硬かった。アーミーナイフののこぎりで、卵の上から三分の一のところを、みんなで手分けして切っていく。切り込みがほどよい深さまで入ると、上部をパカッとふたを開けるようにして取り外す。ベーコンを敷いた大鍋に卵を傾けると、白身がドバドバと滝のように流れ出し、黄身がどろりんと満月のように浮かんだ。

「うおおお〜っ！」

みんな声を上げて拍手喝采。なんたる美しさであろうか！　と思っていたら、見るまに黄身はべちゃ、とつぶれ、ペンキが流れるように白身に溶け出した。……こ、これに似た光景を最近見たような……ま、ま、加熱すれば大丈夫だろう、ととりあえず火にかけた。大鍋は洗面器よりひとまわりほど大きいサイズだが、その三分の一ぐらいが卵で満たされている。白身がぶくぶく泡だってくる。炒めるというよりは煮こむという感じだ。

十五分ほどで完成した。

みんなで鍋を囲み、「いただきま〇〇」の合唱のあと、いっせいに箸をのばした。

ひと口目。

「おお、こってりしとる！」

ふた口目。

「すごいコクやな……」

三口目。

「…………」

食べ進めるごとにみんな静かになっていくのである。濃厚な味のなかに、かすかに犬の吐息のような生温かいにおいが漂っていた。

食べ始めて十分もすると、卵を割ったときのテンションは見る影もなく、みんなの箸は完全にとまり、大量にあまったベーコンエッグを押しつけ合っていたのだった。

59 手づくりのスコーン——南アフリカ

スコーンからはほくほくと白い湯気が出ていた。持つとずっしりと重い。バターと蜂蜜を塗ってかぶりつく。サクッと生地が砕け、バターと卵のふくよかな香りが浮かび上がってくる。朝日を浴びたヨーロッパの温かい家庭が頭のなかに広がった。

「私が焼いたスコーンよ。添加物を避けるために、だいたいのものは自分でつくるの」

そう言って、おばさんは微笑んだ。

彼女と知り合ったのはつい一時間ほど前のことだ。雨のなか長い坂をのぼっていると、一台の車が前方でとまった。なかから出てきたのが彼女だった。歳は五十代なかごろぐらいだろうか。白人である。

「あなたたち、一ヵ月前にもナミビアで見たわよ」

これまで何度同じことを言われただろうか。四人の日本人が荷物満載の自転車でアフリカの大地を走っていたら、やはりそれなりに目立つようだ。

「私の家はこの峠の頂上近くよ。寄ってお茶でも飲んでいきなさい」

彼女はほがらかに笑った。ショートカットがよく似合う、さっぱりした感じの人だった。

南アフリカの白人は、奇妙に思えるほど親切である。雨にずぶ濡れになった正体の知れない東洋人四人を自宅に招くなんて、なかなかできることじゃないだろう。

彼らのやさしさはいたって自然で、偽善的なところは少しも感じられなかった。正直なところ、この国の印象はすこぶるいいのだ。

だが、心の奥に何かが引っかかっていた。それがなんなのかは、おばさんの家に寄ったとき、徐々にはっきりした形になっていった。

ベージュを基調とした品のある豪邸だった。峠の見晴らしのいい場所に建っており、リビングに入ると、町が航空写真のように広がった。庭には青い水をたたえたプールまである。ぼくたちの驚いた様子を見ながら、おばさんはにこやかに微笑んでいる。

コーヒーとスコーンが出された。炒《い》ったコーヒー豆の香りが部屋にたちこめ、口をつけると深いコクが広がった。レギュラーコーヒーなんて、アフリカに入って以来じゃないだろうか。いや、そういえばキリマンジャロ山の麓で「キリマンジャロ」を飲んだのだった。しかしあれは出し殻でいれたように薄くて雑味だらけだったのだ。いい豆は輸出用にまわされるため、コーヒーの原産地では質のいいものがなかなか飲めないのである。

ほくほくと湯気の立つスコーンを夢中で頬張っていると、台所の向こうに黒人の少年が立っているのが見えた。きれいなシャツを着て、はにかんでいる。ぼくが笑いかけると、彼は下を向いてもじもじした。

欧米では一部の富裕層のあいだで、第三世界の子どもを養子に迎える動きがあるようだが、このおばさんも同じことをやっているのだろうか、と思った。だがそのことを彼女に聞くのはさすがにはばかられた。

おばさんとの会話は弾んだ。生来の社交好きなのだろう。こちらの心をほぐすような笑いを終始浮かべている。

ところが、ケープタウン周辺の治安を聞いたときだった。彼女は急に眉をひそめ、人が変わったように棘《とげ》のある口調で話し始めたのである。

「空港から市内までの道沿いに、黒人たちのスラムがあるの。彼らは仕事もせず、廃材やガラクタでつくった家に住んでいるわ。すごく汚いの」

彼女の語気に圧され、ぼくたちは相づちを打つこともできなかった。

「この国はみんなが言うほど危なくないわ。でも空港に着いたツーリストが最初に受ける印象があのスラムなのよ」

やがて話は元の差し障りのないものに戻り、リビングには再び和やかな空気が生まれた。ころあいを見てぼくたちは礼を言い、彼女の家を出た。

それからものぼり坂が数キロ続いた。重いペダルをこぎながらさまざまな考えが頭のなかをよぎっていった。

アパルトヘイトは一九九三年に撤廃されたが、依然として白人と黒人とのあいだには大きな格差がある。長年にわたる差別政策のおかげで、白人たちの経済的および精神的な優位はより強固なものになったはずだ。それによって生まれた気持ちのゆとりが、彼ら白人たちの、奇妙にも思えるほどのやさしさにつながっているとしたら……なんという因果だろう。

頂上に着くと視界が開け、景色が一望に見渡せた。褐色の荒野がはるか彼方まで広がり、その一角に小さな町が浮かんでいる。ジュンがぼくの横で言った。

「さっきのおばさん、急に人が変わったよね。なんか、おもしろかったな」

秋を感じる冷たい風が汗をすうっと乾かしていった。「そうやな」とぼくはジュンに相づちを打ったあと、続けた。

「あんたら人の土地に来て何言ってんの？　ってちょっと思ったけど……でもそういうふうにばかり考えるのはナンセンスなんかもなあ」

実際、彼女にたいしては嫌悪感のようなものを少しも覚えなかったのだ。

ヨーロッパの白人たちがこの地に移り住んできてからもう三百年以上になる。ここで生まれ育った人にとってはまぎれもなくここが彼らの祖国なのだ。その自分たちの国の治安を憂うのは、心情的には当然のことだろう。

ただ、その治安の悪さは、アパルトヘイトによって肥大したスラムが大きく関わっているということを、彼らはどう理解しているのだろうか……。

ジュンがつぶやくように言った。

「……悪気は、ないんだろうな」

「……そうだよな」

いつのまにか雨は上がっていた。濡れた草のにおいのする風に、ぼくたちはしばらく吹かれながら、眼下の小さな町を眺めていた。

60　マグロ船の船乗りたち——南アフリカ

喜望峰の碑は海のすぐそばにあった。木の板に〈Cape of Good Hope〉という文字が打たれている。いかにもまに合わせでつくったような簡単な碑だった。

それでも夕映えのなかにそれが見えた瞬間、ぼくたちは大声を上げて自転車をとめ、ハイタッチを交わし合った。それから碑の前でバカ丸出しの写真を何枚も撮って大騒ぎしたあとは、みんな電池が切れたように静かになり、しばらく誰も口をきかず海を見ていた。アサノやタケシと走り始めてからは四ヵ月、ジュンの加入で四人になってからは一ヵ月半という時間が流れていた。ぼくたちのアフリカの旅が、とうとうここで終わったのである。

翌日、ケープタウンに戻ると、ゴール祝いに日本食の居酒屋に行った。日本のマグロ漁船の寄港地であるこの町には日本食の店があちこちにあるのだ。

ビールで乾杯し、焼き鳥を頬張っていると、騒々しい団体が入ってきて隣の席に座った。水商売ふうの派手な外国人女性が六人と、日本人らしき角刈りのおじさんがひとり。いかにも船のりといった男っぷりである。これはおもしろくなってきた。気風《きっぷ》のいい日本人の船のりはこの町の夜の商売筋から大人気だと聞く。彼らがどんな遊び方をするのか一度見てみたかったのだ。

まもなく彼らのテーブルは寿司や焼き鳥であふれ、飲んで食っての大騒ぎになった。女性たちは底抜けに明るかった。大声で笑い、手を叩き、金切り声を発している。その中心でおじさんは圧倒的な存在感を見せていた。目尻の垂れた赤ら顔で、キュウリのスライスを箸でつまみ、女性たちの口に持っていきながら「アイラブユー」を連呼するのだ。しかも聞いていると、彼はさっきから「アイラブユー」しか言っていなかった。あとはすべて日本語なのである。それで六人もの外国人女性をひとりで連れまわし、しっかり場を盛り上げているのだからいやはや、やっぱり男は度胸と愛嬌、そして……潤沢な懐《ふところ》か。

数日後、ひとりでウォーターフロントに出かけた。ヨットや漁船の浮かぶ海の向こうには、巨大なテーブルマウンテンがそびえ、その下に瀟洒《しょうしゃ》な白い町が広がっている。〝世界一美しい〟などとも言われる町だが、ここから海を隔ててのぞむ景観は、たしかに悪くなかった。

あまりに気持ちがいいので南アフリカ名産のワインとチーズを買ってきて、ベンチに座り、海を見ながら飲んだ。海鳥の鳴き声が絶えまなく聞こえている。カップを口に近づけると潮の香りのなかにワインの芳香がぽっと浮かんだ。秋の涼風が髪を揺らしている。

白い大きな漁船が港から現れ、こっちに向かってやってきた。このまま行くとぼくのすぐ目の前を通過していきそうだ。

舳先《へさき》にふたりの男性が腰かけていた。足を船から海のほうに投げ出している。日本人のようである。だんだん近づいてきた。端正な顔をした若者と、髪の白い初老のおじさんだ。どちらも日焼けしたいい顔で笑っている。あんなところで何を話しているのだろう。

船はゆっくりとこっちにやってきた。そのスローな歩みと、自分のこれまでの旅が、ふいに重なった。彼らは、これから何日かけて日本に帰るのだろうか……。

舳先のふたりがぼくに気付き、隣にとめている自転車を見て、あれ？　という顔をした。ふたりで何か話し、笑顔になって、もう一度こっちを見た。ぼくが軽く頭を下げると、彼らも頭を下げた。ふっと何かが通じたような気がした。

こんな最果ての地まで、ご苦労さま――。

しだいに遠ざかっていく彼らに、ぼくはワインのボトルをかざした。彼らも手を上げて、ゆっくりと振った。ぼくは強い旅情に包まれた。

船尾に名前が書かれていた。宮城県、気仙沼《けせんぬま》の船だった。

第5章［アジア編］

郷愁の味

61

家庭のフルコース——イタリア

南アフリカで自転車チームは解散し、みんなそれぞれの旅に戻った。ぼくはケープタウンから飛行機にのり、自転車で一年半かかった道のりを半日でロンドンに戻った。

ここロンドンからはユーラシア大陸を横断して日本を目指す。とうとう戻っていく旅が始まるのだ。

フランス、スイスと走り抜け、イタリアに入った。

ボローニャの近郊を走っていると、見晴らしのいい丘に一軒の民家が現れた。はるか下方には畑がパッチワークのように広がっている。今日はここでお願いしてみようか、と思った。ヨーロッパでは野山でのキャンプは基本的に禁止されている。そのためたびたび牧場や民家のオーナーに許可をもらって敷地にテントを張らせてもらっていた。

ドアをノックすると、初老のおじいさんが現れ、ぼくを見て眉をひそめた。あ、これは無理だな、と直感したが、いまさら引き下がるのも妙な具合になる。片言のイタリア語でとりあえずお願いしてみた。すると彼はほんのわずかのあいだ、ぼくを値踏みするように見たが、やがて家の右手の庭を指して何か言った。あそこでキャンプをしろ、ということらしい。

「グラッチェ（ありがとう）」

ぼくが大仰なくらい喜びを顔に出したせいか、おじいさんはそこで初めて笑った。テントを張り終えるころ、おじいさんはぼくを呼びにきた。晩飯をごちそうするから家においで、と言っているようだ。

レンガ製の古い暖炉があるその家には、白髪の初老の女性と、十歳ぐらいの目の青い、ブロンドの少年がいた。お孫さんかと思ったが、ベラルーシ人の子どもだという。

彼ら老夫婦は、経済的な理由で生活に困った子を預かり、学校に行かせているらしい。イタリア語と英語の辞書を引き引きなんとかそのことが理解できた。少年はガラス玉のように光る青い目でぼくを見ながら、サッカーが好きなんだと言って、イタリアの名選手の名を何人もあげていった。そのカラリとした明るい表情からは、故郷や親から遠く離れているという境遇を感じさせるものはなかった。いきなりやってきた珍客と少年が楽しそうに話している様子を、老夫婦は微笑を浮かべた目で静かに見ている。

お母さんがスパゲティを持ってきてぼくの前に置いた。彼らはすでに食事を終えていたらしい。三人に見つめられるなか、スパゲティをひと口食べると、首がぴょんと跳ね上がった。やっぱりイタリアだ！　スパゲティは各地で食べてきたが、アルデンテに巡り合ったのは少なく見積もっても五年ぶり、日本を出て以来である。くわえてソースもすばらしかった。シンプルなポモドーロだが、家庭料理とは思えないほど贅沢なコクが出ている。このあたりの名産チーズ、パルミジャーノレッジャーノを調理の段階で入れているようだ。

「ブオーノ（うまい）！ ブオーノ！」

と言うと、見るからに人のよさそうなお母さんが何か幸運なことにでも遇《あ》ったかのように顔を輝かせた。料理が好きなんだろうな、と思いながら一気に食べ終えてしまった。

悲しいかな大食いのぼくには量が足りなかった。あとでテントに帰ったらパンでもかじるか、などと考えていると、巨大なミートローフとチキン、そしてパンが出てきたのである。ぼくはますます浮かれたった。やっぱりイタリアなのだ。レストランのコースと同じように、パスタはプリモ・ピアット（第一皿）で、そのあとに肉や魚のセコンド・ピアット（第二皿）が出されるようなのである。

そしてそのセコンドを口にした瞬間、さっきのスパゲティでおぼろげに感じたことが確信に変わった。お母さんの料理好きは、いや、これはもう相当なものだ。ミートローフもチキンもハーブや調味料の使い方がきわめて繊細で、心を尽くして丁寧につくられていることがはっきりとわかる味だった。火の入れ方も完璧で、嚙むと肉汁とともに素材の膨らむような旨味が口内にあふれるのである。

最後に出てきたラズベリーパイのドルチェ（デザート）もやはり手づくりで、控え目な甘さとパイ生地のほっこりしたやさしい味が、ぼくを安心感のようなもので包んでいった。

それにしても、イタリア人の食いっぷりには恐れ入った。自転車で旅をするといつもの倍は軽く食べるようになるのだが、それでも彼らが出してきた量をぼくはぜんぶ平らげることができなかったのだ。ラズベリーパイを三分の二ほど残して腹を押さえ、「もうダメ〜」とうなっていると、そのオーバーアクションがおかしかったのか、少年は声変わりのしていない澄んだ声で笑った。そのときふと、少年の明るい表情は、お母さんの手料理によるところも大きいんじゃないかな、と思った。そして折に触れ、思い返すあの言葉――アラスカで会った恭江さんの言葉が、このときも脳裏によみがえってきたのである。

――私は、料理が好きな人は信用するの。

お母さんはラズベリーパイの残りをラップにきれいに包んだ。そしてそれをぼくに手渡しながら、子を抱く母親のようなやわらかいまなざしで「ドマーニ（明日のぶんね）」と言って微笑んだのだった。

62　ナポリのピッツァ――イタリア

ピッツァ発祥の地といわれるナポリに着くと、ぼくは早速、

「この町いちばんのピッツァは？」

と聞いてまわった。

タクシーの運転手や宿の人たちから得た回答で最も多かったのは「ダ・ミケーレ」という店だった。百三十年も営業を続けている老舗中の老舗らしい。

下町情緒漂う一角にその店、「ダ・ミケーレ」はあった。まだ午後六時になったばかりなのに、すでに店の外にまで黒山に近い人だかりができていた。さらに驚いたことには、入り口で整理券まで配っているのだ。何かにつけアバウトなイタリアにしてはずいぶんシステム化されているな、と感心したが、逆に人気店だからこそこれが必要なのだろう。一列に並んで行儀よく順番を守るイタリア人というのは、ちょっと想像がつかない。

あたりにはピッツァを焼く香ばしいにおいがたちこめていた。順番を待っている人たちはまるで夕涼みをするかのように、石畳の路地のそこかしこに立ってしゃべっている。

三十分ほどして、ようやくぼくの番号が呼ばれた。なかはまるで大衆食堂か学食のようだ。もうもうとわきたつ熱気と喧騒のなかで、人々は熱に浮かされたようにピッツァを頬張っている。

ぶっきらぼうなオヤジが注文を取りにきた。壁に貼られたお品書きを見ると、「マルゲリータ」と「マリナーラ」の二品しかない。

マルゲリータ（約四百四十円）とビールを注文する。トマトソース、モッツァレラチーズ、バジルの三種だけがのったシンプルなピッツァだ。一方のマリナーラはトマトソースとニンニクのみ。あれこれトッピングするのは邪道といわんばかりである。

店の中央に大きな窯《かま》がすえられ、次々にピッツァが焼き上がって出てきた。窯のなかでは薪が赤い炎を上げている。

五分ほどで運ばれてきたピッツァは日本でよく食べていた〝ピザ〟とは見た目から違った。生地の上ではトマトソースとチーズが溶け合って、サラサラのスープ状になっているのだ。最初のひと口目はたいした感動を受けなかった。逆に「あれ？　こんなものか」と拍子抜けするくらいシンプルな味に思えた。ところが食べ進めていくうちに、森の奥へ、さらにその奥へと、精霊に導かれ、しだいに思考力を失い、指についた油も気にせず無我夢中で頬張っている自分がいたのだ。

かぶりつくと、トマトの爽快な酸味と甘み、および汁気たっぷりのモッツァレラチーズが溶け合ったスープが口のなかに大量にあふれ出した。きらめく海を思わせるその広大な気配に、ほんの刹那うっとりしたあと、スープを吸って表面がブルブルにとろけた生地――しかしながらなかのほうはもっちりした食感をしっかり残した生地が、歯にグニッとのり、小麦の香ばしい風味がブワッと顔のまわりや喉の奥に広がるのである。ぼくはいつしか魔法にかかったように我を忘れ、深い樹海のなかをあてもなくさまよい歩いていたのだった。

すべてを平らげたところで、ビールにまったく手を付けていないことに気がついた。気の抜けたビールをちびちびと飲みながら、食べ終えた皿を見つめ、幻でも見ていたかのように茫然とし、断続的にわき上がってくる喜びに身を任せていた。

それにしても、店の外の人だかりといい、店内の大衆的な雰囲気といい、二品しかないメニューといい、何かに似ているな、と思っていたら、壁にかかった「マリナーラ」と「マルゲリータ」の文字が、ふいに、「ラーメン」と「チャーシューメン」に見えたのだった。

63 ヨーグルトの国——ブルガリア

ブルガリアでヨーグルトを買って食べてみたら、

「やっぱり違う、さすがブルガリアだ！」

とすこぶる興奮し、スプーンを口に運ぶたびに、うん、うん、とうなずいた。ところがそのヨーグルトのカップには「ダノン」と書かれていた——という話を、その本人から聞いたときは爆笑したものだが、それから数年後、ぼくもその国ブルガリアにやってきて、何よりもまずヨーグルトを食べなければ、と思った。まったく月並みでアホみたいだが、基本的にぼくはミーハーにできているのだ。

諸説あるようだが、ヨーグルト発祥の地として最有力のひとつがブルガリアらしい。消費量も世界一で、一年間でひとりあたり五十キロも食べられているという。

ところが町を歩いてみると、そこらじゅうでヨーグルトが売られているわけではないことに気付く。スーパーのヨーグルト売り場も目立って大きくはない。しかもそこにはフランスのダノン社製ヨーグルトがずらりと並んでいるのだ。ついプッと思い出し笑いをしてしまうが、しかし、これでは欧州のほかの国と変わらないではないか。

だが町を歩きまわり、注意深く観察していると、ヨーグルト専門店のような店が、ちらほらと控えめな様子で建っているのが見えてくるのである。日本の豆腐屋のような雰囲気だ。売られているのはほとんどが五百グラム入りのもので、日本のプレーンヨーグルトと同じような容器に入っている。値段を聞いて驚いた。一個〇・五レバ、約十円だ。やっぱりヨーグルトの国なのだ。ちなみに首都ソフィアでぼくが泊まっている連れこみ宿ふうの木賃宿が一泊約七百五十円、町なかにたくさんある中華料理店で腹いっぱい食べて約二百円、とそれらの料金と比べても、ヨーグルトの安さはきわだっている。

食べてみると、まあヨーグルトである。日本のものとたいして変わらない。……いや、そんなことはない。よくよく味わってみると、ほんのりチーズっぽい香りがするではないか。

それに日本のよりコクがあるような気がする！　やっぱりブルガリアだ！　ひと味違う！

いずれにしても安さに打たれ、味にも満足し、食後にはいつもヨーグルトを買うようになった。ただ、ぼくの部屋には保管しておく冷蔵庫がない。もう秋口だが、依然として部屋は日中サウナ状態になる。しかたなく毎回五百グラムをぜんぶ平らげた。一度の量にはやや多すぎる気もしたが、健康のためにはまあいいだろう。各地で生水を飲み、屋台飯を食べ続けてきたぼくである。世界じゅうの悪い菌がおそらく腹にわいているに違いないのだ。ヨーグルトの善玉菌で退治してしまおう。とりゃっ。

バケツをひっくり返したような猛烈な下痢は翌日から始まった。トイレに引きこもったぼくは、ロッカールームでうなだれる敗戦後のボクサーのように便器に座りこんで汗を垂らし、一点を見つめていた。健康食品とはいえ、やっぱり食べ過ぎはよくないのだ。うむむ、これと同じ訓戒《くんかい》を以前、己に垂れたような気がするが、あれはいつだっただろう？　というより、俺はいつになったら学習するのだろう……。

64 ドルマ――トルコ

トルコのチャイ（茶）はストレートの紅茶に角砂糖を入れたものだ。ひょうたんのように胴のくびれた小さなグラスに入って出てくる。

トルコではこれを毎日のように地元の人からごちそうになった。だけでなく、パンをもらうこともあれば、食事に呼ばれることもあった。いったいどうなってんだ？　と首をかしげるぐらい、チャイ屋、民家、ガソリンスタンドなど、あちこちから声がかかるのだ。

お言葉に甘えて出されたものをいただくと、

「ジャポン（日本人）？」

と彼らは聞いてくる。だいたいどの国に行っても「中国人か？」と聞かれるものだが、トルコの田舎だけは違う。

「エヴェット（はい）」

と答えると、

「日本人はいいやつだ」

みたいなことを言って握手してくる。慇懃《いんぎん》に、そして静かにうなずきながら。その様子を見ていると、社交辞令でもなんでもなく本心から言ってくれているように思う。トルコの親日は有名だが、とくに田舎でそれが顕著だった。

彼らの親日感情には、一八九〇年の「エルトゥールル号事件」が関係あるらしい。和歌山県の串本《くしもと》沖で遭難したトルコ船の乗組員を、串本大島の村人が総出で助け、介抱したのだ。

ぼくの地元ということもあり、ちょっと誇らしい気分だったが、百年以上前のその話を持ち出す人にはさすがに会わなかった。代わりに一九九九年のトルコ北西部地震のことは何度も聞かされた。

ある日、道路のそばに日本の支援でつくられた仮設住宅群が現れた。サッカー場が何面もとれそうな広大な敷地に、プレハブ小屋がびっしりと並んでいる。その向かいのチャイ屋からいつものように声がかかった。寄っていくと、地元のおじさんたちがミンチ入りのパイやチャイをぼくにごちそうし、そしてそのあと静かに、日本の活動をたたえるのだった。

夕暮れどき、ある村の外れに一軒の農家が現れた。庭におばさんがいる。

「敷地の隅でキャンプさせてもらえませんか？」

とジェスチャーで伝えると、おばさんはなんのためらいもなくＯＫしてくれた。

それからテントを張る場所を探していると、白い口髭をはやしたおじいさんがやってきた。

「ジャポン？」

エヴェット、と答えるとニコリともせず、家に来いと手招きした。

玄関に入ると、彼がやるように靴を脱ぎ、素足で家に上がる。足の裏にじゅうたんのやわらかい感触が伝わってきた。おや？　と思った。この安堵感……。そういえば家のなかを裸足で歩くのは、この旅始まって以来のことじゃないだろうか。

　居間には高校生ぐらいの青年と、そのお父さんらしき人がいた。彼らと同じようにあぐらをかいて座り、チャイをすする。

　次々に人が訪ねてきた。イスラムの国ならではだ。たいした用事はなさそうに見えるが、とりあえず挨拶をするという目的だけで、互いの家を毎日行き来している様子なのである。彼らは握手しながら、ボソボソと長い挨拶を交わす。そのあと白髭のじいさんは客たちに「ジャポンからの旅行者だ」とぼくを紹介する。みんな穏やかな目でぼくに話しかけてくる。誰も英語は解さないので、ぼくは片言のトルコ語とめいっぱいのジェスチャーで答える。トンチンカンな会話になっているに違いないが、彼らのぼくを見る目はどこまでも温かい。

　そのうち晩メシが出てきた。直径一メートルくらいのホーローの丸いお盆に、小さい皿が五枚のっており、それをみんなで囲んで食べる。それぞれの皿には、ひき肉を煮こんだもの、チーズ、ゆで卵、トマト、そしてピーマンの「ドルマ」が盛られていた。ドルマは「詰め物」という意味で、トルコ特有の料理だ。みんなにならって手づかみでかぶりついてみると、ピーマンの皮が破れ、なかからピリリと辛いトマト味のごはんがあふれ出してきた。なんと心地のいい食感だろう。考えてみると、ものを包むという手間のかかった料理を食べるのは、この旅ではこれが初めてかもしれない。いや、ドルマだけじゃない。靴を脱いで床にあぐらをかく習慣も、みんなでひとつの皿を囲んで食べるスタイルも、なんだかすべてが懐かしいのである。そう——アジアなのだ。

夜がふけたころ、お母さんがぼくを別室に連れていった。そこにはソファの背もたれを倒してつくられたベッドがあった。いかにも洗いたてのパリッとした白いシーツがかけられている。お母さんは「ほら、ここで寝なさいな」と言うように、ソファを手でパンパンと叩きながら、大きな黒い瞳でぼくに笑いかけた。ぼくは頭を下げながら何度も、

「テシュキュレデリム（ありがとう）」

と言った。

みんなが寝静まると、森の奥のような静けさがあたりを覆った。ぼくは暗闇のなかでひとり、目を開けて天井を見ていた。シーツからは石鹸の香りが漂ってくる。春のようなその香りに包まれていると、ぼんやりしていたものがふいに明快な形になって頭に浮かび、胃の腑《ふ》に落ちる思いがした。親日の彼らといると、こっちも親トルコになるのだ——。

ふいに目の前が広がっていくような心持ちになった。

——好意を寄せあうほうが、簡単じゃないか。

ごく自然なことのように、そう感じたのである。

65 ヤギ乳ヨーグルト——シリア

どうしても食べられなかったもの、というのはじつはあまりない。ゲテモノ料理などは探せばいくらでも見つかるだろうが、ふつうに旅をして、現地の人がふつうに口にしているものを食べていれば、筆舌に尽くしがたい味に巡り合うことはそうないように思う。どれもまあ平均的な味である。ほとんどの人が抵抗なく食べられるだろう、と思えるぐらいには。

といいつつ、たまには嚥下するのがつらいものにも出合う。

トルコの次の国シリアに入って、数日たったある日のことだ。

夕暮れどき、砂漠に村が見えてきた。そのなかに入り、自転車をとめると、おじさんたちがたくさん集まってきた。みんな頭からすっぽりかぶるタイプのだらんとしたアラブの民族衣装を着ている。ぼくが片言のアラビア語で、

「ここ、ホテル、ある?」

と聞くとみんな口々に「ラー(ない)」と言う。

そこへ関取のような図体のでかいオヤジがみんなを押しのけながら現れた。何かに怒っているような顔だ。オヤジはぼくを指し、次に自分のうしろを指した。コンクリートづくりの

家がある。きょとんとしていると、オヤジは怒った顔のまま、もう一度同じように、僕を指し、自分のうしろの家を指した。どうやら「俺の家に泊まっていけ」ということらしい。言っていることと表情がばらばらだ。

家に入ると、室内もコンクリートむき出しだったが、床にはアラブならではの赤いじゅうたんが敷かれていた。

村人たちもぞろぞろ入ってきた。チャイが出され、談笑が始まった。

部屋には十五人ほどいるだろうか。大人は男ばかりだが、ぼくを家に招いたオヤジの膝元には、幼稚園児から小学生ぐらいまでの女の子が四人座っている。彼の娘のようだ。

オヤジが相変わらず怒った顔でぼくに何か言った。理解できずに困った顔をしていると、オヤジはぼくを指し、次に薬指に指輪をはめる動作をした。「お前、結婚してるのか？」と聞いているらしい。

「ラー（していない）」

と答えると、オヤジは自分の前に座っている四人の娘を指し、次にその腕をぼくに向かってゆっくりぶーんと振った。「どれでも好きなのを持っていけー」と言わんばかりに。

あっけにとられ、オヤジの顔を見つめた。オヤジは真剣なまなざしをぼくに注いでいる。かと思ったら急に表情を崩し、フォッフォッフォッフォッと笑った。おかしなおっさんだ。

おばさんが料理を持って部屋に現れた。トルコと同じように、大きな丸い盆の上に小さな皿がいくつかのっており、オリーブの実、いり卵、トマト、キュウリ、ヨーグルト、といったものが盛られている。

　シリアはじつにホスピタリティあふれる国で、これまでにも何度も家に泊めてもらったり、食事に招待されたりしたのだが、料理は不思議なぐらい毎回同じパターンで、その場で調理されたものといえば「いり卵」ぐらいなのだ。招待を受けておいて言うのも申し訳ないのだが、〝食〟にあまりこだわりがないのかな、と思ってしまう。

　そして例の品はそのなかにあった。ヤギの乳のヨーグルトだ。日本でいえば味噌汁のようにほぼ毎回ついてくるのだが、これがぼくの嗜好とはかけ離れていたのだ。ただ、このとき出されたものは、磁器のように白く輝いて上品に見えた。もしかしたら大丈夫かもしれない、とおそるおそるそのヨーグルトをひとさじ口に含んでみると——ボン！　と口内で小爆発が起こって煙が上がり、名状し難いにおいが膨れ上がってきたかと思うと、バフッと鼻から抜け、とたんにもんどりうって倒れ、顔じゅうをかきむしりたくなった。歯槽膿漏《しそうのうろう》のおっさんの歯垢《しこう》をかき集めて熟成させた、といったにおいだ。それがぼくの顔を包み、あたかも自分がそのにおいを発しているかのようにしばらく顔のまわりにとどまるのである。

　ありったけのオリーブを口に詰めこみ、においをごまかそうと躍起になっていると、オヤジが再び怒った顔で聞いてきた。

「お前、結婚してるのか？」

オヤジの真意を測りかね、そのぼってりした顔と、据わった目をのぞきこんでみたが、やはりその表情からは何も読みとれなかった。しかたなくさっきと同じように「ラー」と答えた。するとオヤジもさっき同様、自分の娘を指し、「持っていけー」とばかりに、ぼくに向かってぶーんと手を振るのである。

ぼくはオヤジの顔を凝視する。オヤジも険しい目でぼくを見る。

それからオヤジは急に破顔し、フォッフォッフォッと巨大な図体を揺らして笑う。ぼくもブハッと吹き出す。その間のとりかたといい、顔つきといい、同じギャグを繰り出すタイミングといい、ほれぼれするようなユーモアセンスなのだ。味覚や習慣はこんなにも違うのに、笑いのツボは同じなんだな、とたいそう感心してしまった。

しばらくして、オヤジが再び、「おい」と声をかけてきた。そっちを向くとやはりぼくを射抜くような目で見ている。

「お前、結婚してるのか？」

こ、このオヤジ、まさか本気では……。

66

大福アイス――シリア

昼下がり、広大な砂漠のなかの一本道を走っていると、ガソリンスタンドがぽつんと現れた。自転車をとめ、クッキーを取り出し、ガソリンスタンドのわきの階段に座る。そこへ、体がひょろりとした気弱そうな兄ちゃんが遠慮がちに近づいてきた。駅弁売りのように首から発泡スチロールの箱をぶら下げている。八の字眉の、いまにも泣き出しそうな顔だ。アラブ人にしては目が細く、垂れている。彼はたどたどしい英語で、「どこから、来たんですか？」と言った。

問われるままに旅の話をしていると、彼は首から下げた箱のなかから餅のようなものを取り出し、ぼくに手渡してきた。プレゼントだという。お言葉に甘えてかぶりついてみると、驚いた。牛皮のような生地にバニラアイスが入っている。大福に似せた、あの日本のアイスにそっくりなのだ。

「うまい！」

兄ちゃんは垂れた目をしわのようになるまで細めて笑い、「サンキュー」と言った。いや、それはこっちの台詞《せりふ》だよ、とぼくはちょっと笑いそうになりながら、なんだかやさしい気持ちになった。

シリア版「雪見大福」は日本のものより甘さが控えめで、生地もやわらかく、立ち売りの商品とは思えないほどに完成された味わいだった。さすがシリアだな、と感心してしまう。アラブ諸国では宗教上、飲酒が認められていないせいか、人々の情熱が甘いものに向かっているような気配があった。町のあちこちに甘味処があり、髭を蓄えたおじさん集団が昼夜関係なく、砂糖菓子やショートケーキやシュークリームを食べているのだ。

胸が悪くなりそうなほど甘いものも多いが、ここシリアの菓子はひと味違った。どれも品のある甘さで、餅のような食感のものが多かった。兄ちゃんの大福アイスはまさにシリアらしい菓子だと思えた。

ふたりで階段に座って話していると、一台の車が給油にやってきた。兄ちゃんは慌てて車に駆け寄っていき、運転席の窓越しに、箱のふたを開けて中身を見せ、懸命に何か言っている。しかし運転手はいらだったように顔をそむけ、助手席の男と話をしている。兄ちゃんのほうを見ようともしない。兄ちゃんはやがて打ちひしがれたように車のわきに立ち尽くし、頼りなげな笑みを、その垂れた目に浮かべたままの表情で固まった。笑っているのか泣いているのかよくわからない顔だった。見ていてちょっと痛々しくなってきた。

肩を落としてとぼとぼと戻ってきた兄ちゃんは、ぼくと目が合うと困ったように笑った。

ぼくは気の毒になりながらも、彼は物売りという仕事に向いていないんじゃないかと思った。大量に売れ残った大福アイスを前に、泣きそうな顔でしょんぼりしている彼の様子が頭のなかで像を結んで凝固し、離れなくなった。

「じゃあ、俺は行くよ」

と言って立ち上がると、兄ちゃんは握手を求めてきた。ぼくはその手を少し強く握りながら、神妙な思いで「がんばってな」と心のなかで声援を送った。

それから半日ほど走ると、再び砂漠のなかにガソリンスタンドが現れた。自転車をとめ、クッキーをかじる。日没の時刻が近づき、灰色の雲に覆われた空がどんより暗くなっていた。

軽トラがやってきて目の前のガソリンスタンドにとまった。何気なく顔を上げ、そっちを見ると、助手席からひとりの男が飛び出してきた。

「ああっ！」

昼間の大福アイスの兄ちゃんだ。こっちに向かって子どものように手を振りながら走ってくる。その表情を意外な思いで見た。昔の親友に何年かぶりに会ったとでもいわんばかりの、弾けるような笑顔なのだ。昼間少し話をしただけなのに――。ぼくは思わず立ち上がった。

兄ちゃんは目の前まで来ると右手を出してきた。ぼくはその手を再び握りながら聞いてみた。

「仕事は終わったの？」

「うん、いま帰るところなんだ」

世間ずれしていない中学生のような人懐っこい笑顔で彼は言った。ドライバーに相手にされず、情けない顔で車のわきに立っていた彼の姿が脳裏に浮かんだ。

ぼくは人差し指を立てながら言った。

「アイスひとつくれるかい。今度は買わせてよ」

すると急に兄ちゃんは表情を曇らせたのである。

「ごめん……売り切れたんだ」

えっ!? と彼を見返した。雲間からもれ出した夕陽が、砂漠をうっすらと黄金色《こがねいろ》に染め始めた。その淡い光のなかで、兄ちゃんは八の字眉の眉尻をさらに下げ、ひどく申し訳なさそうな顔をして立っているのだった。

「あは、いいんだ、いいんだよ」とぼくは彼の肩を叩きながら言った。「じゃあ次会ったときに一個頼むよ」

彼は再び旧友を見るような目をして、それから、にっこり笑ったのだった。

67 ラマダンのイフタール——エジプト

カイロの町で奇妙な光景に出会った。

日暮れ前である。歩道にテーブルとイスがびっしりと並べられ、百人以上はいるかと思われる人が座っている。それぞれの前には料理ののったトレイがあった。誰もそれに手を付けず、何かを待っている。近づいてみると、ひとりのおじさんがぼくを迎えるように腕を開き、「ここに座りなよ」と空いている席を指した。無料の食事だというのだ。

断食月、ラマダンに入っていた。イスラム暦の九月の一ヵ月間、イスラム教徒たちは日の出から日の入りまでいっさいの飲食を絶つ。敬虔《けいけん》な人になると、自分の唾も飲みこまないという。たしかに、ラマダンに入ってから、そのあたりに唾を吐いている人を見かけるようになった。

そんなルールを聞いたり唾を吐く人を見たりしていると、断食にはやはりキツい苦行のイメージがつきまとうが、彼らの表情を見るかぎり、暗い様子はない。むしろ高揚感すら表れている。実際、聞けばみんな楽しそうに話すのだ。待ちに待ったラマダンが始まった、と。

というのも、日没とともに一日のラマダンが明けるのだが、それからがまるでお祭りなのだ。イフタールというふだんよりも豪勢な食事が供され、多くの人々が屋外でワイワイと夜遅くまで食べている。町の明かりは深夜を過ぎても煌々と灯り、行き交う人で通りは賑わい、子どもたちは夜更かしに目を光らせるのである。

さらにここカイロでは、レストランが無料でイフタールを提供していた。イスラム教には喜捨《きしゃ》の教えがある。富者は貧者に施しをせよというわけだが、ラマダン中はその精神がいっそう強くなるらしい。

驚いてしまうのは、どう見ても異教徒のぼくにまでこのイフタールがふるまわれるということだ。店の人たちの悠然たる表情を見ていると、のびをしたようなおおらかな気持ちになってきて、自分も人にやさしくしよう、などと殊勝なことを自然に思ってしまう。

日没のアザーンがモスクから流れた。

「アラーイラハイッラララー」

礼拝を呼びかける声だ。通りを埋め尽くす人々が各々食事を始めた。何百何千という食器の触れ合う音がカチャカチャ鳴り、ピンク色の空に響いている。精密機械が組み上げられていくような小さな音の巨大な塊だった。やさしい気配の充満した、厳粛な音だった。

トレイにはチキンとジャガイモの煮たもの、ごはん、パン、そしてデザートのババロアがのっていた。どれも味が薄くてあっさりしている。断食直後に食べる一回目の食事としては、これぐらいの料理がちょうどいいのだろう。

冷めてしまっているので絶品とは言い難かったし、さすがに無料なので家庭で出されるような盛大なイフタールとは様子が違ったが、穏やかな人々と肩を並べ、静かな喧騒に抱かれて食べるその食事には、彼らの世界に溶けこんでいくような恍惚感とともに、もうひとつ別の深い味わいがあった。料理を前に手を合わせ、感謝して〝いただく〟ということの意味を、あらためて身に刻むように感じながら、食物をゆっくり呑みこむ自分がいたのである。

68 ファラフェル──イスラエル

「ファラフェル」は中東の代表的な料理だ。

ひよこ豆とそら豆のペーストを揚げたもので、コロッケに少し似ている。かじると衣がカリッと音をたて、そのあと豆のふっくらした旨味が靄《もや》のように広がる。これを野菜とともに薄いパンにくるんだり、はさんだりして食べる。この〝サンドイッチ〟が一個約十円から二十円という安さだ。繁華街を歩けば、そこかしこでファラフェルが揚げられ、サンドイッチが手渡しで売られている。いわばアラブ人のファストフードである。中東諸国を南下しながら、ぼくは毎日のようにそれを食べた。

エジプトからは再び北上し、ヨルダンを経てイスラエルに入った。

国境を越えてまもなく、エルサレムの旧市街が遠くに見えてきた。

「…………」

それは異様な感じでぼくの目に飛びこんできた。町は石の城壁にぐるりと囲まれており、まるで巨大な刑務所のようだった。そのまわりには新市街が広がっているのだが、城壁内の〝旧市街〟だけはすっぽりと真空になって、まわりから隔絶されている、そんな冷ややかなムードがあった。

旧市街の中央には、金色の巨大なドームが浮かんでいた。イスラム教の寺院「岩のドーム」だ。すぐそばにはキリスト教の教会らしきものも見える。

エルサレムはユダヤ、キリスト、イスラムという三つの宗教の聖地だ。そのことが互いに相容れない主張を生み、ユダヤ人——すなわちイスラエル人対アラブ人の対立を深めているのは周知のとおりである。周囲わずか四キロあまりのこの狭い〝旧市街〟のなかでさえ、明確に区分けされ、それぞれの民族が各エリアにわかれて住んでいるのだ。

そこに向かって長い坂を自転車でおりていくと、やがて巨大な城壁が目の前に現れ、ぼくはそれを見上げるような格好になった。旧市街のなかへ通じる門は城塞のようになっており、その上ではふたりのイスラエル兵が監視を続けている。

その門をくぐって旧市街に入り、人ごみをかきわけ、自転車を押してパレスチナ人地区に入っていくと、やがて人通りが減り、静かになった。石畳の通りに沿ってどこまでも石の壁が続いており、まるで中世の迷宮に迷いこんだようだ。ひんやり澄みきった空気が肌をなでていく。そのうち、体じゅうから塵や埃が洗い流されていき、気持ちがすっと冴え渡っていくのを覚えた。ちょうど森のなかを歩いているような感覚だ。〝聖地〟に共通した空気だな、と思う。宗教の形は関係ないのだ。世界のどこの聖地もそう。人々の信仰や祈りが空間に溶け出し、大気を浄化しているのだ——。

エルサレムはとりわけその空気が濃いように思えた。それはこの町が城壁で囲まれているせいか、あるいは三つの宗教の聖地になるだけの磁場がやはりここにはあるからか。いずれにしても、ぼくは歩いていて特別に気持ちがよかったし、この町が非常に魅力的なものに映った。ただひとつのことをのぞいては——神聖な空間の各辻に設置され、おそろしく場違いな空気を放っている、近代的な監視カメラである。

パレスチナ人地区の安宿に投宿し、荷物を置いて町散策に出かけた。

市場のほうに行くとしだいに活気が出てきた。あちこちでファラフェルが売られている。言うまでもなく、パレスチナ人もアラブ民族である。彼らもこの〝アラブのファストフード〟をふだんから食べているようだ。

そこを過ぎてユダヤ人地区に入るとがらりと空気が変わった。人が消えたように静かになり、家が頑強で立派になった。ちょうどパレスチナ人地区が下町で、ユダヤ人地区が高級住宅街といった具合だ。まるでエリアごとに色分けされたテーマパークのようである。

それにしてもどうしてこんなに人がいないんだろう、とキョロキョロしながら歩いていると、あるものが目に入り、

「えええええっ⁉」

と思わず叫びそうになった。なんと、このユダヤ人地区にもファラフェル屋があったのだ。アラブの食べものじゃなかったのか？

あとでわかったことだが、ファラフェルはイスラエル人、つまりユダヤ人にとってもポピュラーな食べ物で、代表的な〝イスラエル料理〟らしい。しかしアラブ諸国を先に巡り、そっち側の料理だと勝手に決めつけていたぼくには、まったく思いもよらないことだった。

だが冷静になって考えてみると、違う民族が同じ料理を食べる例は何も珍しくない。というより、近隣同士なら必ず文化は影響し合っているし、むしろ食べ物は伝播《でんぱ》の力がとりわけ強いんじゃないだろうか。日本の食卓に中華料理がごくふつうに上がるように。

とはいえ、彼らの泥沼化した対立を思うと、両者が同じものをおいしいと感じ、それを両者ともに日常的に食べているということには何か奇妙な、しかしながら陽だまりのような温かいイメージを抱かずにはいられなかったのだ。彼らがひとつのテーブルを囲んでいっしょに食事し、談笑するというシーンを、つい頭に描いてしまうのである。

69 ピザのルーツ――トルコ

ピザの発祥はトルコだという話がある。しかし、そのトルコのピザ「ラフマジュン」とナポリの〝ピッツァ〟には果たして関連があるのだろうか、と首をひねってしまう。ラフマジュンにはトマトソースもチーズも使わない。味付けした羊肉のミンチが生地の上にのるだけだ。薄い生地はナポリのピッツァに似ていなくもないけれど、それに具をのせて焼くという発想は、個々がふつうに思いつき、独自に発展させそうな気もする。

そのトルコに再入国すると、前回旅をしたときのトルコと比べて印象がガラリと変わった。軍の検問が一〇キロから二〇キロおきぐらいに現れ、いやに物騒な雰囲気なのだ。まれに戦車まで道路わきに据えられていた。ここトルコ東部はクルド人が多く、独立を目指して活動するゲリラがたくさん潜んでいるということである。

ある日、バトマンという町でインターネットカフェに入った。何台ものコンピューターからけたたましい爆発音が鳴っている。ゲームをやっている若い男たちがぼくのほうをちらりと見て、隣の者と何やら耳打ちをした。店内全体が不穏な空気に満ちているが、それはどうも照明が暗いせいだけではなさそうだ。床にはタバコの吸い殻がいくつも落ちている。

メールを打っていると、角刈りのような頭をしたマッチョな男がぼくにチャイを持ってきて、控えめな様子で片言の英語を話し始めた。この店の店長らしい。そのうちゲームをしていた男たちがぞろぞろとぼくのまわりに集まってきた。暗い店内で十人以上の男たちに囲まれるのはあまり気分のいいものじゃない。クルド人ゲリラのことも気がかりだったので、唯一英語を解す角刈りマッチョの兄ちゃんに聞いてみた。

「このへんはクルド人が多いの？」

兄ちゃんはこともなげに言った。

「ぼくもクルド人だし、ここにいるみんなもそうだよ。この町のほとんどがクルド人さ」

胸に少し冷たいものを覚えながら、彼の顔を見返した。威圧感のある筋骨隆々の体とは不釣り合いに思えるほど、やわらかい笑みを浮かべている。

別の青年が数珠《じゅず》のようなものを渡してきた。プレゼントだという。青年は明るいブラウンのきれいな目をしていた。そこでぼくは初めて顔を上げ、彼らを見まわした。さっきは薄暗くてよくわからなかったが、よくよく見ると、みんなほがらかな目をしているのである。

テロ、ゲリラ、過激派——「クルド人」というだけで何やら怖い印象があったが、しかしそれはやはりニュースの情報だけで固められた一方的なイメージだったのかもしれない。

そこへ四十代前半くらいの陽気な男が現れた。ルーディと名のるその男も英語をしゃべった。不動産会社の経営者らしい。皮肉屋のように、口の右端を吊り上げながら言う。

「今晩は俺のオフィスに泊まればいい」

角刈りマッチョの兄ちゃんもそれに続いた。

「いいね。そうしなよ。自転車はこのネットカフェに置けばいいから」

ぼくはちょっと躊躇《ちゅうちょ》してしまった。若者たちのたむろする、場末のゲームセンターのようなこの薄暗いネットカフェにはまだ全幅の信頼を置くことができなかった。それにこれまで散々見てきた軍の検問は、クルド人への漠然とした不安をやはり少なからずかきたてていたのだ。しかし数珠をくれた青年ともう一度目が合ったとき、急に自分の狭量をなじりたいような気持ちになり、彼らの厚意を受け入れる方向に気持ちが固まっていった。疑うぐらいならものを盗られるほうを選ぼう——そう思ったのである。

自転車と荷物をネットカフェに置き、貴重品だけ持ってルーディの車にのった。彼はぼくをあちこちに連れていき、家族、親戚、友人などに紹介していった。彼らの明るい笑顔を見ていると、数キロおきに軍が配備され、鎮圧され、迫害されているといった、彼らの置かれた深刻な現状が、この地とはまったく関係のないフィクションのようなものに思えてきた。

すべての家庭訪問を終えてルーディの会社に着くころには夜もだいぶふけていた。

日本の会社と変わらない立派なオフィスだった。ネットカフェにいた連中が数人集まっている。テーブルにラフマジュンがのっていた。彼らもこれを食べるのか、と思っていたらルーディが言った。

「クルドの名物だよ」

「えっ？　トルコ料理じゃないの？」

すると口元にシニカルな笑みを常に浮かべていたルーディの顔が一瞬引き締まり、「違う」といくぶんキツい口調で答えた。「クルド料理だ」

そのあとすぐに優男《やさおとこ》の顔に戻ったが、ぼくはちょっと虚をつかれたように彼を見返した。

勧められるままそのラフマジュンを頬張ってみると、トルコの西側で食べていたものとはたしかに違った。あちらは生地が薄く、軽いスナックという印象だったが、こちらのはインドのナンのように生地が厚い。もっちりして生地自体に小麦の濃い風味があり、コクのある羊肉のミンチとよく合った。これ一枚で一回の食事にじゅうぶんなボリュームである。

食べ終えたところですでに深夜になろうとしていたが、そこからトランプが始まった。そのあとは社長のルーディを含む三人でオフィスにごろ寝した。

翌日、昼過ぎに起きてネットカフェに行くと、自転車は誰にも触れられた形跡はなく、昨日とまったく同じ状態で置かれていた。角刈りマッチョの兄ちゃんに礼を言うと、彼は「いよいいいよ」と妙に照れた顔で言った。

準備を整え、自転車を押して外に出ると、いつのまにか店に集まっていた二十人ぐらいの男たちがぼくのあとからぞろぞろと外に出てきた。

昨日のインターネットの代金やラフマジュンなど飲み食いのお金を、角刈りマッチョの兄ちゃんやルーディに払おうとしたが、彼らは「いいから行け行け」とハエをはらうような仕草をして笑った。

みんなに手を振られ、ぼくも彼らに手を振り返しながら、自転車をこぎ出した。彼らが見えなくなったあと、過ぎていくクルド人の町——物騒だから訪問を差し控えなさい、と日本政府が通達している町——を眺めながら、あんなにたくさんの笑顔で見送られたのはこの旅を通して初めてじゃないかな、と頰をゆるめながら思った。

70　チェロケバブ——イラン

イランの食事はキツい——とこれまでいろんな旅人から聞いてきた。だからイランに入って最初に「チェロケバブ」を食べたときは首をかしげてしまった。

「うまいやないか……」

チェロケバブはイランの代表的な料理だ。バターライスの上に棒状の〝つくね〟がのったものでら羊肉の脂とコクがライスにからんでじつにまろやかな味がする。そこに付け合わせの焼きトマトの甘酸っぱさや生タマネギの爽快さが加わり、味がぐんぐん膨らんでいく。

不思議だったのは、チェロケバブの羊肉がほとんどにおわないこと。本当に羊なのかと疑ったぐらいだ。羊肉をメインに食べるこのあたりの人は、やはりその調理法を熟知しているのかもしれない。

値段も安い。イランの国民的飲料「ザムザムコーラ」（ふつうのコーラと基本同じ）とパンがついて約百二十円から。ボリュームも申しぶんない。これに不平を言うなんてみんなどうかしてるで――と理解ある人格者になった気分でいたら、四、五日もすると、旅人たちのボヤキのほうを全身で理解している自分がいた。

なんといっても外食の選択肢が少なすぎるのだ。だからすぐに食傷し、見るのもいやになってくる。

ただ断っておくと、イラン料理そのものにはいろんな種類がある。ほかのイスラム国同様、この国でも人の家に呼ばれることが頻繁にあり、そのたびに家庭料理をいただいたが、いつもいろんな種類の料理が出され、そしてどれも軒並み質が高かった。

ところが外食となると事情が一変する。何より店のバリエーションが異様なほどに少ないのだ。とくに地方の町だと、①チェロケバブを出すレストラン、②サンドイッチ屋、③串肉焼きの露店、という三種類になってしまう。想像してほしい。町に①吉野家と②マクドナルドと③焼鳥屋しかないのだ。そんな町が毎日続くのである。

こちらは自転車をこいで腹ぺこだから串肉やサンドイッチだけでは満たされない。そのためしかたなくレストランに行き、結局チェロケバブばかり食べるはめになる。

もちろん、レストランのメニューにはほかの料理ものっているから、それを注文すれば済む話である。しかし、どういうわけかことはそう簡単に運ばないのだ。

古都イスファハンでのことだ。日本でいえば京都のような町で、世界的な観光地である。それだけに町を歩いていると不可解な思いに包まれていった。飲食店がまるで見当たらないのだ。イランは店のバリエーションだけでなく、単純に店の数もなぜか極端に少ないのだが、まさか国内随一の観光地でも同じ状況だとは……とあっけにとられていると、ようやく一軒の店が現れた。

なかに入ると、客はひとりもいなかった。店の少なさを考えれば、混んでいてもよさそうなものだが……やはり飲酒の習慣がないから外食が盛んにならないのだろうか？

メニューを開くといろんな料理の名前が並び、その横に英語が添えられていた。このあたりはさすがに観光地だな、とちょっとホッとしながら、魚のフライを指して注文する。

ウェイターは首を素早く振って「ない」と答えた。口を一文字に結び、ほとんど表情らし

いものがない。変なウェイターだな、と思いつつ、ぼくは別の料理を指して、

「ではこのチキンを」

と言った。ウェイターはまたしても空気を切るようにシュッと首を振った。

「切らしている」

「……じゃあ、どの料理ならあるんだ？」

ウェイターの指はメニューの上の「チェロケバブ」を指したあと、動かなくなった。

71 サンドイッチ屋――イラン

荒野のなかに小さな町が現れた。目についたサンドイッチ屋に入る。毎日の昼食コースだ。「サンドイッチ」といっても日本のそれとは違う。細いコッペパンの中央に切りこみを入れて具をはさむので、見た目はホットドッグのようである。

店内には肉屋で見かけるようなガラスのショーケースがあり、具がずらりと並んでいる。スパゲティ、ソーセージ、ハンバーグといったなじみのある具から、鶏の肝煮、羊の脳みそといったものまで、多いところでは二十種類ほど。好きな具を指すと、鉄板で温め、パンにはさんで出してくれる。一個約三十円から六十円。チェロケバブのとき同様、最初は「なん

や、うまいやん」と喜んだのだが、しかし具が何種類あろうと、しょせん〝具をはさんだパン〟というシンプルな料理である。毎日食べていると、やはりすぐに飽きがくる。

ぽてっと小太りで髭面の店主は、ぼくを見るなりニコッと微笑んで話しかけてきた。

「日本人ですか？」

みごとな日本語だ。聞くと日本に三年間出稼ぎに行っていたらしい。

イランを旅していると、ときどきこういう人に会う。感心するのは彼らのほとんどが日本語をほぼ完璧にマスターしていることだ。仕事上、必要に迫られたせいもあるだろうが、日本に何年いても英語しか話さない欧米人なんかとつい比べてしまう。

ちょっと意外に感じたのは、ほとんどのイラン人が「日本はよかった」と感想をもらすことだ。九〇年代に日本に大勢いた出稼ぎイラン人といえば、どうしても偽造テレカの印象がある。そのせいでまじめに働いているイラン人もいわれのない差別を受けていたんじゃないか、と勝手に思っていたのだが、彼らの日本観を聞いているとそうでもなさそうである。

「サシミとスシとアサヒスーパードライが恋しいね」

店主はニヤニヤしながらそんなことを言う。酒はイスラム教で禁じられているはずだ。ぼくは冗談半分に、「日本では豚肉も食べていたの？」と聞いてみた。イスラム教の戒律のなかでも、豚肉は最大級のタブーである。店主はとぼけた声で言った。

「食べてたよ」

「えっ!?」

「ベーコン大好き」

「……あなたイスラム教徒でしょ？」

「そうだよ、でも関係ないね」

「……一日五回、礼拝してる？」

彼はワッハッハと笑った。

「するわけないでしょ。そんなの意味がないよ。いまの若い人、誰もやらないよ」

「…………」

「それでも私はイスラム教徒さ。だけど宗教は関係ないね。神はみんないっしょだよ」

やがて鶏肝サンドが出てきた。かぶりつくと上質なパテのようななめらかさが口のなかに広がった。新鮮な肝を使っているのだろう。食べ終えると、ソーセージサンドを追加で注文した。店主は頼んでもいないのにコーラやチャイまで出してくれた。

店を出るとき、店主が出してきた飲み物代をどうしようかと考えながら、財布を取り出した。すると店主は「おいおいよしてくれよ」といった感じで手を横に振った。

「サンドイッチも飲み物も私のおごりさ。日本ではみんなによくしてもらったからね」

彼はそう言って、髭面にさわやかな笑みを浮かべたのである。

72 味覚の郷愁――トルクメニスタン

イランを抜け、中央アジアの最初の国、トルクメニスタンに入ってすぐのことだ。

砂漠に浮かぶ村の食堂で羊肉のスープを飲んでいると、トラックが店の前にとまり、四人の男がドカドカと入ってきた。荒っぽそうなオヤジたちだ。しばらくして、彼らのテーブルに運ばれてきた料理を見て、ぼくは「ええええっ!?」と思わず大声を上げた。

なんと餃子である。イランの隣でこんなものが食べられているなんて!

ぼくは身をのり出して、「シトーエータ（それは何）?」と暗記しておいたロシア語で彼らにおそるおそる聞いてみた。彼らは最初変な顔でこっちを見ていたが、すぐに口元に笑みを浮かべて「マンティ」だと教えてくれ、「こっちに来いよ」と席を勧めてくれた。そっちに移ると、彼らはマンティの皿をぼくの前に置き、「食べろ食べろ」と言う。お言葉に甘えてひとつ口に放りこむ。プルプルした皮が裂け、肉汁がじゅわっと飛び出し、肉とキャベツの甘みが日の光のように広がっていった。

「ぐ、ぐ、ぐ……」

羊肉を使っているので日本の餃子とは違う。だが同じルーツを感じさせる味だった。〝アジアの味〟だった。このとき、まったく予想だにしなかった感動が起こった。やっと帰ってきたんだ。そんな声が体の奥から聞こえた。その声にぼくはハッとし、肌に無数の粟粒が立った。トルコで家族たちとあぐらをかいて座ったときも〝アジア〟を感じたが、このマンティの衝撃はそれではなかった。日本を出てから、ここにいたるまでの六年という月日の重さを体じゅうに感じ、そしてその長さを初めて知ったように、愕然となったのだ。

偽りなく、この六年は本当にあっというまだった。あっけないものだった。ふだん旅をしていて時間の重さを感じることはない。ふつうに生活をしていて、自分の生きてきた時間を長いと感じたりはしないように。何年旅をしようが、〝現在〟の一瞬一瞬があるだけなのだ。

アフリカのゴール、喜望峰に着いたときもぼくはぼんやりしていた。「Cape of Good Hope（喜望峰）」の木の看板を眺めながら、「パンフレットの写真どおりだ」と思った。そのあと追いついたタケシやアサノやジュンといっしょに騒ぎはしたが、その看板を見たからといって「到達した」という実感が得られたわけではなかった。頭のなかで「ここが喜望峰だ」と理解しただけだ。視覚から入ってくるものは脆弱《ぜいじゃく》で、あやふやなのだと思った。

だが五感で受けとめる食物は違う。マンティを食べた瞬間、これまでの旅路が自分の後方に延々とのびていくような像が浮かび、体が震えた。アラスカから始まって、南米、欧州、アフリカという道のりを、自分の足で走り、ついにアジアまでやってきたということを、今さらながら体で感じ、体で理解した。そしてその道程の長さと、自分のなかに蓄積された時間の量に息を呑み、茫然となったのである。

運転手たちはぼくの上気した顔を不思議そうに見ていた。そのことに気付いたぼくは手でペダルをまわす動作をして、これまでに訪れた主要な国の名を言った。彼らは深いため息をついたあと、マンティをさらに進めてきた。ぼくは慌てて「そんなつもりで言ったんじゃない」と遠慮したが、彼らは笑ってそれを制し、どんどん食べろ、という仕草をした。それから店のおばさんにもうひとつ茶碗を頼んだ。

茶碗が運ばれてくると、彼らはそれにウォトカを入れ、ぼくの前に置いた。最年長とおぼしき六十歳ぐらいのおじさんが手を合わせ、何か唱え始めた。みんなも目をつぶって下を向き、同じ文句を唱えている。急に厳粛な気持ちに包まれた。どうやら旅の安全を祈ってくれているらしいのだ。いま会ったばかりの、こんなぼくのために……。

その祈りが終わると全員で茶碗を持ち上げた。

「トウスト（乾杯）」

飲み干すと喉が焼けるように熱くなった。

その二日後、ウズベキスタンに入国した。国境を越えても劇的な変化はなく、相変わらず白っぽい砂漠が続く。夏の暑熱がじわじわと近づいている気配が日差しや風から感じられた。

午後三時ごろ、小さな町に着いた。食堂に入ると、客が十人ぐらいいて、丼に顔をつけるようにして何かをすすっている。その中身が見えた瞬間、ゾクッと震えがきた。うどんである。ユーラシア大陸のど真んなかで、うどんが食べられているのだ。

おばさんがオーダーを取りにきた。ぼくはなんだか慌てたように客たちが食べているものを指し、「エータ（あれ）、エータ！」と言った。おばさんはいぶかしそうに「ラグマン？」と聞いてきた。ぼくは「ダー（はい）、ダー」と答え、何度も首を縦に振った。

運ばれてきた「ラグマン」には、肉、ジャガイモ、トマトが入っていた。スープを飲んでみると、シチューと肉じゃがを足して二で割ったような味だ。次いで麺をすすってみると、

「うほおぉ……」

やはり日本のうどんと同じだった。表面はややぼそぼそしているが、噛みしだくともちっとしたコシがある。スープとのからみ具合もいい。一気にテンションが上がり、続けてズルズルとすすった。考えてみると、〝麺とスープ〟という料理が郷土料理としてふつうに食べられている文化圏に、ぼくは日本を出てから六年もかかって、やっと戻ってきたのだ。

夢中で食べながら、ふと顔を上げた。客たちはみんな無表情で口を動かしている。ズルズ

ルと音を立てて麺をすすり、口を動かし、また無表情で麺をすする。窓から午後の光が射し、薄暗い店内を淡く照らしていた。そのなかでズルズル、ズルズル、という音がいくつもいくつも立ち上がり、ぼくのまわりで鳴っているのだった。

――アジアにいる……。

丼に目を落とし、再び麺を口に運んだ。目の前でズルズルという音が鳴り、体に熱が広がっていった。とうとうここまで来たんだ。地球をぐるっとまわって、本当に帰ってきたんだ。顔がじわじわと火照ってきて、目の奥から熱いものがこぼれてきた。食堂の喧騒がだんだんと遠ざかっていった。

73　マーラー豆腐――中国

カザフスタンから中国に入国し、最初の町に入ったとたん、仰天した。おびただしい数の食堂が通りの両側にびっしりと並んでいるのだ。カンカンシャーシャー！　と中華鍋とお玉の当たる音に、もくもくとわきあがる白い煙、野菜の炒められる香ばしいにおい……。

「き、きた……」

笑いの巨大な塊がゆっくりと浮上してきた。なんという世界の変化だろうか。これまでいた中東や中央アジアは、外食の店の数もそこで出される料理のバリエーションも不思議なくらい少なかったのだ。〝食〟への情熱が町からはほとんど感じられなかったのである。

そんな地域を八ヵ月旅したあと、一転、目の前に現れたのがこの中国の食堂街だったのだ。砂漠を歩いていたらいきなり目の前に遊園地が広がった、そんな感覚だった。

ぼくは地に足がつかないような思いでそのなかを歩き、適当に店を選んでドアを開けた。四人の若者がこっちを向いた。従業員のようだ。客席でトランプをしている。眠たげな顔だ。客はひとりもいない。油で汚れたテーブルに黒ずんだ壁。出よう。瞬時にそう思ったのだが、彼ら全員がぼくを見たのでタイミングを逸した。

やむなく席につくと、二十代前半ぐらいの女性がお茶とメニューを持ってきた。ちょっと気になる美人だった。口元に冷たい雰囲気を漂わせているが、瞳は潤んだように光っている。その彼女が何か話しかけてきた。注文を聞いているようだ。曖昧に笑うと、彼女はにこりともせず眉をひそめた。

メニューは漢字でぎっしりと埋め尽くされていた。それを見ているだけでも楽しくなってくるのだが、横で注文を待っている彼女からのプレッシャーがあった。ぼくは急いで好物の豆腐を探し、「麻辣豆腐」を指して彼女に見せ、それからビールの大瓶とごはんを頼んだ。その三つでなんと七・五元、日本円で百円ちょっとである。

まずビールをぐび、とひと口。うむ。さっぱりした味だ。コクや深みはないが、走行後の一杯にはよさそうである。

さて日記でも書くか、とノートを開いたところで料理が運ばれてきて、えっ⁉　とのけぞった。いくらなんでも早すぎるだろ。……さてはつくりおきを出してきやがったな。まったく、なんて店だ。従業員はやる気も愛想もないし、完全に店の選択を間違えてしまったらしい、とくさくさしながら食べてみると、

「いいっ⁉」

今度は体が前のめりになった。唐辛子の辛味、山椒の香気、ゴマ油の香味、タレのコク、それらいろんな風味が豆腐の淡泊な味にからみつき、重厚感のある壮大なシンフォニーを奏でているのである。しかも、言ってはなんだが、こんなやる気のなさそうな店で！

がぜんテンションがあがり、夢中で食べていると、さっきまで気だるい表情をしていた従業員たちが興味深そうな顔でこっちを見ているのに気付いた。

「ハオチー（おいしい）！」

親指を立ててそう言うと、みんなの顔がフッとゆるんだ。女性が茶を継ぎ足しにきてくれた。彼女もさっきまでとは一転、好奇の目に変わっている。ぼくは思わず言ってしまった。

「ニー（あなた）ピャオリャン（美しい）！」

男たちがドッと笑い、彼女はばつの悪そうな顔をした。それを機に彼らは次々に話しかけてきた。だがぼくが知っている単語は、じつは「おいしい」と「美しい」だけなのだ。その二語を食堂で連発すればすぐに現地に溶けこめるため、どの国でも最初に覚えるのである。

彼らからの質問に、ぼくはすべて「シー（はい）、シー、ハオチー」と愛想よく答えた。そのうち彼らも「ダメだこりゃ」という表情を浮かべるのだが、入店したときとは打って変わって店内には活気がたちこめているのである。

みんなに手を振って店のドアを開け、通りに出ると、再びカンカンシャーシャーの音の洪水に、白い湯気、〝食〟の大気にワッと包まれた。そのなかをあてどもなく歩く。足がふわふわ軽くなってくる。ああ、これが旅だよな、と酔った頭で思った。明日はどんな日になるんだろう。それを想像するだけで笑いがこぼれ、いてもたってもいられなくなるのだ。

74　砂糖トマト——中国

夕暮れどき、村に着くとツーさんがいた。

民家の軒先に出された食卓に、家族といっしょに座り、メシを食べている。彼らから夕食に招待されたのだろう。ぼくは内心やれやれ、と思いながら、ちょっと笑ってしまった。どんないきさつでそうなったのか、だいたい想像がつくからだ。

ツーさんに会ったのは五日前だ。

「天山神秘大峡谷」という名のついた赤い岩の峡谷のなかを走っていると、前方に荷物満載の自転車がとまっていた。その横にやせた鳥のようなじいさんがいる。荷物の積み方がめちゃくちゃなのでホームレスかな、と思っていると、じいさんはぼくに気付き、何か叫んだかと思うと、道の真んなかに出てきて通せんぼするように両手を上げた。面食らいながら自転車をとめると、じいさんは威嚇《いかく》するようなけたたましさでしゃべりだした。

「わしは六十七歳で、上海から来た！　自転車で中国一周をやっておる！　ひとりだ！」

中国に来て約二週間。日々暇を見つけては中日辞書を見て必要な単語を覚えているので、言っている意味は断片的にわかる。

じいさんは新聞をいくつも引っぱり出してきて、ぼくの目の前に突き出してきた。どれにも彼の写真が載っている。各地で取材されているようだ。

さらに彼はカメラを出してきて、ぼくの手に押し付けた。次に荷台から三センチ径くらいのパイプを四、五本取り出してつなぎ合わせ、それにシーツぐらいのサイズの布をとりつけて巨大な旗をこしらえた。その旗には大仰な書体で、〈ひとりで！　自転車で！　中国一周！　六十七歳！〉といったことが書かれている。

じいさんは「天山神秘大峡谷」の看板の前でその旗を振った。ぼくはその姿を彼のカメラに収めた。それから無理やりつき合わされる格好で、彼といっしょに走ることになった。

町に着くと、ツーさんの主張で郵便局に行った。

彼はカウンターの向こうにいる女性局員に向かって、ぼくにやったように自分が掲載された新聞を広げ、口早に己の旅を説明したあと、横断幕のような布をカウンターに置いた。消印が無数に押されている。どうやら訪れた先々の郵便局で布に消印をもらっているらしい。

局員のお姉さんはあきれたような顔で消印を押した。次にツーさんは時代劇に出てきそうな巻紙を取り出した。お姉さんはそこにも消印を押した。ツーさんは顔色も変えず、次々にTシャツ、ノート、カード、とカウンターの上に置いていき、お姉さんも機械のようにポン、ポン、ポンと消印を押していった。

「な、なんなんだこれは……？」

結局、彼のペースにはとてもついていけず、翌日には別れたのだが、その四日後、軒先で家族といっしょにメシを食べているツーさんに再会したのである。おそらくこの家族にも自分の新聞記事を見せ、ちゃっかり相伴《しょうばん》にあずかったのだろう。

ツーさんは「お前も食べろ」とぼくに席をすすめた。招かれている人間には絶対に見えない態度だ。それでも家族たちはいやな顔ひとつせずぼくを招き、微笑んでいる。中国人のおおらかさにはどこか痛快なところがある。電車やバスで観光地を中心に訪れていると、すれた人間にばかり会うからか、「中国人は横柄で、ぶっきらぼうで、がめつい」といった印象を持つようだが、自転車で田舎を巡ると、まったく違った中国が見えてくるように思える。

ともあれ、勧められたイスに座り、食卓を見ると、中国の〝食〟の充実ぶりをあらためて感じないわけにはいかなかった。ナス、エビ、鶏、それらを炒めたものがそれぞれ皿に盛られ、いろどりも豊かにてらてらと光っているのだ。とても家庭料理には見えない。食べてもしかりで、食堂で出されるものと寸分変わらなかった。やはり〝食〟の国なのだ。

なかでも感心したのはトマトの料理だ。口に入れるとさわやかな酸味と甘みが浮かんだ。輪切りにしたトマトに砂糖をまぶしただけのもののようだが、それでも立派な〝中華料理〟になっており、風がすっと胸を吹き抜けていくような爽快な味わいがあった。大雑把《おおざっぱ》なのに心を打つ。ふわっと広がる余韻がある。どうかすると、料理はその国の印象と重なっていく。

うまそうに食べているぼくを、向かいに座っているお父さんがニコニコ見ている。その腕のなかには赤ん坊がいた。聞けば八ヵ月前に生まれたらしい。

そこへボロをまとった坊主頭の中年男が近づいてきた。視線が定まらず、エーッ、エーッと奇声を発し、涎を垂らしながらえへらえへら笑っている。

その男はぼくたちのそばにやってきたかと思うといきなり、お父さんが抱いている赤ん坊に手を伸ばし、その子の髪をくしゃくしゃにかきまわし始めた。ドキッとしたが、お父さんは笑ったまま、子どもの髪が乱れていくのを楽しそうに眺めている。そして驚いたことに、赤ん坊も頭を激しく揺さぶられながら、泣きもせず、きょとんとした顔で男のされるがままになっているのである。さらにその横でツーさんは我関せずとばかりに無視を決めこみ、ひたすらメシをかきこみ続けていた。赤ん坊を含めて三者三様、骨の髄までシュールに徹しており、まさに舞台上の喜劇を目の前で観ているような気分だった。

ぼくは顔がにやけるのをとめることができず、肩を揺らしながら、〝砂糖まぶしトマト〟を皿からずずっとすすった。見上げると、空がド派手なピンク色に輝き、荷車を引いたロバが糞をボトボトと落としながら、かっぽかっぽと目の前を通り過ぎていくのである。

75 じいさんのオムライス——パキスタン

パキスタン北部の山深い地域「フンザ」は、アニメ映画『風の谷のナウシカ』のモデルになった場所とも言われ、そのせいもあってか、ここは日本人村か？　と疑いたくなるぐらい日本人旅行者がわんさかいた。

宿側もその状況に合わせ、ある料理を食堂で出していた。オムライスだ。

ひとりの旅人が宿主につくり方を教え、それが何十とある安宿に伝播した、という噂で、たしかにどの宿もオムライスを出していた。ただどの宿も、ケチャップライスを卵でくるむのではなく、薄焼き卵を上からかぶせるだけ、という雑なつくりに変わっている。食べればいっしょだろ、という宿主たちの声が聞こえてきそうだが、たしかにそのとおり、いや、ぼくにとってはじゅうぶんすぎるほどで、中国の砂漠一二〇〇キロと標高五〇〇〇メートル近い峠を越えてふらふらここにたどり着き、ようやっとそれを食べたときは、こんなに味わい深い食べ物だったのか、と胸がつまったほどだった。しかもひと皿約五十円という安さだ。

村ののんびりした雰囲気と、七〇〇〇メートル級の雪山をのぞむ大パノラマが気に入り、この山村でしばらく休養することにした。さらに長逗留になった理由がじつはもうひとつあった。なんと、北米や南米をいっしょに走ったキヨタくんと、ここで三年半ぶりに偶然再会したのである。まったく、世界はときに笑えるくらい小さく感じられてしまう。

ぼくたちの泊まっている宿、「ハイダーイン」は七十歳ぐらいのハイダー爺が切り盛りしている。オムライスをつくるのもじいさんだ。慣れた手つきでケチャップライスをジャッジャッと炒めて皿に盛り、そのあと手早く薄焼き卵をつくってライスにのせる。無駄のない動きについ見入ってしまう。自分たちの郷土料理をこしらえているとでもいわんばかりだ。

笑顔のかわいい、味のあるじいさんだが、かつては戦場で勇敢に戦っていたらしい。

「インドとドンパチが始まったらいまでも行くぞ。年をとったがわしはまだまだ戦える」

と言って力こぶを見せ、顔をしわくちゃにして茶目っ気たっぷりに笑うのである。

旅人から〝桃源郷〟とまで称えられるこの村での平穏な日々は、しかし約一ヵ月後に突如終焉を迎えた。ニューヨークのビルに飛行機が突っこんだ、あの事件の勃発である。

俗世から遠く離れたこの桃源郷にも影響は及んだ。アメリカの攻撃目標となったアフガニスタンは、ここパキスタンの隣国なのだ。アメリカ側についた政府にたいする暴動が各地で起こり、さらに悪いことには、周辺国との国境が閉まり出した。追い討ちをかけるようにこんな情報が入ってきた。日本大使館の発表によると、邦人の国外退去は速やかにおこなわれ、パキスタン内にいる日本人は現在十一人を残すのみである、と。

一泊約七十円の「ハイダーイン」に滞在中の、国益になんの影響も及ぼさない二十人以上の日本人貧乏旅行者たちは、

「俺ら勘定されてないやん！」

と爆笑したあと、慌てて荷造りを始めた。

じいさんは生活がかかっているから必死だった。「ここにいれば大丈夫だ」と何度も繰り返していたが、誰も聞かなかった。次々に去っていく旅人たちを、じいさんは沈痛な顔で見送っていた。

テロから一週間後、とうとうぼくとキヨタくんのコンビも重い腰を上げた。近くの町まで走ってそこからバスにのり、インドに脱出することにしたのだ。

じいさんは宿の外まで出てぼくたちを見送ってくれた。握手を交わしたその手は、一本一本の指が野球のグローブのように太く、深いしわがたくさん刻まれていた。

長期でいたぼくたちに、じいさんは何も言わなかった。ただ潤んだ黒い大きな瞳でぼくたちを見ているだけだった。まもなくこの宿でひとりぼっちになるじいさんのことを想像すると、ちょっとたまらない気持ちになった。

走り出してからも、じいさんの潤んだ目が頭から離れなかった。彼が再びおどけながら日本人旅行者相手にオムライスをつくる日は、いつかまたやってくるのだろうか……。

見上げれば、壮麗な山々が角度を変えながら、ゆっくりと紺碧《こんぺき》の空を動いていくのだった。

76 バナナとチャパティ――インド

食堂で生水が出された。見た目は無色透明だ。

おそるおそるひと口飲んでみる。おや？　悪くない。塩素臭もかび臭さもない。エイッと一気飲み。うん、やっぱり清水のようだ。

ぼくは調子にのった。衛生的に〝注意すべし〟とされているラッシーをぐいぐい飲み、アイスクリームをむさぼり食った。暑くて我慢ができなかったこともあるが、この国の菌にたいする挑戦という計算もあったのだ。

キヨタくんと別れてインドに入った初日のことだった。

ぼくはこれまでどの国でも現地の人と同じものを食べ、同じものを飲んできた。たまに下痢もするが、二、三日もすれば治る。しかしインドの菌は話が別だ。なんとなく強そうではないか。

そこで入国初日からインドの菌と真っ向勝負を挑み、力でねじ伏せ、自信につなげようという作戦なのだ。インド産のいやに苦いビールもしこたま飲んでやった。

「プハーッ！　これでどうじゃワッハッハ！」

土砂降りのような下痢は夜中から始まった。眠りの底から何度も引きずり上げられては、バネ仕掛けのように跳ね起き、トイレに駆けこんではうなった、頭を抱えた、涙を流した。

翌朝になると、ずいぶんおさまっていたが、自転車をこぎ出してからも、たびたび草むらに駆けこむというありさまだった。

そしてぼくは無数にあるインドの〝不思議〟のひとつに直面するのである。これだけ下痢の多そうな地域なのに、お腹にやさしい食事がいっこうに見当たらないのだ。どの料理もみごとに辛口カレー味で、口にできたものは「チャパティ」という無発酵の素焼きパンだけである（ナンは地方ではあまり見かけない）。このチャパティにしたってふつうはカレーにつけて食べるものだが、それをバナナとともに食べた。しかし三日もそれを続けると、ほとほと飽きてしまい、見るのも苦痛になった。

一度インド人のおじさんに、あなたたちは下痢をしたときには何を食べるのか、とまっすぐに聞いてみた。おじさんの回答は速かった。

「チャパティ」

ぼくはがっかりしながら、ほかには？　と聞いた。おじさんは少し考えてから、

「バナナ」

と答えた。からかっとるのか？　と思いつつ、まだ何かあるでしょ？　となおも聞くと、彼は難しい顔をしたのち、「知らん」と言った。

そんなある日、地方の町で焼きそばの屋台を発見した。カレー以外もあるやないか！　とうれしくなって一人前を注文した。出てきたのは異様に真っ黒な焼きそばである。ひと口食べた瞬間、電気が走ったように舌がしびれ、顔から汗がドッと噴き出してきた。

「い、いったい、どうやったらこんな味になるんじゃあっ！」

むしろカレーより辛いではないか！　しかもなんだこのしょっぱさは？　なんなんだこのボソボソした粉っぽい麵は？　おいしくしようという気持ちが少しでもあったのだろうか？　それに向けてちょっとでも努力はしたのだろうか？　わからない。本当にわからない。だってふつうにやればこうなるはずがない……と本当に謎だらけの焼きそばだったのである。

それからも行く先々で焼きそばの屋台を見かけ、懲りずに食べてみると、観光客の集まる町の焼きそばはそれなりにマイルドな味になっていたが、そうではない田舎の焼きそばはやはり悶絶《もんぜつ》の味で、少なくとも下痢のお腹にやさしい食べ物だとはまったく思えなかった。だから結局バナナとチャパティをしぶしぶ口に押しこみ続けるしかなかったのである。

予想通りインドの菌は強力で、いつも以上に下痢は長引いたが、それでも二週間ほどすればなんとか治まった。

それから久しぶりに食堂に行くと、生水が出された。最初はなめるだけにしておいた。次の日、店で出されたときは軽くひと口飲んだ。さらに次の日はふた口、と、こうしてゆっくり時間をかけて現地の菌に慣らしていった。

やがてふつうに水を飲み、ラッシーもほどほどの量を飲むようになった。アイスクリームも適量を食べた。

六年も旅をすれば、サルの学習能力も少しは向上するのだ。

77　ジョディのカレー――インド

インドの食堂には「カレー」という表記がどこにもない。お品書きを見ても、「カリフラワー」「豆」「ジャガイモ」「キャベツ」と食材を表す文字が並んでいるだけだ。

インドの料理はほとんどが「マサラ」と呼ばれる混合スパイスで味付けされる。だからどれもがいわゆる〝カレー味〟になる。メニューに「カレー」と書く感覚は、彼らはハナから持ち合わせていないに違いない。

本場インドの〝カレー〟はたいていがサラサラと水っぽく、コクがあまりない。代わりにスパイスが立っている。旨味がないとぼやく旅人もいるが、スパイスの香りや調和を意識しながら食べると、別の奥深さが見えてくるような気がする。

インドでは手で食べるものとばかり思っていたら毎回スプーンがついてきた。ぼくが外国人だからかもしれない。それを断ってあえて手で食べるのも何かかぶれている感じがするので、ぼくはすなおに出されたスプーンを使って食べていた。インド人たちもわりあい多くの人がスプーンを使っている。手で食べる人のほうが少数派に見えるぐらいだ。もっともこれは地域によるのだろうが。

そんなインドを三週間走り、ヒンズー教の聖地バラナシに着いた。そこである日本人女性と再会し、その彼女の友だちだというインド人の女子学生マネーシャと知り合った。聡明さを感じさせる端正な顔立ちで、十六歳とは思えないほどしっかりした口調で彼女は話した。

ある日、そのマネーシャの部屋に、彼女を紹介してくれた日本人女性とともに遊びにいった。集合住宅が密集している薄暗い一角に彼女の部屋はあった。

広さはやっと四畳あるかないかといったところか。細長いつくりで、そこにベッドがすっぽりと入っているため、部屋の空間のほとんどがベッドで占められている。壁とベッドのあいだは人がやっと通れるほどのすきましかない。だから三人が車座になって座れるのは、ベッドの後部から部屋の入り口までのわずかなスペースだけだ。そんな部屋のなかに、壁かけの扇風機と、小さくて古ぼけたテレビがあった。デッキの一部が破損し、なかの機械がむき出しになったラジカセもある。マネーシャはそのなかにインド映画のサントラのテープを入れ、ボタンを押した。ノイズだらけの割れた音が小さなスピーカーからもれ出した。

正直言って、予想していたよりも部屋は広かったし、立派な暮らしをしているな、とも思った。彼女の一家は花売りだ。カーストは高くない。

「違うのよ」

日本人女性がぼくに日本語で耳打ちした。

「ここは〝彼女の部屋〟じゃないの。彼女を含めた〝家族六人の部屋〟なの」

平手で顔をはられたような気分だった。恐ろしいものに向き合うような思いで、あらためて部屋のなかを見まわした。ひとつのベッドを父母と五歳の末っ子の三人が使い、ほかの三人の子どもはコンクリートの床に体をくっつけ合って寝るらしい。

あるいは、家具も何もないバラックのような家ならその事実もまだ受けとめやすかったのかもしれない。だがテレビやベッドなど、自分たちの暮らしと同じアイテムがある家だけに逆に生々しく感じられ、インドの低所得者層の貧困ぶりが不気味なほどに冷たく胸に迫ってきたのである。

数日後、再びマネーシャの部屋に遊びにいった。昼食をごちそうしてくれるというのだ。部屋に入ると、次女のジョディしかいなかった。マネーシャはまだ学校から帰ってきていないらしい。

昼食はどうするんだろう、と思っていたら、なんと、十歳になったばかりのこのジョディが料理をつくり始めた。

入り口の〝車座スペース〟にポータブルの灯油コンロを置き、水を入れた鍋を火にかける。そこにピーマンやニンジンを切って放りこむのだが、なにせまだ子どもである。おもちゃを手当たりしだいに破壊するような荒っぽい所作で、野菜のくずは飛び散るわ、鍋のなかの水ははねるわで床がどんどん汚れていくのである。いくらなんでももう少し考えろ、と言いたくなるが、小さな女の子の投げやりな感じの動きがおかしくておかしくて、ぼくは笑いっぱなしなのだ。そんなぼくを見てジョディもニヤニヤしている。

それから彼女はごはんを炊き、チャパティまでつくった。めちゃくちゃに見えるが、やたらと手際がいい。十歳の少女が、家事をこなす国なのだ。

マネーシャが帰ってくると、前回も聴いたサントラをかけ、食事が始まった。みんな手で食べている。ぼくもそれにならってやってみた。

意外にも、といえばジョディに失礼だが、食堂のカレーと変わらないうまさなのである。適当につくったようにしか見えなかっただけに、思わず目を見開いた。

次に、やってみて初めてわかったのだが、手だけでカレーを食べるのは、これがなかなか大変なのだ。カレーがさらさらのスープ状なので、ごはん粒が指のすきまからポロポロとこぼれてしまうのである。

マネーシャが笑いながらやり方を教えてくれた。右手の指を閉じてスプーンのような形にし、ひと口の量のごはんとカレーを指先にのせる。その指先の側を自分の顔に向けて近づけていき、最後に右手の親指でシュッとカレーを押し出して口に入れてやる。この親指の使い方がポイントで、やってみるとなるほど、それだけの工夫でずいぶんスムーズになるのだ。

慣れてくるとやがてカレーの味のほうに意識が移り、しだいに目の前が開かれていくような心持ちになった。スプーンで食べる場合とでは明らかに味が違うのだ。香りや歯ごたえに〝手触り〟が加わることで味が立体的に立ち上がってくるのである。

ますます興がわき、ごはんをすくってシュッと入れる動作がどんどん速くなってきた。するといつしか、すくってシュッ、すくってシュッ、のリズムがほかの四人と重なってきて妙な一体感が生まれたのだ。

互いに膝や肩があたるほど身を寄せ合う狭い部屋のなかで、みんなと顔を突き合わせ、同じリズムで、シュッ、シュッ、と食べる。インド映画のサントラが、壊れかけたラジカセからジリジリと鳴っている。そのノイズだらけの音は、かつて日本のお茶の間に流れていたラジオ放送を連想させるほどに、優雅な雰囲気で漂っていたのだった。

78　コンビニのアンパン——タイ

ネパールで行く手をはばまれた。政治的な問題で、北のチベットも東のミャンマーも陸路では国境を越えられないのだ。しかたなく飛行機でタイに飛んだ。

バンコクの空港から外に出ると、一月だというのにじっとりと蒸し暑かった。夜の大都市を走る気にはなれなかったので、バスに自転車を積んで市内に向かう。

しばらく行くと、未来都市然とした町が窓の外に浮かんだ。高架道路が何本も空を走り、巨大な高層ビルが建ち並んでいる。その発展ぶりにたじろいでいると、突然、ゾッとするようなものが現れた。「ファミリーマート」だ。それもご苦労なことに、日本とまったく同じデザインなのである。続いて、やはり日本と同様の「セブン―イレブン」も見えてきた。

コンビニは町の中心部に向かうにつれて増えていき、さらには「サントリー」の看板や、「伊勢丹」などが町にあふれ出した。しだいに体温が奪われていくような気分だった。なんだか旅が、もう終わったようにさえ思えてきたのだ。

安宿にチェックインしたあと、旅人の町として有名な「カオサン通り」を歩いた。路上は陽気な白人や若い日本人でごった返していた。まるで縁日のような賑わいである。

セブン―イレブンに入ってみると、商品が棚に整然と並び、巨大な冷蔵ショーケースには上から下まで色とりどりのドリンクがぎっしりと詰めこまれていた。ぼくはますます鼻白んでいった。そう、ここにあるのは日本なのだ。日本を模した文化、あるいは日本そのものが広がっているのだ。

そうしてついに「なんじゃこりゃあ!」と錯乱状態に陥ったのは、パンコーナーを見たときだった。タイ語の下に日本語で〈アンパン〉と書かれたパンがたくさん並んでいたのだ。

あはは、終わった終わった！　とぼくは内心やけのように叫んでいた。俺の旅はもう終わった！　張りつめていたものがプツンと切れた感じだった。

ぼくのこんな反応は、おそらく他人からすればまったく大げさで理解に苦しむものかもしれない。けれどもぼくのルートにはこれまで〝日本〟をリアルに感じさせるものはいっさいなかったのだ。六年と半年旅をしてきて、〝日本〟が見えたのはこのときが初めてだったのである。しかもまったく予期せぬ形で見えたのだ。ショックで、興ざめの程度がひととおりではなかった。

やけくそな思いで、アンパンを買ってみた。九バーツ、約二十五円である。

袋をあけたとき、ふんわり甘い香りがした。かぶりついてみると、

「おお……」

やっぱり、同じなのだ。パンのしっとりしたやわらかさも餡《あん》の味も日本のアンパンとほとんど同じなのだ。その模し方にはちょっと打たれたが、しかし、それだけだった。同じというだけだった。中央アジアで餃子やうどんを食べ、〝アジアに帰ってきた〟と体が反応した、あのときの感動とはまったく違う。簡単な理由だ。これは、タイの味ではないからだ。

翌朝、再びあてもなく町を散歩した。

前から眠そうな顔をした日本人の若者が四人、足を引きずり歩いてきた。ジーンズをパンツが見えそうなところまでずりおろしてはいている。ぼくは彼らと無感動にすれ違った。

朝だというのにひどい蒸し暑さだ。喉が渇いてきたな、と思ったところへセブン―イレブンが現れた。いいところにあるじゃないか。ドアの前に立つと電子音が鳴り、自動でドアが開いた。なかに入ると清々しい冷気に包まれ、汗がスッと引いていった。

商品を冷やかしながら歩く。パンコーナーにはほかにもいろんな菓子パンが並んでいた。〈タイカスタードアンパン〉と日本語で書かれたパンをカゴに入れる。次いで巨大な冷蔵ショーケースの扉を開け、牛乳やミネラルウォーターをカゴにぽんぽん投げ入れていく。レジに行き、制服の店員に代金を渡しながら、ふと、思った。自分はこの町に、もう違和感を覚えなくなっている……。

店から出ると再びムッとする暑さに包まれた。パンを袋から出して半分に割る。見たこともない緑色のクリームだ。食べてみると日本のクリームパンと同じような味がした。だがその向こうには、ココナッツの香りがほのかに浮かんでいた。

79 虫の味――タイ

マレーシアの露店でナシゴレンを頼むと、料理人はまずエビをフライパンに放りこんだ。これが約七センチとけっこう大きいエビなのだが、頭と殻はついたままなのである。その殻のせいだろう。かきあげを揚げているような、やたらと香ばしいにおいが漂ってきた。そこに野菜とごはんを入れ、ジャッジャッとフライパンを振る。さらにケチャップマニスと呼ばれる甘辛いソースや調味料を入れ、再びジャッジャッと混ぜる。

運ばれてきた皿の上には、茶色に炒められたごはんが盛られ、その上にてらてらと光る殻つき有頭エビがのっていた。食べてみると、エビの香味がごはん全体にいきわたっていて、自分の目尻がどんどん垂れていくのがわかった。さらにエビを口に入れると、殻がカリッと砕け、棘がちくちくと口内に突き刺さってくるのである。粗っぽく、豪快。その味わいがマレーシアの熱帯夜のなかで、露店のイスに座りながら食べていると、いやにしっくりくる。料理がその風土に溶けているように思えてくる。

バンコクに降り立った数日後、ぼくは電車とバスをのり継ぎ、シンガポールまで行った。マレー半島の最南端、すなわちユーラシア大陸の最南端から、自転車をこぎ始めて日本を目指そうと考えたからだ。

シンガポールはイメージどおりの整然とした町だったが、次のマレーシアの発展ぶりは意外だった。町には近代的な建物が並び、あちこちにＡＴＭが設置され、首都クアラルンプールには雲がかかるような高層ビルがそびえていた。建設中のビルやクレーンや工事中の道路などからは、国のダイナミックな変遷が伝わってくるようだった。

しかし一方で、路地に入ると、油の染みついた古い露店が、ひと昔前とほとんど変わっていないだろうと思われる様子でひしめいているのだ。そんななかでナシゴレンにのった殻つきのエビを食べる。カリカリした野卑な食感に、近代化されずに残っている地元の味を感じ、東南アジアにいるな、と思わず頬をゆるめるのである。

数日後、再びタイに入った。

スラタニという田舎町に投宿したあと、西日に照らされた町を散歩する。

大きな屋台街があった。串焼き、から揚げ、焼売、焼きそば、ソーセージ、タイスキ、お粥、各種スイーツ、フルーツ、ジュース、かき氷。いやはや、ここにない〝食〟はないんじゃないか、と感嘆していると、ギョッとするものが目に入った。イモムシ、コオロギ、バッタ、タガメ、ゲンゴロウ、カナブン、サソリ、何かのサナギ、それらのから揚げがトレイに山盛りになっているのだ。タイの昆虫食は有名だが、まさか専門の屋台まであったとは。これで商売が成り立つのだろうか。そんなに需要があるのだろうか。いったいどんな人が買っていくのだろうか。いろんな思いがわき上がり、屋台から少し下がったところで観察していると、さほど待たずに若いカップルがやってきて虫を選び始めた。男のほうがぼくに気付いてニヤッと笑い、「アロイ（うまいよ）、アロイ！」と言う。女のほうもさわやかに笑っている。あの笑顔でサソリを噛みしだくのだろうか。一匹のイモムシをポッキーみたいにふたりで両端から食べていって最後にチューとかするのだろうか。虫だぞ、虫。

しかし彼らが去ったあと、前に進み出て、虫たちを見つめているぼくがいた。そして店のおばさんに十バーツ、約二十八円を渡し、数種の虫を詰め合わせにしてもらった。若いカップルの明るい笑顔が、チキンのぼくの気を大きくしたらしい。

とはいえ、イモムシをつまんでじっと見つめると、

「…………」

タイ人はこれを見て食欲を覚えるのだろうか、とほとほと不思議になった。長さは約三センチで、クリーム色の胴体にはイボのような無数の足がついている。胴体は十もの節にわかれ、その節のひとつひとつに茶色い点が一個ずつ打たれていた。つまり〝□〟の中心に点が一個入ったものがたくさんつながっているわけだ。わざと悪趣味にデザインされているとしか思えない。そして胴体の先では茶色い頭部がつやつやと光っているのである。なんたる気色の悪さだろう。しかし新しい世界を広げるために、これは越えなければならない壁なのだ。ぼくは仏のように目を細めて無我の境地に至り、えいっ、とそれを口に放りこんだ。

「お？」

サクッと軽やか、雑味なし。苦味も臭みもいっさいなし。かなり抵抗感のあった頭部も少し硬いだけで、とくに味はしない。もう一本つまんで食べてみる。うむ、やっぱり悪くない。というより、けっこうイケるではないか。というか、なんだろう。何かに似ている。あっ！

「かっぱえびせんや！」

そういえば形もかっぱえびせんに似ているではないか。ぼくはひとりでうんうんとうなずきながら、続いてイナゴを口に入れた。

「ほお」

やはり臭みはない。それどころか香ばしくて、これも何かに似ている、と思ったら、そうだ、居酒屋の小エビのから揚げだ。

そして最後にコオロギである。これも見た目はかなり厳しい。イモムシやイナゴは体が細いぶん、スナック感覚で〝つまんでサクッ〟とポップなノリで口に放りこめたが、コオロギは丸い。嚙んだ瞬間、粘性ものが飛び出してきそうだ。しかも黒い足からは繊毛が無数に飛び出しており、例のあれ、ゴキのブリ、あれを連想させるのである。でも志士たるもの、こんなところで立ちどまってはいられないのだ。とりゃっ。

「ほほぅ……」

これもやはり小エビのから揚げに似ているが、さっきのイナゴより濃厚だ。ミソが多くつまったエビといったところか。

気をよくしたぼくはビールを買い、屋台街を離れて川のほとりに行った。夕焼けが川面を染め、ヤシの木のシルエットが赤い空に並んで浮かんでいる。小さな細長い漁船がポンポンポンと小気味よい音を立て、目の前を行き交っていた。

ベンチに座り、真っ赤な世界に包まれながらビールを飲み、虫をつまんだ。ポリポリした歯ごたえが口内を刺激してくる。川からの生ぬるい風に吹かれながら、ひとりで悦に浸りきっていた。体のなかでも外でも、タイがくっきりと広がっているのだ。

80　鶏ともち米――ラオス

タイの町にはマクドナルドやケンタッキーやコンビニがあって、人であふれ、車であふれ、とにかく近代的で賑やかで騒々しいイメージがあったが、その国を出てメコン河を船で渡り、ラオスに入ると、

「……なんだこりゃ？」

音が、消えた。ここサワンナケートはラオス第二の町である。なのにしんとしている。街

路は緑だらけで自然がいっぱい、といえば聞こえはいいが、すさまじい田舎だ。店も食堂も見当たらない。なぜか人影もあまりない。

あっけにとられながら走っていると、ようやく一軒の店が現れた。だがなかに入ると、棚には商品がまばらにしかない。まるで使われていない倉庫だ。商品がぎちぎちに詰めこまれていたタイのコンビニとは正反対である。ここラオスも市場経済が導入されて十年以上たつはずだが、いまだに社会主義の影が色濃くとどまっているようだった。

人から聞いていた安宿に投宿する。昼間だというのに、廊下も部屋も暗く、壁には黒いしみが煙のように広がり、ジメッとしていた。ジャングルの沼地を思わせる宿だ。共同トイレに入ると、汚臭が顔にまつわりついた。蛇口をひねっても水が出ない。

「水は夕方からしか出ないことになっている」

従業員はそっけなく答えた。断水――ひどく珍しいものに感じられる。もしかしたらアフリカ以来じゃないだろうか。

日本を出る前は東南アジアをひとくくりにして考えていたが、実際来てみると、国によって見えるもの、聞こえる音、社会の空気、すべてがまるで違うのだ。

夕暮れどき、メコン河のほとりを散歩した。土手沿いに屋台がぽつぽつと出ている。これも隣国とは対照的だ。あらゆる食があふれていたタイの屋台街に比べ、こちらはどの屋台も肉を網で焼いているだけだ。しかもその肉ときたら、日がたって干からびたような見ばえの貧しいものばかりだった。その様子がどの店も同じなのだ。やはり競争意識が低いのだろうか。もっとタイでいろいろ食べておくんだったな、といまさらのように思ってしまった。

適当に一軒を選び、鶏のもも肉を頼んだ。その肉も表面が乾いていてつやがなかった。土手に置かれたイスに座り、なんの期待もせずに食べてみる。

「……ん？」

やはり表面はパサついて、洗練さのかけらもない。だが旨味はしっかりのっている。肉を魚醬《ぎょしょう》に漬けこんでいたのだろう。それよりもこの肉だ。プリッとした弾力と甘みがあって、いやな脂臭さがない。昔ながらの放し飼いにされた鶏なんじゃないだろうか。

たまらずごはんを頼むと、円筒形の小さな竹カゴに入って出てきた。ふたを開けるともち米が入っている。ラオス人の主食だという。まわりの人がやっているように、ひと口ずつ手にとって、こねながら食べてみると、甘みがぐんぐん増すように思われた。それとももも肉をいっしょに食べると、もち米の粘りのある甘みと鶏のふっくらした甘みがまじわっていった。香草やアミエビやピーナッツをふりかけたタイ料理のような派手さや複雑さはない。だが、何かどっしりと構えた感じのする、ホッと気持ちの落ち着く味だった。

土手にはゆるやかな風が吹き、人々が夕涼みに出ていた。誰も彼もが笑っているようなゆるんだ顔をして、ずいぶんとスローに歩いている。旧社会主義国らしいな、と思う。中央アジアが脳裏によみがえってくる。かの地では車ののろさに唖然としたのだ。そう、車だ。ここはいやに少ないのだ。エンジン音は遠くのほうで松籟《しょうらい》のようにかすかに響いているだけである。なんという静けさだろう。

　空や川からピンク色が失われ、しだいに透明になってきた。振り返って、川とは反対側を見ると、日没後まだまもないというのに、町は早くも眠りについたかのように闇に沈んでいる。すごい第二の町もあったもんだ。かたや再び川のほうに目を向け、対岸を見ると、色とりどりの明かりが星のように灯り、その数がどんどん増えているのである。川をはさんでこうも違うのだ。

　向こう側のあのきらびやかな夜景に、ラオスの人たちはどんな思いを寄せているのだろうか——ふとそんな思いが頭をよぎったが、もしかしたら、笑ったような顔でのんびり土手を歩く人たちは、それほど対岸に目を向けてはいないのかもしれない。弾力あるもも肉ともち米の素朴で力強い調和を味わいながら、そんなことを考えていた。

81　犬を食う——ベトナム

近くに犬料理専門店があるらしい。そんな話を、ここフエの宿で旅人から聞いたとき、自分の顔が輝くのがわかった。犬？　そりゃまたいったいどんな味なんだ？

しかし意外だったのはここベトナムにその習慣があったということ。中国や韓国で犬が食べられているのはなんとなく聞いて知っていたけれど……。

あとで調べてわかったことだが、犬食はさほど珍しいものではなく、かつては東アジア・東南アジアの広い地域で見られたようだ。日本でも江戸時代以前や、戦中戦後の食糧難の時代には食べられていたという。

犬食に抗議する白人の映像をニュースなどで見るにつけ、ああいうのは反捕鯨家の活動と同様にどうなんだろうなと思う。ベトナムでは食用犬が飼育され、ふつうに食べられているのだ。生理的に受け付けないという気持ちは理解できるし、その気持ちは自分のなかで大切にしていればいいと思うが、自分の考えと違う文化を絶対悪と断じる資格は誰にもないはずだ。むしろ旅人ならば異文化を積極的に取り入れ、そのうえで考えることが肝要。

などともっともらしいことを言ったところで、どんな味か知りたいだけだろ、と問われたら、口笛を吹いてあさっての方向を見るしかないのだが、ま、とにかく、火事が出れば真っ先に見にいくタイプの同宿の日本人旅行者六人で食べにいった。うち二人が女性で、最初は少しためらっていたが結局ついてきた。

暗い裏通りにその店はあった。なかは地元客でごった返し、肉の焼けるにおいと煙がたちこめている。ちょうどホルモン焼き屋のような雰囲気だ。

焼肉と鍋とビールを頼む。一人あたり約百三十円。ベトナムの物価を考えると意外と高い。

まずは焼かれた肉が出てきた。赤みの強い色で、パッと見はコンビーフに似ている。肉の表面で脂がジリジリと音を立て、白い泡が垂れている。ぼくたちは基本的にニヤついた顔でここまで来たわけだが、いざ焼かれた肉を前にすると、理屈抜きで何かとてもいけないことのような気がしてきた。みんなで顔を見合わせ、おそるおそる食べてみる。

「…………」

近いのは羊肉だろうか。かなりの脂っぽさだ。くわえて、強めにきかせたショウガとニンニクの香りの向こうで、獣の臭気がモワモワと漂っている。顔をしかめるほどひどい味ではない。だが絶品か、といわれると、違う。

続いて鍋が出てきた。こちらもショウガとニンニクがきいている。脂分が落ちてさっきよりだいぶ淡泊な味になっているが、やはり臭みは残っている。しかしそれ以上にキツいと感じたのは骨だ。肉塊から乾いた白い骨が飛び出していて、チョークのように線が引けそうな雰囲気なのである。その様子がいやに生々しく、犬を食っているという自覚がより鮮明になってしまうのだ。

　ぼくたちの引きつった顔がおもしろかったのか、隣の客からどんどん差し入れが来た。犬ソーセージに、ゆで犬に、犬の足の甘辛煮。これほど喜べない差し入れもなかったが、ヤケクソで食べてみると、いちばんイケる、と思ったのは、なんと足だった。これはもう見たまんまの形、肉球や爪までついて、ひと目で犬の足とわかる形態であり、最も抵抗感を覚えた品だったのだが、あらんことか、その肉球がプルプルむちむちして豚足のような妙味があり、旨味があった。これなら進んで食べたいと思えるほどだった。

　ところが問題は食べ終わったあとだった。夜寝ていると、肉塊から飛び出したチョーク状の骨が、あとからあとから脳裏によみがえってきて、船酔いのように頭がぐるぐるまわり、あげく犬を食べたという事実が罪悪感のようなものに変わって、胃のなかのものをすべて吐き出したいような衝動に何度もかられた。まったく、我ながら口ほどにもないヘタレである。

　翌朝になって聞いてみると、数人が同じように気持ち悪かったと訴え、なんだかホッとした。だが、なかにはケロッとしていた者もいる。ふたりの女性だ。ふむ。

82

ブンチャー――ベトナム

　ハノイ名物の「ブンチャー」は〝ベトナム版つけ麺〟などといわれているが、日本のつけ麺とは様子が違う。麺と汁が別々に出てくるところまでは同じだが、そこに肉のつくねと大量の香草がつく。空のお椀もつく。食べ方にも特徴がある。まずは空のお椀に麺を適量入れる。そこに香草をちぎって入れ、つくねを入れ、それからレンゲで汁をかけて食べる。だからつけ麺というよりはぶっかけ麺だ。ま、細かい話だけど。

麺は米粉でつくられたそうめん状のもので、さっぱりした味の麺と、香草の鮮烈な香り、そしてつくねのコク、それらがニョクマムベースのほんのり甘い汁とからみ、口内が何色にも輝き出すのである。

汁のなかには青パパイヤや三枚肉なんかも入っている。店によってはチャーゾー（揚げ春巻き）もつく。これら多種多様な食材を一度に口に入れてその混交や調和を楽しむのがベトナム料理の妙であり、うまさだが、このブンチャーはまさにその典型だ。

とりわけ特徴的なのは香草である。まずもって量がすごい。ドクダミ、バジル、ミント、コリアンダー、と複数の香草とレタスがボールにてんこ盛りになっている。それがテーブルにどんと置かれ、ミントの香りが漂ってくると、ベトナムだなあ、と明快に思うのである。

ただ、ちょっと気になることがあった。ベトナム在住のイギリス人から聞いた話だが、ある日、彼はトイレで卒倒しそうになったという。排泄した便のなかで白い虫がうごめいていたというのだ。薬で散らしていまはなんともないというが、「虫下しは飲んでおいたほうがいいぞ」と彼はまじめな顔でぼくに忠告した。

ベトナム料理に添えられる大量の生野菜を思うと、寄生虫が腹にわくのも当然という気はするが、ベトナム人たちは大丈夫なんだろうか？　小さいころから食べていたら寄生虫などわかない体質になるのだろうか？

いずれにしても臆病者のぼくは、自分の排泄物の上で虫が躍っている様子など見たくもなかった。やられる前にやる。勝利の方程式である。ベトナムを出る前に虫下しを購入しておこうと薬局に行った。

店主らしきおじさんに英語を話せるか聞くと、彼は店の奥に向かって声をかけた。するとハッとするほどきれいなショートカットの女性が現れた。用件が用件だけに、退散しようかと一瞬思ったが、ま、この先彼女と会うこともないだろう。そう考え直し、

「虫下しをください」

と真正面から言ってやった。すると彼女は所定の位置にサッと手をのばし、複数の虫下しをカウンターの上に並べたのだ。その慣れた所作に、アッと思い、

「君たちベトナム人も飲むの？」

と聞いてみた。すると彼女はにっこり笑って言うのである。

「虫下しのこと？　ふつうは飲んでいるんじゃないかな。半年に一錠ね」

やっぱりそうだったのだ！　僕は妙に興奮し、そして一歩間違えれば変態に思われかねない質問を思いついたのだが、彼女の澄んだ瞳を見るとさすがにためらわれた。といってもそれはほんの一瞬だけで、次の瞬間には、

「君も飲むの？」

ズドンとど真んなかに直球を放りこんだ。すると彼女は「当然じゃない」と平然と答えたので、恥じらう女性を見て興奮する、という当初の目的は達成されず……そ、そうではなくて！　――医学的好奇心を満たす、という当初の目的に成功を収めつつ、同時に、寄生虫ありきで生野菜を大量に食べ、定期的に虫下しを飲んで帳消しにするという彼らのたくましさにまばゆいものを感じたのだった。

83　珍魚鍋――中国

ベトナムから中国に入って二日目のことだ。

街道を走っていると、一軒の食堂から声がかかった。三人のおっさんが「こっちに来いよ！」と手招きしている。店の前にトラックがとまっていた。ドライバーたちだろう。行くとイスが出された。テーブルには鍋があり、白濁したスープに魚の切り身が浮かんで

いる。おっさんたちは「まあ食いねえ」とお椀にスープと切り身をよそって出してくれた。久しぶりの魚だったので、内心にんまりしながらスープをすする。うむ。魚臭さもなく、あっさりした上品な味だ。では次に切り身を……。

「うん？」

皮が、妙だ。鱗《うろこ》が細かくて、妙に立体感があり、ヌメヌメ光っている。さらには全体にまだら模様が……。

「い⁉」

蛇だった。ビクンと体を揺らしたぼくの反応がおもしろかったのか、おっさんたちはヒャッヒャッヒャッと笑っている。

それにしても鱗ぐらい取ってほしいものだ。まだら模様の皮にはどうも食欲をそそられない。中国人は違うのだろうか？　彼らはこのヌメヌメと光って立体感のある鱗を見て喉を鳴らすのだろうか？

とはいえぼくもこの旅でそれなりに鍛えられてきたのだ。嘸下しがたし、というほどでもない。ただし姿を見ずに口に入れよう。おりゃ。

「……ほう」

骨が多くて肉は少ないが、あっさりして鶏肉のようだ。臭みはいっさいない。意外にも、おぞましく見えた皮が一番うまかった。鱗はまったく気にならず、ムチムチした歯ごたえがある。目をつぶって食べれば牛筋と思うかもしれない。

「ハオチー（うまい）！」

ぼくはいつものように調子にのって親指を立て、笑顔で言った。するとおっさんたちは、

「そうかそうか」

と言って、ぼくのお椀にどんどん蛇を入れ始めたのだ。いや、違う。そうじゃない。うまいといっても大量に食べたいものではない。

と苦々しく思いながら、お椀に山積みにされた蛇を二きれ、三きれ、と食べる。むむむ。正直、本当にハオチーかというと微妙すぎる。さっきは「蛇にしてはうまい」ぐらいの意味で言ったのだ。四きれ、五きれ……うう、なんだか気持ち悪くなってきた。

と、そこへ店主がやってきて、赤い液体の入った小さいグラスをテーブルに置いた。もしかして、と思うまでもなかった。蛇の生血である。おっさんたちはそれをまわし飲みし始めた。当然ぼくにもまわってきた。スッポンの生血をワインで割ったような上品な代物じゃない。ドロリとした百パーセントの、ザ・血液である。口に近づけてみると、生温かい獣臭さと鉄臭さがもわっ、とわきあがってきた。ウッ……。

「ドイブチィ（ごめんなさい）」

と頭を下げ、グラスに口をつけずに次の人にまわすと、おっさんたちは再びドヒャヒャヒャと笑った。ぼくは顔を引きつらせながら、中国に来たな、と猛烈に実感していた。入国早々、蛇の生血がふるまわれるような国なんてそうはない。

84 石斑魚——香港

香港の「九龍」地区を歩きまわったあと、最も安そうな店に入り、エビワンタンメンを注文する。一杯約三百円。かたや中国本土でいつも食べている肉ワンタンメンが約三十円だ。これが同じ国だというのも笑ってしまう。

しばらくして出てきたワンタンメンには、シューマイのような大ぶりのワンタンがふたつ浮かんでいた。それを頬張ると、ぷりぷりしたエビがたっぷりの汁とともにあふれ出した。いかにも飲茶《ヤムチャ》の点心といった味だ。興奮したのは、しかしそれだけだった。スープを飲めば化学調味料の味がきついし、麺はゴムのように固いだけで旨味が乏しかった。そのうえ量は中国や日本のラーメンの半分ほどしかないのだ。少し納得のいかない思いで席を立った。

外に出ると初夏の青空が広がった。見上げると、ガラスに覆われた高層ビルが何本も剣山のように空を目指している。上空からだとヤマアラシの背のように見えるに違いない。

ところが裏路地に入ると世界は一変した。古びたアパートがぎっしりと密集し、おびただしい数の洗濯物がゆらめいているのだ。大歓声が上がる満員のサッカースタジアムが頭に浮かんだ。人が集まるとこれほどのエネルギーが生まれるのか、となかばあっけにとられながら、ハタハタと揺れる無数の洗濯物を眺めた。

夕暮れを待ってから地下鉄に乗車する。友人が住んでいるのは香港島のほうである。

自転車を陽朔《ヨウサク》というところに置いてバスにのり、香港にやってきた。中国ビザを延長するついでに友人の千尋《ちひろ》さんに会おうと思ったのだ。彼は証券会社の駐在員で、奥さんの早苗《さなえ》さんとともにこの町に暮らしている。

久しぶりの再会にぼくたちは話が尽きなかった。彼らは長いあいだロンドンに駐在したあと香港にやってきたのだが、ここでの生活がえらく気に入っているらしい。理由を聞けば即座に、いやに力のこもった声でこう答えた。

「そりゃメシがうまいからだよ！」

その香港でどうしても食べたいものがひとつあった。石斑魚《セッパンユー》というハタの一種だ。これの蒸した料理が絶品だと開高健が書いていたのだ。

「じゃあ、鯉里門《レイユームン》だな」

千尋さんはそう言って、電話機に手をのばした。

タクシーを降り、鯉里門を歩き出すと、水族館を思わせる光景が広がった。細い路地の両側に魚屋がひしめき、水槽が並んでいる。そこで魚介類を生きたまま購入し、突き当たりのレストラン街で調理してもらうというシステムらしい。

千尋さんの香港人の友人、トニーとウィニーも交えて五人で丸テーブルを囲んだ。

まもなく目を見張るようなごちそうが次々に運ばれてきて、まさに夢心地になった。ゆでエビ、巨大シャコのニンニク揚げ、ロブスターのチーズがけ、マテ貝の炒め物、どれを食べてもいちいち目をつぶり、うなっていたのだが、最後に現れた真打ち石斑魚の清蒸料理をひと口食べたときは、

「…………」

言葉も出なかった。磁器のように光る白い身は、噛むとアサリの身に似たむっちりした歯ごたえがあった。一片の淀《よど》みもない、清水のように澄みきった味だ。だが噛んでいると深いコクと甘みがにじみ出してくる。自身の組織内にギュッとつまった滋味がはらはらとほどけ、口内を白日の光で満たしていくのである。皮がまたすばらしかった。身と同様に濁った気配がひと刷けもなく、ゼラチン質のプルプルした食感が頬の内側をくすぐるのだ。

トニーが尾ひれをすすめてきた。口に入れて唇ではさみ、皮をなめすようにひれを引っぱ

ると、熊手の形になった骨だけが出て、筋状の肉と皮だけが口に残り、それらがプニュプニュと口内で躍った。旨味のつまったこんにゃくそうめんといった、珍味中の猛烈な珍味なのである。トニーがニッと笑った。

「香港では頭と尾ひれを客に出すんだ」

店を出たあと、満腹の腹をさすりながら、ごちそうしてくれた千尋さんに石斑魚の値段を小声で聞いてみた。三〇センチぐらいのサイズだったが、それが一匹、約一万二千円。

「…………」

再び、言葉を失った。いつも中国本土で食べている麻婆豆腐、約百三十皿分だった。

85 ちぎり麺——中国

新疆《しんきょう》ウイグル自治区に戻ってきて、何よりも心に響いたのは「ラグメン」の店だった。店頭で麺を打つ職人の姿を見たとき、「帰ってきたな」と思ったのだ。

早速自転車をとめてその店のテーブルに座り、ラグメンを注文した。職人は白い生地を左右にのばして折りたたみ、それをさらにのばしてはたたむ、という作業を繰り返す。生地はだんだん細くなっていき、麺状になる。それを大鍋の湯のなかに放りこむ。

ラグメンはウイグル民族の代表的な料理だ。うどんそっくりのコシの強い麺に野菜肉炒めをぶっかけて食べる。注文してから麺を打ってゆでるので、三十分ぐらい待つようなこともざらだ。漢民族のつくる中華料理がびっくりするくらい早く出てくるのとは対照的である。

やってきたラグメンを勢いよくすすると、

「うほ」

思わず声がもれた。やはりみごとなコシだ。そのモチモチした麺に羊肉と野菜の甘みがからみついている。肉汁の染みた中華まんを思わせるような味の膨らみ方だった。

夢中ですすっていると、子どものころに食べた味に邂逅《かいこう》したときのような深い懐かしさを覚えた。おかしなものである。前回、中央アジアからこの新疆に入り、ラグメンを食べたのはつい最近のことなのに――と記憶をたどったとたん、ドキッとした。せいぜい三ヵ月前ぐらいだろうと考えていたのだが、パキスタン、インド、東南アジアをまわっているうちに実際は一年近く経っていたのだ。

「旅は人生の縮図」などという言葉にはなんとなく抵抗感を覚えるのだが、こと〝体感時間〟は、たしかに人生と重なるように思う。旅が始まったばかりのころは一週間や一ヵ月が途方もなく長く感じられたが、中盤を過ぎてからは一気に加速し始めた。そしていま、ぼくの旅の日々は怖いぐらい猛スピードで過ぎ去っている。〝終焉〟に向かっているのだ。

ただ曖昧に流れていくだけの時間なら、それに抗《あらが》わなければならない。振り返ったとき、ギラギラする時間は一日でも一分でも多くあったほうがいい。香港のあとウルムチに飛び、この新疆を再訪したのも、そんな考えからだった。最後にシルクロードを走ろうと思った。真夏の砂漠をガムシャラに走って日本を目指せば、〝あっけなく〟ではなく、それなりに納得して旅を終えられるんじゃないだろうか――そう思ったのだ。

走り始めて五日目。坂道が延々と続いた。人家はなく、荒涼とした褐色の景色が広がっている。一日かかって峠の頂上に着くと、青い湖が現れた。サリム湖だ。ほとりに一軒の食堂が建っている。宿も兼ねているようだ。日暮れも近かったのでドアを叩いた。

食堂に座って日記を書いていると、小太りの店主が話しかけてきた。人を小馬鹿にしたようなひねた目つきのおっさんだったが、話していると子どものような顔で笑った。

今日の宿泊客はぼくだけのようだった。食堂も閑古鳥が鳴いている。他人《ひと》ごとながら心配になるが、店主は気にするふうもなく、ぼくの旅の話を愉快そうに聞いている。頼まれるがままパスポートを見せると、各国のスタンプで真っ黒になったページに彼は目を丸くした。

夜になって「ツオメン」を注文した。ラグメンの変形版で、薄くて四角いラビオリの皮のようなものだ。薄さは一ミリ程度で、大きさは二センチ四方といったところか。

これの製造法が非常におもしろい。ラグメンと同じ生地を、まずは平たくのばし、約二センチ幅のきしめん状のものをつくる。それを左手で保持し、右手ですばやく生地の端を一片ずつちぎりながら鍋に投げこんでいくのだ。その手の動きがマジシャンのトランプシャッフルを思わせるような速さなのである。

作業を見ているうちに興味がわいてきた。

「それ、俺にもやらせてくれない？」

店主は口の右端を吊り上げて意味ありげな笑いを浮かべ、きしめん状の生地を渡してきた。驚いた。見た目は楽にやれそうだったのに、実際やってみると生地がねばついて指にくっつき、ちぎった麺がなかなか飛んでいかないのだ。高速連射砲のようなあのスピードは、料理を手早くつくるためだけじゃなく、麺を指にくっつけないためのワザでもあったようだ。

ふたりで並んでやってみると、ぼくが一片を入れるあいだに店主は軽く十片は投げこんだ。ぼくはむやみにあせり、〝ちぎり麺〟はどんどん醜くなっていく。店主はマシンのようにシュパパパパパと手を動かしながら、勝ち誇ったようにぼくを眺め、ニヤニヤ笑っている。

できあがったツオメンを食べてみると、きれいな薄い麺と、サナギの形をしたニョッキ状のものがミックスになった不思議な食感の料理になっていた。

86 暴風地帯の晩飯——中国

風がうなり、世界の終わりとでもいったように吹き荒れている。ぼくは顔を伏せ、自転車を押し、砂漠を貫く一本道の上を一歩一歩あるいている。

ゴオオオオッと雷鳴のような重低音が鳴ったかと思うと、張り手のような風がドンとぶつかってくる。足をとめ、上体を低くしてふんばる。耐えきれずに自転車ごと押し倒される。頭に巻いていたバンダナがはぎとられる。振り返るとその青いバンダナが砂漠の上をすべるように飛んでいって一瞬で点になり、見えなくなった。あらわになった髪が風でめちゃくちゃにかきまわされる。まわっている洗濯機のなかに放りこまれたような気分だ。

シルクロードの風にはほとんど毎日苦しめられているが、この日は言語に絶するものがあった。一五キロ進むのに五時間もかかっているのだ。村に引き返して風が弱まるのを待ったほうがいいのは明らかだった。だがぼくはヤケクソな気分で歩き続けた。

日本まであと約二ヵ月の距離だった。旅が終わる前にとことんバカになりたかった。ぼくは風圧に顔をゆがめながら、心のなかで笑い、そして泣きたいような気持ちでひたすら歩き続けていたのだ。

荒野にぽつんと作業所のようなものが現れた。日干しレンガで囲われたそのなかでは、数人のおじさんとおばさんが木のコンテナのようなものをつくっていた。家族でやっているようなこぢんまりした作業所だ。そこに近づいていくと、みんながいっせいに顔を上げ、こっちを見た。とたんにぼくは吹き出しそうになった。そこにいた全員の髪が、コントの〝爆発直後〟シーンのように激しく逆立っていたのだ。長髪のおばさんなどは魔物メデューサのように無数の蛇がのたうったような髪をしている。

彼らは笑顔でぼくを飯場の小屋に迎えた。スイカがふるまわれ、それにむしゃぶりつきながらしゃべり、そしてそのまま飯場に泊めてもらうことになった。

夜も彼らに呼ばれたのだが、食卓を見た瞬間、えっ？　とひどく意外な思いがした。

これまでも何度か砂漠地帯の人々の生活をのぞく機会はあったが、食事はたいてい簡素だった。食料の保管や補給を考えると当然だろう。しかしこの日テーブルに並んだものは、ナストとトマトの炒めもの、ピーマンの炒めもの、中華粥、そして蒸しパンといった、町の食堂で出されるものと少しも変わらない料理だったのだ。

食べてみると味も申しぶんなかった。砂漠にぽつんと置き去りにされたようなこんな小さな作業所でも手間をかけた料理がつくられ、食べられているのである。中国人の食への執念を見るようだった。

くわえてその食卓には不思議な温もりがあった。メシを食べながらひとりが何か言い、それに誰かが返し、みんなが笑う。ありふれた食事風景だが、ふと我に返り、いま自分がいるところを俯瞰《ふかん》的に眺めてみると、外の風は相変わらず獣のようにうなっていて、小屋の窓ガラスは割れんばかりにガタガタと鳴り、そしてその小屋のなかのみんなはやはりパンクミュージシャンのように過激に髪を逆立てたままなのだ。おばさんもやはりメデューサヘアのまま、甲高い声で盛んに何か言っている。世界の最果てで同窓会でもしているような、妙な一体感とおかしさがあった。

そのシュールさに打たれていると、ふいに、ガラス窓に映った自分の姿が目に入った。その小汚い男もやはり、涙を流して笑われそうな〝爆発後〟の髪型になっており、その頭で平然とみんなの会話にうんうんとうなずいているのだった。

87　砂漠のメロン――中国

水も食糧も底をつきかけていた。あたりは相変わらず何もない砂漠である。空腹のせいか体がひどく重かった。日も暮れかかっている。やばいな、と少し慌て始めたころ、前方にようやく何かが見えてきた。

「……林？」

乾ききった砂漠に、そこだけポツンと、ふさふさした緑が浮かんでいるのである。オアシスという雰囲気でもない。あるいは地下水で灌漑《かんがい》しているのだろうか。

木々の向こうに建物の影が見えた。ホッとしながらその集落に入っていくと、朽ち果てた家ばかりが目の前を流れていくのである。廃村だろうか？

ちょっとあせっていると、奥のほうに一軒、役所のような立派な建物が現れた。門にはめこまれた銅板の文字を見ると、どうやら国土開発に関する国の施設らしい。

なかに入るとロビーのような広いスペースがあり、数人の男女がいた。みんな制服を着ている。ニイハオ、と声をかけると、彼らはいっせいにこっちを向き、怪訝そうな顔をした。いやな感じだな、と思いつつ、彼らに向かって自分の素性を告げ、

「もし、余裕があれば、食べもの、少し、わけて」

と文法を無視したいつもの〝伝わればいい〟中国語で頼んでみた。誰も何も答えなかった。その冷ややかな反応に、心がかすかにざらつくのを覚えた。しゃべるのも億劫なほど疲れきっており、気持ちにも余裕がなかったのだ。ひとりの男と目が合ったのでもう一度同じことを言ってみた。すると男はそっぽを向き、ぼくを追い払うように手を振ったのである。さすがにカチンときた。そんな対応のしかたはないだろう。

ぼくはその男に聞こえるように舌打ちをして、外に出た。それから建物の陰に座り、壁にもたれてしばらくぐったりしていた。

そこへひとりの女性がやってきた。顔を上げてそっちを見ると、彼女はそばかすの目立つ顔に照れたような笑いを浮かべ、

「これ、よかったらどうぞ」

と言って、メロンを出してきた。

「あ……」

こわばっていた顔の力がふっと抜けた。そのときになってようやく、自分の身勝手さと傲慢さに気付いた。ぼくは人から温かくされることを、どこかで当然のように考えていたのだ。

メロンを受け取りながら、彼女に微笑んでみた。それまでむすっとしていたせいか、うまく笑えなかった。だが彼女は安心したような表情になり、どこから走ってきたの？　と聞いてきた。そのうち、男がひとりふたりと寄ってきた。ぼくは笑顔で彼らと話をした。するとますます人が集まってきて、やがてぼくを囲んで大きな輪になった。みんな明るい表情でニコニコ笑っているのである。まるで手品でも見ているようだった。こちらの気持ちひとつで、世界は本当に変わっていくのだ。

体の大きな男が、宿直スタッフたちの夕食にぼくを招いてくれた。だがここのボスらしき

その大男だけは厳しい表情を崩さずに言った。

「食事だけだぞ。泊めることはできないからな」

食堂に入ると、この場所がどういうところだったのか一瞬わからなくなってしまった。都市部のレストランで出てきそうな豪勢な料理が、大皿に山盛りになって、テーブルにいくつも並んでいるのだ。宿直スタッフの数は見たところ七、八人だが、その人数ぶんよりはるかに多いと思える量だった。砂漠にいようと海の上で漂流していようと、食いきれないほど大量にサーブするという彼らの食習慣は、恬然《てんぜん》と行われているのではないか。そんなことを思わずにいられなかった。

ビールも次々に開けられた。彼らは何度も何度もぼくに向かって「カンペーイ（乾杯）！」と唱和し、グラスをぶつけ合った。最初、ぼくを追い払うように手を振った男も、みんなと同じように赤ら顔で笑っているのである。

食事のあと、そばかすの女性が呼びに来た。彼女はぼくを建物内の一室に連れていき、ドアを開けながら言った。

「今晩はここに泊まってくださいね」

そこにはベッドがあり、清潔そうなシーツがかけられていた。えっ、と不意をつかれ、大丈夫なの？　と聞くと、彼女は、

「ボスがそう言ったんですよ」

とにこやかに笑ったのだった。

88 大陸最後の晩さん――中国

シルクロードの終点、西安を越えたあたりから、砂漠の気配は薄れ、だんだん緑が多くなってくる。やがて黄河流域にさしかかると、あたり一帯はとてつもない規模の農地に変わった。折り重なる丘陵がはるか彼方まで段々畑に覆われている。十三億人の口に入るものがすべてここで生産されているんじゃないかとさえ思えた。

その黄土地帯を抜け、森林エリアを走り、最後は車の渋滞にうんざりしながら北京に着いて、友人の家に転がりこんだ。数日休養させてもらうことにする。

北京では餃子にはまった。中国で餃子といえば水餃子だが、本場のそれを味わうと、日本で食べていたのはなんだったんだろうと思ってしまう。何より皮が違う。分厚くて、表面はぷるんとしているが、噛むとむっちりしたうどんのような歯触りと味があった。ナポリピッツァが生地の旨味を楽しむものであるように、餃子の主役は皮なのだなと感じる。

北京にはその名も「餃子大王」という店がある。庶民的な店だが、食べてみると、餃子の可能性がいくらでも広がっていくように感じられた。メニューには百種類以上もの餃子があり、中華の定番「トマトと卵の炒めもの」や「エビのチリソース炒め」などまで餃子の具になっているのだ。それら〝おかず〟のまろやかな滋味がむちむちした皮に染みこんでおり、続けて何個も食べていると、いつしか腹の底から愉快な気持ちになっているのだった。

北京を出ると天津《テンシン》に向かった。黄色く燃え盛る並木が続き、道路に落ち葉が積もっている。日に日に秋が深まっていくのがわかる。

二日後、天津に到着。翌日、市内観光をしたり、烏龍茶などのお土産を買ったりしたあと、夕方から町を出た。海まであと六〇キロ。韓国行きの船が出るのは明朝である。その出港時間を考えると、少しでも港に近づいておきたかった。ロンドンから二年と五ヵ月、ユーラシア大陸横断がもうすぐ終わるのだ。

地平線に太陽が沈むころ、小さな村が現れた。一瞬どうしようかと迷った。できれば大きな町に泊まり、豪華な料理で締めくくりたいと思っていた。まだ韓国が残っているが、大陸を離れた時点でこの旅が終わるような気がしてならなかったのだ。

村は石炭の粉じんで全体的に黒ずんでいた。調理用のコンロにもじかに石炭が使われるほどの石炭大国である。生産地に近いこのあたりでは、街道を走ると数時間でサングラスのあとがくっきりつくぐらい顔が黒くなってしまう。

そんな粉じんの舞う村のなかを走っていると、村人たちが荷物満載の自転車とぼくを見ながらのんきな様子で笑っていた。その表情を見ているうちに、こういうのどかな村で最後の夜を過ごすのもいいか、という気分になってきた。

見つけた安宿にチェックインし、隣の大衆食堂のドアをくぐった。

メニューを見ながら、ジャガイモの千切り炒め、青菜炒め、スペアリブのから揚げ、そしてビールを注文する。いつもはおかずひと皿だけでごはんをかきこむのだが、今晩は特別だ。

ビールを飲んでいると、隣に座ったおじさんたちが話しかけてきた。自転車で走っているぼくの姿を通りで見かけたらしい。これからどこへ向かうんだ、とひとりが聞いてきた。

「もう日本に帰るだけだよ」

と答えたとたん、えっ？　と自分のなかにかすかな動揺が走った。

日本……？

誰か別の人間が言った言葉のように、遠くのほうで響いて聞こえた。いつのまに、そんなところまで来ていたんだ……？

頭では当然わかっているつもりだった。だが、ぼくはそのことを——自分が日本に着くということを——まだはっきりとは理解していないようだった。

やがて料理が出てきた。ひと皿ずつ箸をのばし、三皿全部に口をつけたところでため息をつきたくなった。これまで中国で食べた料理のなかでも一、二を争うくらいお粗末だったのだ。スペアリブは骨ばかりで食べるところがないし、ジャガイモは硬すぎる。青菜炒めは油が古いのか、皿にたまった汁が黒ずんでいて苦かった。しかもそれぞれの量がやたらと多いのだ。三皿も頼むんじゃなかったと悔やんだが、あとの祭りだった。大陸最後の晩さんにしてはあまりにもさえないが、ま、こういうのも自分らしくていいかもしれない。

隣のおじさんたちが料理を大量に残して席を立ったので、ぼくも半分ぐらい残し、彼らのあとを追うように店を出た。

翌朝はまだ夜が明けきらないうちに出発した。

輸出用の石炭が集まってくるせいか、港が近づくにつれ、路上で舞う粉じんの量も多くなったように思えた。サイクリストにとってはとにかく最悪のエリアである。

ところが海に着くと、霧が晴れるように大気が澄みわたり、ようやく気分もよくなってきた。埠頭に沿って自転車をゆっくりこいでいく。桁外れに広い港だ。貨物船がはるか彼方までびっしりと並んでいる。

何気なく船を眺めていると、ひとつの船腹に〈IRAN〉という文字が見え、ドキッとした。かの地の褐色の荒野や、泊めてくれた家族の顔が脳裏をよぎった。別の船には〈ARG

ENTINA〉の文字が見えた。マテ茶をまわし飲みするシーンが浮かび、広大なパンパ平原が広がった。

どの土地も、数年前まではまったく自分に関わりのない場所だった。しかしいまではどの国も懐かしく感じられる。そこに住む人々の顔や、その土地にたちこめる空気の手触りを、鮮やかに思い返すことができる。

びっしりと並んでいる船のあいだから、外海へと続く広い海が見えた。一面に陽光を浴び、沖のほうでは白い光の粒が無数に躍っていた。

つながっているのだ、と思った。

朝の光が心に満ちてくるのを感じながら、ぼくは韓国行きの船のり場を目指した。

89 ホカ弁の付け合わせ――韓国

午後三時。中国を出た船は十四時間かかって最後の訪問国、韓国に着いた。

外に出ると木枯らしのような風が吹きつけ、首をすくめた。十月とは思えない寒さだ。走り出して市街地に入ると、妙な気分になった。清潔感ある町並みに、近代的なショッピングモール、光沢あふれる車……日本の町となんら変わらないのだ。看板のハングルがなければ、あるいはここが異国だと気付くまでに少し時間がかかるかもしれない。

しばらく行くと、えっ？　とブレーキをかけた。なんと、ホカ弁屋だ。日本を発って以来、見るのも初めてである。

ちょうど腹も減っていたのでなかに入ってみた。写真つきのメニューで注文するシステムも日本と同じだ。とんかつ弁当を注文する。千八百ウォン、約百八十円だ。

外に出て、店の前のベンチに座り、できあがったばかりの弁当のふたを開けると、ふふ、と思わず頬がゆるんだ。とんかつの横にキムチが大量に盛られているのである。韓国に来たな、とやっと気分が出てきた。箸でひと切れつまんで口に入れる。爽快な辛さのあと、アミの香りとコクが広がった。ホカ弁の付け合わせとは思えないほど深みのある味なのである。

興奮気味に食べていると、先ほど出てきたホカ弁屋からおばさんが笑顔で手招きしているのに気付いた。寒いからなかで食べなさい、ということらしい。

店内にはイスがなかった。おばさんに言われるままカウンターをくぐり、調理場のなかに入った。エプロンをつけて白い帽子をかぶったおばさんがふたりいる。ぼくは従業員用のイスに座り、調理台の上で弁当を食べることになった。

おばさんたちは終始ニコニコしていた。ぼくがキムチを指して、「グッド」という意味で親指を立てると、彼女たちは弾けるように笑い、好きなだけ食べなさいといわんばかりにキ

ムチが山盛り入ったボールを出してきた。ぼくはますます感激し、頭を下げながら、

「カムサハムニダ（ありがとう）」

と船のなかで覚えた韓国語を言った。おばさんたちは再び明るく笑った。

その笑顔を見ているうちに、どういうわけか身の引き締まるような厳粛な気持ちになった。

これまでいったい、どれだけの人が行きずりのぼくに手を差し伸べてくれたのだろうか……。

キムチを大量に頬張った。鮮烈な辛さを口いっぱいに感じながら、なんだか泣きそうな気分になっていた。

90 タイ焼きとタコ焼き──韓国

道路わきに一台のバンがとまっていた。その前に人だかりができている。何かの屋台のようだ。人々の頭ごしに店先をのぞいてみると、なんとタイ焼きだった。

あとでわかったことだが、韓国では「ブンオパン」というらしい。「ブンオ」は韓国語で「フナ」である。

このとき、ぼくはほとんど反射的に「タイ焼きの真似だな」と考えた。だが韓国人が日本に行ってタイ焼きを見ると、「あ、ブンオパンの真似だ」と思うのかもしれない（後日、韓

国人の友人に聞くとそのとおりだった）。

どちらがルーツかはともかく、名前の違いがちょっとおもしろい。「フナ焼き」と聞いて、うまそうだと思う日本人はそんなにいないんじゃないだろうか。

韓国のそれは日本のより少々小ぶりだ。四個で千ウォン、約百円。買って食べてみると、味はほとんど変わらなかったが、いくぶん甘さが控えめである。甘党ではないぼくにはありがたい。焼き立てのブンオパンが入ったホカホカの紙袋を抱えながら、あんこから湯気の立つそれをかじっていると、冷えた体が外からもなかからも温められるようだった。

翌朝、走っているとまたもやバンの屋台があり、今度は肉まんが売られていた。ちょうどいいや、これで朝食を済ませよう、そう思い、二個買ったのだが、かじったとたん肩を落とした。肉まんではなくあんまんだったのだ。昨日調子にのってタイ焼きを四個も食べただけに、あんこの味にちょっとつらいものを覚えた。それでも熱いうちに食べておこうと口に押しこむように無理やりあんまん二個を全部食べたら胸が悪くなってきた。

それからしばらく走って町に着き、商店でドーナツを買った。丸い形のものが四個入って千ウォンだ。かじったとたん、ブハッと吹き出しそうになった。あんドーナツではないか。なんでこうも行く先々にあんこが待ちうけているんだ？

うんざりしながら半分ヤケクソになって二個食べると本気で気持ち悪くなってきた。

その夕方、タコ焼きの屋台を見つけ、クルクルと舞い上がるような気分になった。これも七年ぶりなのだ。タコ焼きバカ食い、という昇天の図を想像しながら、二人前を注文した。店主は紙袋にそれをどっさり入れて手渡してきた。

「ん？……紙袋？」

開けてなかを見ると、どうも様子がおかしい。ソースはかかっていないし、生地も妙にふわふわしている。おそるおそるかじってみると、

「…………」

日本まであと二日。大量にあまった「韓国版あんこ入りベビーカステラ」をお土産に持って帰るのも、風情があっていいかもね。

91 日本の味——日本

旅行中は現地のものを抵抗なく食べていたので、日本食に飢えることはなかった。自転車をこいで常に腹ペコだったので、ふだん以上に食べる幸せを感じていたのだと思う。食物が喉を通り、胃に吸収されていく、その感触だけで充実した気持ちになれた。

ただ、日本に帰ったら何を食べようか、と思い巡らすことは何度もあった。どうしてもそ

れが食べたかったというよりは、いささかハードな旅を無事に終えて故郷に帰る自分をリアルに想像していたかったのだと思う。

旅行中、最も多く夢見たのはそうめんだった。これだけはときに例外的に心の底から欲した。暑い地域を走っていると、そうめんのみずみずしく光る白肌が頭に浮かび、「いまここに流しそうめん屋が現れたら、二十ドル出してもいい」と思った。ここで百ドルと考えないあたりがかえって切実である。

仕事帰りによく行った広島のラーメン屋「陽気」もことあるごとに脳裏によみがえってきた。陽気でラーメンを食べるというのは、ぼくにとって帰国の象徴みたいなものだった。そのほか寿司、天ぷらうどん、ざる蕎麦、うなぎの蒲焼、おでんと日本酒など、好物を大事そうに口に運び、しみじみと味わっている自分の姿を、人気のない荒野や砂漠のなかで想像しては甘い心地に浸っていたのだ。

しかし、日本を目前にすると、それらはどうでもよくなっていた。

韓国を五日かけて走り、釜山《プサン》から下関行きのフェリーにのった。

ビールを何本も飲みながら遅くまで起きていた。

夜中の二時ごろ、暗い海の上に光が並んでいるのが見えた。下関か北九州の光だろう。ぼくは酔った頭でぼんやりとそれを眺めていた。なんの感慨もなかった。達成感も、寂しさも、喜びも。空っぽのまま、海に浮かぶ光の列を眺めていた。

日本のイミグレーションが朝八時半に開くのを待って、船は入港した。船の二階のデッキにのぼって七年ぶりの日本を見た。灰色の空の下で、整然とした町並みが広がっていた。ビルの屋上に立てられた〈ニチレイ〉という日本語の看板が映画のセットのように見えた。

入国手続きは拍子抜けするほどあっさり終わった。入国審査の係官が日本語を話すのを不思議な気分で聞いていた。

税関を出ると、自転車を押してロビーを横切り、ドアをくぐって外に出た。そして自転車をかついで階段をおり、ぼくは七年四ヵ月ぶりに日本の地を踏んだ。

何も感じないままペダルを踏み出した。和歌山の実家を目指す前に、まずは小倉にいる親戚を訪ねることにした。

通り過ぎる車の音が、どこか遠くのほうから聞こえてくるようだった。家やコンビニや標識がゆっくりと流れていった。それらは夢のように白っぽくぼやけていた。変な感じだった。まったく手ごたえがなかった。

逆に、旅の日々を振り返ると、それらはじつに生々しかった。いろんな場面が鮮明によみがえってきた。アラスカにおりたったときのことを思った。これから始まる世界の大きさに気が遠くなり、絶望的な気分になった。本当にバカなことを始めてしまったと自暴自棄になった。あのときの恐怖や不安はいまでもはっきりと思い出せる。

それに比べて、日本を走っているいまのこの曖昧さはなんだろう？

信号が赤になり、自転車をとめた。目の前に〈つくし〉と日本語で書かれた喫茶店の看板があった。不思議な気持ちでその文字を見ていた。なんで自分はここにいるんだろう……。

ふたりの若い女性が横断歩道を横切っていた。テレビのドラマを、ただ流して見ているように、彼女たちをぼんやり見ていた。すると彼女たちの話し声が突然、耳に飛びこんできたのである。

「寒いね」

ハッと我に返った。まわりの景色に色がつき、世界が急に立体的に広がり始めた。いつのまにか日本の現実がぼくを取り囲んでいた。同時に、背筋が冷たくなるような気味の悪いイメージが浮かび上がってきた。自分は、じつは最近まで、いやもっといえば、昨日まで日本にいたのではないか、という気がしたのだ。

逆に旅の日々は遠くのほうでおぼろげにかすんでいた。不安だらけでアラスカを出発したことも、中央アジアでうどんを夢中ですすっていたことも、シルクロードの風に逆らって歩いていたことも、すべてが架空の物語だったように思えた。まるでカードが裏返るように、夢と現実が一気に逆転したのである。

自転車のスピードで流れていく町並みを眺めながら、ひどくあっけない気持ちになった。海外での七年間の日々が、そっくり抜け落ちたようだった。

小倉には一時間ほどで着いた。

伯父さんが家の近くまで迎えにきてくれた。その笑顔を見た瞬間、なんだかホッとした。変わらないですね、と言うのがためらわれるほど年老いていたらどうしよう、と恐れていたのだが、伯父さんは記憶のなかの伯父さんとまったく変わっていなかった。

家に入ると、お婆ちゃんも伯母さんもみんな笑顔で迎えてくれた。体が弛緩《しかん》するのを覚えながら、しかしその一方で、妙な感覚は自分のなかに残ったままだった。遠く離れて住んでいたせいで、もともと頻繁に会っていなかったからかもしれないが、伯父さんたちと話をしていると、よけいに七年という歳月は感じられなくなり、旅の日々が嘘のように思えてきたのである。

寿司や北九州名物の「イワシの糠床煮《ぬかどこに》」をごちそうになった。どれもありがたくいただき、その味には恍惚となったが、旅行中に想像していたような涙をこぼすほどの感動とは少し違っていた。「昨日まで日本にいたのではないか」という妙な感覚は寿司の味においても同様で、自分でも不思議でしかたがなかったのだが、その味を懐かしいとは少しも思えなかったし、七年ぶりに食べているという感覚もまったくなかったのだ。

三日後、親戚の家を出て、東へこぎ出した。

関門大橋の下で海峡を見つめ、岩国の錦帯橋《きんたいきょう》をゆっくりと見学した。流れていく日本の景色を淡々と眺めながら進んだ。だが、そんなぼんやりしたサイクリングのなかでも、日本語が聞こえるたびにドキッとして、そっちを振り返るということが何度かあった。しかしそのあとは再び、景色も音も白っぽくぼやけ、夢を見ているような感覚に戻るのである。

翌日、広島に入った。旅に出る直前までサラリーマン生活を三年間送った町だ。宮島が見えたときはさすがに感傷的な気分になった。仕事をさぼって営業車で友だちと島に遊びにいったときのことが思い出された。

その直後だった。

行く手に現れたものを見て、一瞬、息がとまった。仕事で担当していたスーパーである。だが最初はそれとは気付かなかった。見違えるほど古ぼけていたからだ。赤かった壁は色あせて薄ピンク色になり、シミや錆が皮膚病のようにいたるところに浮かんでいた。自転車をとめ、恐ろしいものを見るような気分で時間の巨大な変化を凝視していた。

広島市内には昼過ぎに着き、友人を訪ねた。昔、ぼくがヒッチハイクの旅をしたときに拾ってくれた男だ。その旅のあともふだんから飲み合う仲になっていた。

ドアが開いて友人が現れたとき、思わずその顔をじっと眺めた。童顔だった友人の目尻にしわが目立つようになっている。えらい白髪増えたな、と言うと、いや昔から多いよ、と友人は涼しげな顔で笑った。

リビングで話をしていると、玄関の開く音が聞こえ、少女が疾風のごとく部屋に入ってきた。じゅうたんの上ではいはいしていた娘だ。すらりと背が伸び、ランドセルを背負っている。彼女は興味深そうな目でこっちを見たあと、友だちのところに行ってくる、と言って慌ただしく出ていった。一瞬静まった部屋で、ぼくは取り残されたような気分になった。

そのあとぼくたちは家を出て、車にのりこんだ。やっぱ「陽気」のラーメン食いたいじゃろ。友人はそう言ってエンジンをかけた。

見慣れた道を過ぎ、陽気が見えた瞬間、ふたりともため息をついた。定休日だ。しかたなく家に戻り、近くのお好み焼き屋に行った。

おばさんがひとりでやっている小さな店だった。鉄板がカウンター席になっている。そこに友人と並んで座った。

外はまだ明るかったが、ふたりでビールを飲み、とりとめもなく話をした。二枚のお好み焼きが目の前で白い湯気を上げている。香ばしいにおいが店内にたちこめていた。

　しばらくして、焼き上がったお好み焼きがぼくたちの手元に運ばれてきた。ソースを塗り、マヨネーズをたっぷりつける。鰹節《かつおぶし》を振り、それがひらひらと躍っているところをヘラでザクザクと切り、口に入れた。

「…………」

　ソースの甘酸っぱい香りが鼻腔に抜け、キャベツの甘み、豚肉のコク、小麦の風味やダシの旨味、それらがいちどきに口内にあふれた。とたんに目の前に色が現れ、あらゆる音が鳴り出した。七年ぶりに食べるお好み焼きの強い味と香りが、自分と外界とを遮っていた薄い膜をみるみるはがしていくようだった。

　急に静かになったぼくを見て、友人が言った。

「どう、うまい？」

　ぼくは手をとめ、いまだにじゅうじゅうと音を立てながら白い湯気を上げているお好み焼きを見つめた。

　懐かしい、と思った。

　帰国してからというもの、ずっと意識下に押しこめられていた感情がいまになって堰《せき》を切ったようにあふれ出し、ぼくはそれに激しく揺さぶられた。

帰ってきたのだ。

喜びでも、悲しみでもなかった。ただ、体の奥が激しく、強く揺れ、熱がこみ上げてきた。本当に、帰ってきたのだ。自分の後方に長い一本の道が、延々とのびているのを感じた。旅が、終わったのだ。

「……うまいよ、めちゃくちゃ」

友人は何も言わず、こっちを見ていた。ぼくは手をとめたまま、しばらくその熱に浸っていた。それから再び、お好み焼きを切りわけ、ひと口ひと口嚙みしめていった。

あとがき

オーストラリアは〝次の機会〟にとっておいた。それでも、当初三年から三年半と考えていた旅は、終わってみれば七年半にも及んでいた。

世界は考えていた以上に広かった、と言いたいところだが、そうじゃない。自覚していた以上にぼくが怠け者だったのだ。

本書を含めて三冊、いろんな角度からこの旅をつづってきた。

一冊目、『行かずに死ねるか！』では旅のダイナミズムを、二冊目『いちばん危険なトイレといちばんの星空』ではぼくが独断で決めた〝世界一〟をランダムに、そして本書では、再び旅の時間とルートに沿って、食べ物という切り口から、一冊目では書ききれなかった、空気、におい、味などのディテールを描くことで旅を浮き上がらせようとした。

言うまでもなく、本書は各地の食事情や食べ物の紹介を主眼に置いた本ではない。ましてグルメ本でもない。ただ、読んでいただいた方が、ぼくといっしょにその場に居合わせ、味を楽しみ、においに取り巻かれ、同じように旅をしている気分になっていただければ、という思いで言葉と向き合った。

二〇〇五年元旦から二〇〇六年の大晦日まで、日本農業新聞で『世界食紀行』と題し、食べ物にまつわる紀行文を書かせていただいた。

最初、この企画を打診されたときは日曜版か、あるいは月イチの連載だろうと勝手に思いこみ、気軽に引き受けた。ところが、「決まりました」と担当者から連絡があり、詳細を聞いてみると、半年間、毎日、全百五十一話だという。先に言ってくれ！　と内心叫びながら、冷や汗がにじみ出した。食べ物ばかりでそんなにたくさんの話が書けるのだろうか？

だが旅をしていた当時の日記を読み返し、記憶をたぐりよせてみると、書きたい事柄はいくらでも出てきて、結局、百五十一話を書くのに、どれを削るかに頭を悩ませたほどだった。

〝食〟は、旅においてそれだけ重要な要素なのだとあらためて思い知らされた。

食べ物にはその土地の水、土、空気が凝縮され、文化が染みこんでいる。それを体に入れて初めて感じるものがある。また旅をすると、食堂は新しい世界への入り口だという気がしてくる。未体験の味に出会うというだけでなく、越境後、最初に現地の人と交流する場でもあるからだ。それに旅行中は食事をふるまわれることも多く、そのときの人々の笑顔にはいつも見入ってしまう。

〝食〟を通して、ひとつの旅を語ることは、いたって自然なことかもしれない。そう感じながら、毎日せっせと新聞に寄稿した（連載は、おかげさまで多くの方に支持され、さらに半年間延長して書かせていただいた）。

本書はその連載記事をベースに、単行本用に一から書き下ろしたものだ。

原稿に向かう前に、ひとつ、実験的に自分に課したことがある。味を表現するときに、〝美味しい〟〝うまい〟〝まずい〟という単語を使わないこと。そうすることで、味の上っ面をなぞるだけではなく、より深く対象に踏みこめるんじゃないか、と考えたのである。

多少天邪鬼《あまのじゃく》なそのこだわりがどういう効果を生んだか、あるいは否か、それは読まれた方の判断にゆだねたいと思うが、作者としてはやってみてなかなかおもしろかった。もっとも、ところどころ限界を感じ、煩悶《はんもん》したあげく、別の安易な言葉を使ったりしている。それに会話文では〝うまい〟も使った。だってそれは実際言った言葉なんだからしかたがないじゃないの（誰に言い訳しているんだ？）。

発刊にあたり、編集の大森隆さん、デザインの太田竜郎さんには今回もたいへんお世話になりました。とてもすがすがしい気持ちで仕事ができました。また、この本に関わったすべてのみなさんに心より感謝申し上げます。ありがとうございました。

二〇〇六年　秋　石田ゆうすけ

文庫版のあとがき

世界9万5000キロ自転車ひとり旅シリーズは、これが三作目で最後になるのだが、前二作同様、こちらも文庫化に合わせて改稿した。

そんなふうにリライトする作家はあまりいないらしい。たしかにそうかもなあ、と思う。ぼくの書くような駄文でも、文章というのはそれなりに微妙なバランスの上に成り立っている。だからちょっと手を入れただけでも結局ぜんぶ書き直すはめになる。場合によってはゼロから書くよりも骨が折れる。そうしてできたものが必ずしもオリジナルをうわまわるとは限らない。リメイクが劣っているケースは世のなかには少なくないように思える。

そうとはわかっていても、五年ぶりに（つまり発売後初めて）単行本を読み返してみると、今回もやはり筆を入れたいという気持ちが膨れ上がってきて抑えられなかった。拙《つたな》い以前に、これでは伝わらないと思ったから。

くわえて収録する話も洗い直した。全体のバランスを損なっている話を二話削り、単行本執筆時にページ数の関係から大量に削った話を二十話復活させた。おかげで単行本には書けなかった人物を登場させることができ、ようやく溜飲の下がる思いがした。
　とはいえ、その自分の満足のために、編集者にも新しい本を一冊出すのと同じ労苦を強いることになってしまい、平身低頭の思いである。でもぼくのこのわがままをいつも聞き入れ、丁寧に仕事をしてくださる編集の藤原将子さん、感謝しております。またデザインの太田竜郎さんをはじめ、この本に関わってくださった皆様、そして素敵な解説（身にあまるお言葉に恐縮しきりです）を書いてくださった藤田香織様、本当にありがとうございました。

　余談だが、この稿を脱したあと、約十二年ぶりにアフリカに飛び、ザンジバル島を訪ねる予定だ。島随一のロケーションに建つ「パラダイスビーチバンガロー」（オーナーは日本人女性！）に今回も泊まろうと思うが（もっとも前回は敷地内にテントを張って泊まったのだけど）、さて、あの従業員たちはもしやもうウニを食べているかな？

二〇一二年初夏　石田ゆうすけ

解説

藤田香織

いきなりですが質問です。

今から一週間前の昼食と夕食、あなたは何を食べましたか？

そう訊《き》かれて、すぐに思い出せる人は果たしてどれくらいいるのだろう。誕生日や飲み会といったイベント日であればともかく、多くの人は一週間前に何を食べたかなんてそうそう覚えていないのでは？

私たちにとって「食事」は延々と続く「日常」のひとコマである。幸いにも今、この国では一歩外へ出れば食糧はどこにでも溢《あふ》れているし、安価で口にできる食べ物の選択肢も幅広い。もっと受動的に、職場や家で「出されたものを食べるだけ」だという人も少なくないはず。一回一回の食事に「感動」だとか「興奮」なんて求めていないし、求められても困るだろう。毎日の食事は、時間が来たら、お腹《なか》が空いたら、淡々と食べて消化するもの。「特別」

である必要はなく「普通」であれば充分なのだ。

けれど、そうとは分かっていながらも、贅沢なことに「普通」にはどうしたって飽きがくるのもまた事実。ちなみに私はひとり暮らしを始めて二十年以上経《た》つのだが、最近自分の料理にすっかり飽きてしまった。自炊生活も長くなり、最初の頃のような失敗も減ると、自分の味が良くも悪くも想像を越えなくなってきて面白味がないのである。

ついでに言えば、日常レベルの外食も同じで、大人になって経験値が増えた分だけ、明らかに楽しみが減ってきた。初めて食べたときは震えるほど美味《おい》しい！ と思ったドリアや明太子スパゲティには今や心惹かれることさえ滅多にないし、絶対無理！ と断固拒否したくさやや臭豆腐も今はパクパクいける。唄の歌詞で気になっていたからすみや、教科書に載っていて想像するしかなかったライスプディング、一度は食べてみたいと思っていたフォアグラやトリュフ。今の日本ではその気になれば食べられないものなどなくて、もうこの先、何かを食べて驚くことなんてないのかもしれない、と、こっそりため息を吐《つ》いたりしていたのだ、傲慢にも。

そんな時、この『洗面器でヤギごはん』を読んだ。本書は石田ゆうすけ氏の〈世界9万5000km自転車ひとり旅〉シリーズの第三弾である。

一九九五年七月にアラスカからスタートした自転車ひとり旅（&ときどき愉快な仲間たち）の七年五ヵ月もの過程を小気味よくまとめた『行かずに死ねるか！』（実業之日本社↓幻冬舎文庫）、そこでの経験から作者が独自の観点で決めた「世界一」を紹介する『いちばん危険なトイレといちばんの星空』（同）に続き、本書の単行本が実業之日本社から刊行されたのは二〇〇六年十一月。今回文庫化されるまでに六年近い歳月が流れているが、単行本からなんと二十話を加筆（二話を割愛）し、全九十一話と大幅にボリュームアップ。訪れた八十七ヵ国のなかから記憶に残る「食」についてのエピソードが収められている。

初めて読んだとき、早くもその「目次」で、興奮してしまった。

『行かずに死ねるか！』と同様に、本書は旅の時系列順に並べられているのだが、記されている国だけでもざっと五十ヵ国もあるのだ。これほどまでに違う国の食について、一冊で読めるエッセイはそれだけで希少というもの。しかも、そこに「オルチャータとトルタ」「テレザのグヤーシュ」「リソース」「フーフーと揚げチーズ」「ファラフェル」など、見慣れない言葉まじりのタイトルが連なっている。食い意地が張っている上に書評家という仕事柄、私は自分が「普通よりは食べ物に詳しい」と思っている節があったが、「リソース」や「ファラフェル」はどんなものなのか見当さえつかず、「オルチャータ」は人名かな、と想像し、「フーフー」に至っては揚げチーズをフーフーして食べたってこと？　などと思っていた。

「食中毒」や「虫の味」は、自分が経験するのは嫌だけど、その顚末はぜひ知りたい。「シマウマの味」や「砂漠のメロン」ってどんなだろう。「異郷の中華レストラン」「野菜スープとアンデスの食堂」「ザンジバル島のウニ丼」なんかは、いかにも美味しそうじゃないか。大いに期待してページを捲《めく》ると、それからは一気通読。端的に言って、とても面白かった。本書には「感動」があり「興奮」があり、「驚き」があった。まだ知らない「料理」があり、「味」があった。それだけでも「食エッセイ」として充分おススメに値するだろう。

もちろん、重要な食べ物に関する描写も憎らしいほど上手い。

〈焼き上がったハンバーグはむっちり膨らんでいて、嚙むとブロックベーコンのような弾力があった。味はやはり牛や馬に近い。野生動物特有の荒っぽさやクセはかすかにあるが、ほとんど気にならない程度だ。むしろ脂肪分が少ないせいか、後味が非常にすっきりしている〉（「ジビエハンバーグ」のムースのハンバーグ）。

〈豊饒な大地を思わせるトルティージャの芳香、それがふわっと鼻に抜け、素焼きパンの薄皮がさっくり破れたかと思うと、肉汁がジュワッとあふれ出し、アツアツの肉の熱が頰に伝わってくる。同時にレタスのシャキシャキした歯触りや、トマトの爽やかな酸味、コリアンダーの鮮烈、それらすべてが口のなかで炸裂するのである〉（「タコスとピーナッツ」のタコス）。

数えあげればきりがないが、こんな調子で異国の「味」が紹介されていくのだ。読み手にとっては、それこそ「うぐぐぐ……」と羨ましさを嚙みしめるしかない。あまり口にしたいとは思わない料理（失礼）についても、妙にリアルに再現されるので、二重の意味で憎らしくなる。

でも、だけど。

実は本書の魅力は、こうした「食」に対する描写だけにあるのではない、と思うのだ。

例えば「氷のないコーラ」。タイトルになっているのは、誰もが知る、あの飲み物だ。コーラに氷を入れず飲むことだって、別に珍しくはない。いかにも「特別」な雰囲気を発しているタイトルのなかで、一見、ごく「普通」に見える。ところが、ここで作者は得難い経験をすることになる。いやもう、得難い経験といえば、全てそうだともいえるのだが、結果として作者はコーラを口にできずに終わるのだ。砂漠を走り続け、からからに渇いた喉を潤したいと駆け込んだ店で、セルフサービスのカップに注いだコーラを店のオヤジに捨てられ「出て行け！」と怒鳴りつけられる。これから本文を読むという人もいるだろうから、詳しくは書かないが、幕開けから四番目に収められたこの話を読んだとき、私は本書の「旨味」を知ったような気がした。

先にも記したが、本書はシリーズの三作目で、旅から帰国し四年が過ぎたところで単行本が発売され、この大幅に加筆訂正された文庫化までには約十年の歳月が流れている。「あとがき」でも触れられているように、作者は単行本化される前にも一度、このベースとなる食の紀行文を日本農業新聞で「世界食紀行」と題し連載していた。つまり、もう何度も石田氏はこの旅を咀嚼《そしやく》していることになる。

初めて見て、口にした異国の味の衝撃を損なうことなく表現するだけでも容易なことではなかったと思う。「美味しい」「不味《まず》い」は主観でしかなく、たとえる比喩《ひゆ》にも限界がある。けれどその難しさを読者にはそうと感じさせず、活写してみせる。と、同時に、こうしたエッセイは、ある種スピード勝負な部分もあって、素材の鮮度と珍しさ、手早い調理が求められがちなのだけれど、本書からは時間をかけて熟成させた旨味が感じられる。当事者でありながら、くり返し客観的に自分の旅を見返してきた作者だからこその味。この客観性はエッセイストというよりも、小説家に近いように私は感じる。だからこそ、つい、この解説のなかで、石田氏を著者ではなく自然に作者と記してしまったのかもしれない。

最後に。シリーズを読み継いできた読者にとっては、もうすっかりお馴染《なじ》みとなった「チャリ友」との再会も楽しみだと思うが、あのメンバーたちは本書でも大いに呑んで暴れて食べている。もちろん、本書で初めてこの旅に触れた読者が、ここから前二作へと遡《さかのぼ》るのも無問題《モウマンタイ》。ここで綴られている店や料理が、『いちばん危険なトイレといちばんの星空』の「世界一の食べ物」の章ではどのように語られているのか。食材は同じでも、本書とはまた違う味を堪能できるはず。

日常のなかで体感できる、得難い石田ゆうすけの世界を、ボナペティ！

——書評家

START
1
2
3
4
5
6
7
8
9
10
11
12
13
14
15
16
17
18
19
20
21
22
23
24
25
26
27
28
29

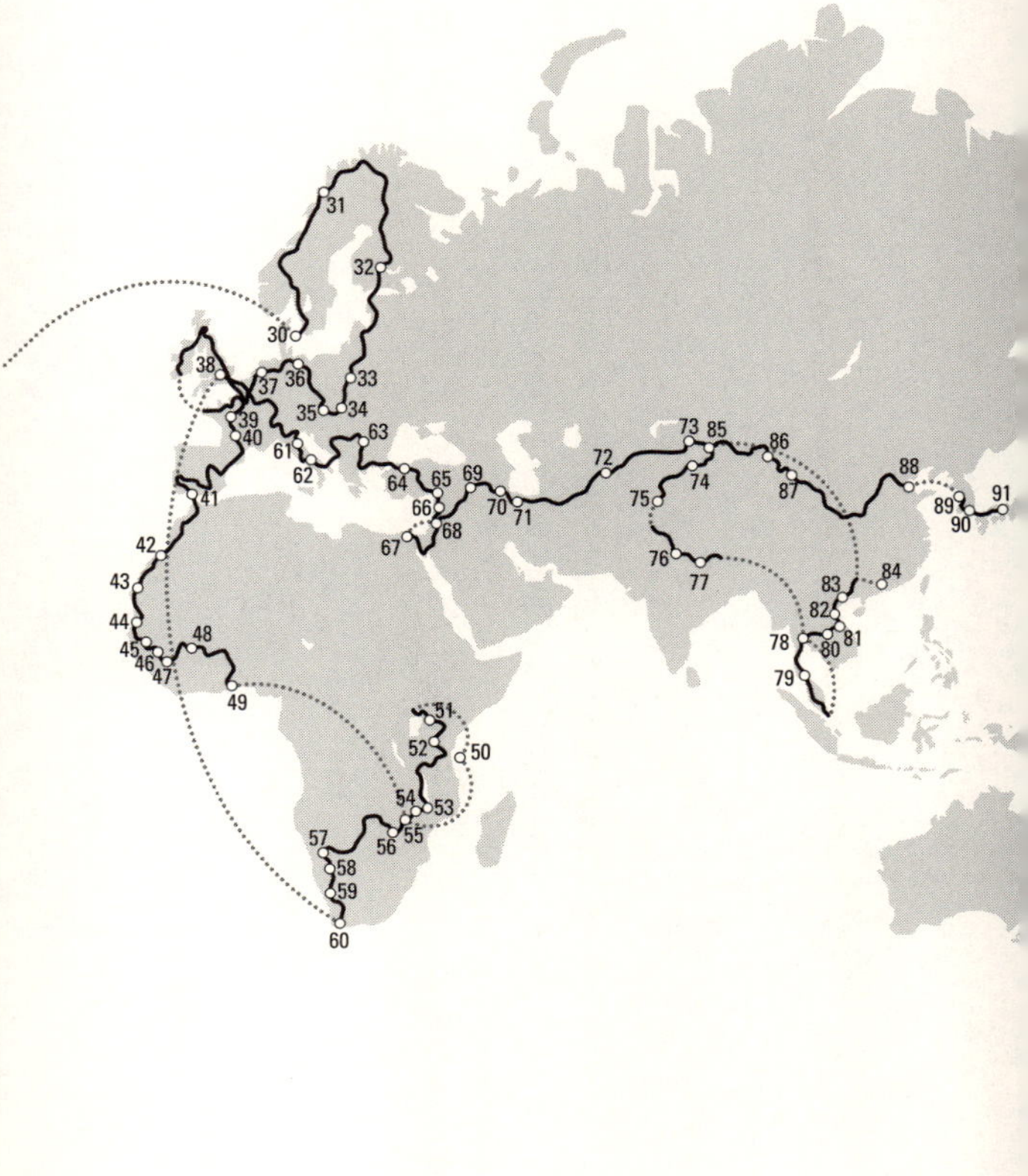
30
31
32
33
34
35
36
37
38
39
40
41
42
43
44
45
46
47
48
49
50
51
52
53
54
55
56
57
58
59
60
61
62
63
64
65
66
67
68
69
70
71
72
73
74
75
76
77
78
79
80
81
82
83
84
85
86
87
88
89
90
91

この作品は二〇〇六年十一月に実業之日本社より刊行されたものを大幅に加筆・訂正したものです。

また、本書は一九九五年夏から二〇〇二年末までの旅をまとめたものであり、本文中の価格、登場人物の年齢、現地の情報などは当時のままとしました。

洗面《せんめん》器《き》でヤギごはん

世界《せかい》9万《まん》5000km自転車《じてんしゃ》ひとり旅《たび》Ⅲ

石田《いしだ》ゆうすけ

平成24年7月5日　初版発行
平成30年5月20日　2版発行

発行人——石原正康
編集人——永島賞二
発行所——株式会社幻冬舎
〒151-0051東京都渋谷区千駄ヶ谷4-9-7
電話　03(5411)6222(営業)
03(5411)6211(編集)
振替00120-8-767643
印刷・製本—株式会社 光邦
装丁者——高橋雅之

幻冬舎文庫

ISBN978-4-344-41886-8　C0195　い-30-3

幻冬舎ホームページアドレス　http://www.gentosha.co.jp/
この本に関するご意見・ご感想をメールでお寄せいただく場合は、
comment@gentosha.co.jpまで。